# 北宋经学与文学

BeiSong JingXue Yu WenXue

高明峰 著

中国书籍出版社
China Book Press

**图书在版编目（CIP）数据**

北宋经学与文学/高明峰著．—北京：中国书籍出版社，2018. 11

ISBN 978 -7 -5068 -7057 -3

Ⅰ．①北… Ⅱ．①高… Ⅲ．①经学—研究—中国—北宋②中国文学—古典文学研究—北宋 Ⅳ．①Z126. 274. 4②I206. 2

中国版本图书馆 CIP 数据核字（2018）第 249234 号

**北宋经学与文学**

高明峰 著

| | |
|---|---|
| **责任编辑** | 张 文 |
| **责任印制** | 孙马飞 马 芝 |
| **封面设计** | 中联华文 |
| **出版发行** | 中国书籍出版社 |
| **地 址** | 北京市丰台区三路居路 97 号（邮编：100073） |
| **电 话** | （010）52257143（总编室） （010）52257140（发行部） |
| **电子邮箱** | eo@ chinabp. com. cn |
| **经 销** | 全国新华书店 |
| **印 刷** | 三河市华东印刷有限公司 |
| **开 本** | 710 毫米 ×1000 毫米 1/16 |
| **字 数** | 269 千字 |
| **印 张** | 15 |
| **版 次** | 2019 年 1 月第 1 版 2019 年 1 月第 1 次印刷 |
| **书 号** | ISBN 978 -7 -5068 -7057 -3 |
| **定 价** | 78. 00 元 |

# 序一

田汉云

近二十多年来，以儒学与文学之关系为课题，从先秦到清代各个时段都有专著问世，相关论文数量亦颇为可观，构成中国古代文学研究领域引人瞩目的一道亮色。

研究中国古代儒家文化与文学的关联，兼具本体论与方法论意义。1949 年，梁漱溟先生在《中国文化要义》中说："中国文化独创自发，慢慢形成，非从他受。"并以此作为中国文化"具有极强度之个性"之首要一点。这一见解符合实际，其中蕴含的民族自信心与自豪感，值得后学玩索、体认。儒家文化是中国传统文化体系中最具独创性，且居于核心地位的组成部分。总的看来，它对于中国文学的影响在一定程度上具有支配性质。研究儒家文化与文学之关系，涉及中国文学思想、艺术特质的探讨，有助于把握中国文学的思想内核与艺术形态。文学并非儒学的附庸。包括民间作者在内的优秀的古代作家，他们不仅直接或间接地汲取儒家文化的营养，还对儒家文化的传承、发展产生过积极影响。研究儒家文化与文学之离合异同，都是题中应有之义。探讨作为社会主流文化的儒学对于文学的浸润，属于文学的文化生态及其实际作用的还原研究，这显然是符合学理的学术路径。这种路径，有助于认清文学思潮演进的学术背景，有助于探讨作家文学思想的渊源，从而为考量特定时期的文学、特定作家作品的地位与价值，奠定坚实的基础。

研究儒家文化与文学之关联，第一重点是研究经学与文学之关联。儒家经典是儒家学说的载体，其内涵博大精深，而最为后世看重的，则是先秦时期积累的最为成熟、适用的哲学思想、政治思想与伦理思想。刘勰《文心雕龙》说："经也者，恒久之至道，不刊之鸿教也。"这其实是统治者的政治共识，而刘勰则将其推广至文学领域。历代统治者确定儒家学说为主流思想，相应地也就以经学作为官方学术，并依靠政权的力量，通过制度与舆论，保障经典的传习。因此，经学成为备受官方重视的显学与学术文化的主干。经学研究的基本任务，一是文本考释，二是义理诠解。前者是手段,后者是目的,前者为后者服务。这两个环节都可能对文学家的创作活动产生影响。择要而言,在古代社会,士大夫熟练掌握、灵活运用儒家经典的话语,被看作是古代作家造语雅正的主要特征。恪守并阐扬儒家的思想观点,则被视为思想纯正的主要标志。总之,经学修养被视为文学修养的首要素质。分析、评价经学对于文学的影响,以切合实际、辨析入微为贵。研究者要达到这种学术境界,需要在经学方面下一番功夫。虽说研究文学者不通经学,未尝不能取得成绩,毕竟与许多古作者存在知识与思想上的隔膜,学术视野与认知能力亦因此而受到制约。

在中国文化史上,北宋儒学与文学都占据重要地位,具有显著特色。无论是经典的文本考释,还是义理阐发,都与汉唐时代颇有不同。汉唐经师多遵循由词通道的治学程式,故释经重征实,明理尚墨守。比较特殊的只有《春秋》公羊家。北宋经师则主张义理先行。程颐说:“今人若不先明义理,不可治经。”其明理,则直指人伦,以道德性命之学为本,并取资于释道之学以立说。至于解经,又不止于扫除章句,且崇尚如程颐所谓“于简策之外脱然有所独见”。皮锡瑞在《经学历史》中称之为“变古时代”,虽然意含贬损,还是指出了宋代经学在内涵与学风上的独特性。周敦颐《通书 · 文辞》说:“文所以载道。”这大体是宋代诗文作家的共识。宋人诗文形成平易浅近的风格,与经学领域鄙弃注疏的习尚不无关系。关于宋代经学和文学的得失优劣,历来评价不一。大致是崇尚宋学者亦推许宋代文学,鄙弃宋学者亦轻诋宋代文学。这种现象实源于宋代经学与文学固有的紧密联系。

高明峰副教授攻读硕士学位期间主修唐宋文学,对儒家文化已有所关注;攻读博士学位时于经学史用力甚勤,其学位论文以北宋经学与文学之关联为选题,颇能反映学与年进之迹。研究儒家文化与文学之关联,可以有不同的操作方法。不谈古代作家的学术思想与治经实践,径直以儒家的思想理念与作品作比照,这是比较简便的,但是可能流于浅易。设若相沿成习,恐不免形成概念化的流弊,至为通人厌弃。考察作家的治经实践与学术思想,继而探讨其创作与经学之关联,这是较为繁难的,但是唯有如此,才有希望获得真知灼见。高明峰所采取的是后一种学术路径。为了求真而不避繁难,可见其问学之笃实。

高明峰当初选择北宋经学与文学之关联作为博士论文选题,固然是基于自身的知识结构,但也源于意识到这一课题所具有的特殊价值。陈寅恪先生《邓广铭宋史职官制考证序》说:“华夏民族之文化,历数千载之演进,造极于赵宋之世。”这一论断,应包括北宋经学与文学在内。高明峰这部据博士论文充实、修订而成的专著,以北宋文学为本位,考察其与同期经学的互动状况,摒弃空谈,注重实证,究心于北宋诸大家贯通经学与文学的成就与特色。其绍述前贤而追求有所发明之志向,值得称许。至于书中深造自得之胜义,读者自可评品,兹不赘述。

顾炎武《与施愚山书》云,古之经学“非数十年不能通也”。窃以为顾氏所论,系指学人为学臻于精纯境界之难。治古之文学,亦复如是。值此急功近利之风盛炽之际,当三复前贤明训。明峰风华正茂,治学之日正长,谨书此与明峰共勉。

# 序二

**汪　俊**

经学是中国的传统学问，其研究对象是儒家典籍。从经学的发生学、研究史的角度看，经学一方面对古代中国社会的发展有着巨大的指导作用和绝对的影响力，另一方面，其自身又是随着社会的发展和需要而不断发展变化的。作为学术的经学研究，自从儒家经典产生之日起，就一直没有停止过。在传统的四部分类中，经学居于首位，西汉建元五年，汉武帝颁布国策，“罢黜百家，独尊儒术”，设立五经博士，从此《诗》《书》《礼》《易》《春秋》成为经学的基本典籍，儒学遂成官学。汉儒讲究家学，疏不驳注，精于训诂，重章句之学，形成了专门的学问。后来，随着历史的发展，经学典籍所涵盖的范围，由西汉五经扩为唐代的九经、十二经。至南宋，《孟子》一书升格为“经”，遂成“十三经”，奠定了后世“经学”的基本格局。

宋代经学是经学史上的一个高峰。由于宋前思想界所形成的儒道佛三教合一的哲学背景、宋代国力不强的先天不足现实所导致的士大夫空前的忧患意识，宋代士大夫通过对儒家经典的阐释，以求救国济民，目标相同，途径则异。其大要有两途：一是站在政治家立场解经，大一统的正统观念空前强烈，以儒学为正统，尊王攘夷，排抵异端，关注现实，强调事功；二是站在哲学家立场解经，注重心性，推究阐释圣人之道，以图挽救世道人心。其中所显示出的学术转机，已不能简单地用汉代“今文经”、“古文经”学派的不同来解释。后人用“宋学”一词来概称宋代经学，进而指称宋代学术的原因大约在此。

近二十多年来，经学史的研究渐渐趋热，但在历史时段上而言，似乎先秦两汉与清代更较热门，而于宋代则稍现冷寂。就研究角度而言，则多从哲学史、思想史、学术史着眼，又多关注与文献学、历史学、阐释学、文字学诸学科的联系。至于经学与文学的关联，除零碎的个案之外，则涉及尚少。那么，经学与文学究竟有无关联？具体到北宋一朝，士大夫集文人、学者、官僚于一身，其无论在经学领域或文学领域均取得了骄人的成绩，这两个领域究竟是并行独立发展，还是彼此交缠、互相作用？如欧阳修、王安石、三苏父子等北宋著名文学家，其实在当时也是著名的经学家,他们的解经著作与言论亦曾在当时社会产生很大影响。而今人研究宋代经学,很少与文学关联,而研究宋代文学,也很少结合经学作整体性研究,这当然是一个遗憾与缺失。辽宁师范大学高明峰博士的《北宋经学与文学》为我们提供了他在此领域精研覃思的成果,在一定程度上可以说是弥补了这个遗憾与缺失。明峰此书博考经籍,高屋建瓴,在理论上对经学与文学的关系作了总体探讨和准确把握,梳理北宋一朝经学发展脉络,揭示其与文学发展的互动面貌和演进规律,探讨了宋人经学新风对文学内容、风格、形式的影响。宋代庆历到熙宁、元丰之际,直至崇宁、大观,社会动荡不宁,纷纷扰扰,党同伐异。政事则有新党、旧党,学术则有新学、洛学、蜀学、朔学,科举则有经义派、诗赋派,文学则是流派相争,呈日新月异、众星灿烂之状。明峰君通过阅读经学史原典,尤其大量掌握北宋历史、文化第一手资料,分析比较、玩味寻绎,书中着重就欧阳修、王安石、苏东坡、二程经学与文学之互动交集和影响,作了较为详细的有价值的探讨,揭示了其文学观和诗文创作中的哲学(经学)因素,虽然尚有进一步深入的余地,但是其求索和挖掘为宋代经学和文学研究提供了一个更高的平台,因此是具有积极意义的。

明峰君2002年从余读硕士研究生,其好学深思、博览明辨,是侪辈中的佼佼者,二年后师从田汉云先生读博。《北宋经学与文学》就是在其博士论文基础上修改扩充而成的,如今出版问世,我为他感到高兴。明峰君正值壮盛之年,以其勤奋刻苦、明敏聪慧,相信他在学术研究的道路上定会取得更大的成绩。

# 目 录
CONTENTS

# 第一章

# 绪论

## 第一节　经学与文学的联结

所谓“经学”，指的是研究儒家经典的学问，包括字句的注解、义理的阐发等。在20世纪之前漫长的社会进程中，经学一直被视为学术的正统，对社会发展具有深远的影响。一方面，作为封建社会的统治思想，它直接作用于封建社会的经济基础；另一方面，作为封建社会的主流意识形态，它又支配和制约着诸如哲学、史学、文学、美学等封建社会上层建筑的各个部分。谈经学与文学的关联，应当讨论这样三个问题：①经学与文学的关系是什么，或者说具体主要表现在哪些方面；②经学与文学的关系主要是通过怎样的途径而得以实现的；③对经学与文学关系的基本看法或评价。由于后两个问题都与第一个问题有很大的关联，所以，我们着重对第一个问题作详细阐述，对后两个问题则仅作扼要评说。

关于经学与文学的联系①，用一句话来概括，就是经学对文学有根本性的影响，而文学又有相对的独立性，受其自身规律的制约；或者也可以说，文学在发展过程中既受制于经学，要时常迎合经学，又不断地发现、挖掘自身的特质，表现出对经学的疏离和突破。具体而言，可以从如下几方面来理解：

一、儒家经典（这里主要指“六经”）本身就是很有价值的文学作品，被后世视为文学创作的源头，即所谓“性灵熔匠，文章奥府”（《文心雕龙·宗经》）。这大致可以从两个方面来讨论：一方面，儒家经典本身具有很强的文学性。如《诗经》在

---

① 殷绍基撰有《“经学”与文学》（刊于《湘潭大学学报》（社会科学版）1988年第1期）一文，较早地对经学与文学的关系作了初步的专门的探讨，颇具启发意义，然主要是探讨了经学与文学关系的主要表现与基本评价，对于经学为何会对文学产生影响，或者说这些影响主要是通过哪些途径实现的，则未及考究。

先秦时本称《诗》或《诗三百》，到汉代被确立为儒家经典“五经”之一时，才称为《诗经》，它是我国最古老的一部诗歌总集，共收诗三百零五篇，分为风、雅、颂三类，不仅反映了当时的社会生活和思想感情，具有很高的认识价值和思想意义，还运用了赋、比、兴等多种手法，具有很高的文学艺术价值，成为后世诗歌乃至文学创作中现实主义传统的源头。正是因为《诗经》丰厚的文学性，有的学者甚至指出：“我们与其尊它为‘经’，以道貌岸然的态度去读它，不如把它看作一部上古时代诗歌的总集，一部抒写情感的纯文学读”①，颇有道理，尽管《诗经》所收并非全是抒写情感的作品。再如《尚书》，也称《书》或《书经》，是上古历史文献的汇编，正所谓“书，记也，以其为上古所记之史书，故称‘尚书’”②。尽管《尚书》不能算是纯粹的文学作品，且佶屈聱牙，历来号称难读，但它却是后世散文的鼻祖，其中有一些较早的又比较完整的论说文和记叙文。如《盘庚》（三篇）是殷王盘庚迁都时对臣民的训话，全文重点突出，夹叙夹议，且多用生动的比喻，如盘庚在劝说时“把旧都比作‘颠木’，把新都比作颠木新生的‘由蘖’。他劝告群臣服从王命，要‘若网在纲，有条而不紊；若农夫务田力穑，乃亦有秋’。他责备群臣以‘浮言’鼓动群众，好比‘火之燎于原，不可向迩’，那就无法扑灭。又告诫人民要听他的话，好比乘船，若不好好渡过去，就会有沉溺的危险”③，从而起到了很好的论说效果。而《周书》中的《顾命》则是较有代表性的记叙文，它记叙了周成王临终顾命和康王即位的经过，先写成王对召公等臣子的遗嘱，次写康王即位的礼仪，最后再写臣下对康王的告诫和康王的答词，显得层次清楚，有条不紊。至于其他的《礼》《易》《春秋》以及后来增入的《论语》《孟子》等儒家经典，也都具有很高的文学价值，其中的不少篇章无论叙事、抒情还是议论，或简而有法，或生动传神，或辨证博洽，显示出浓郁的文学意味。关于儒家经典的文学性，其实古人早有领会，南朝的刘勰就在《文心雕龙·宗经》中对此作了比较系统全面的总结：

夫《易》惟谈天，入神致用。故《系》称：旨远辞文，言中事隐。韦编三绝，固哲人之骊渊也。《书》实记言，而训诂茫昧；通乎《尔雅》，则文意晓然。故子夏叹《书》，“昭昭若日月之明，离离如星辰之行。”言昭灼也。《诗》主言志，诂训同《书》；摛《风》裁“兴”，藻辞谲喻，温柔在诵，故最附深衷矣。《礼》以立体，据事制范；章条纤曲，执而后显；采掇片言，莫非宝也。《春秋》辨理，一字见义；“五石”

---

① 蒋伯潜、蒋祖怡《经与经学》，上海书店出版社 1997 年版，第 30 页。

② 蒋伯潜、蒋祖怡《经与经学》，第 46 页。

③ 游国恩、王起、萧涤非、季镇淮、费振刚主编《中国文学史》（一），人民文学出版社 1963 年版，第 54－55 页。

"六鹢",以详备成文;"雉门""两观",以先后显旨:其婉章志晦,谅以邃矣。《尚书》则览文如诡,而寻理即畅;《春秋》则观辞立晓,而访义方隐。此圣文之殊致,表里之异体者也。至于根柢盘深,枝叶峻茂,辞约而旨丰,事近而喻远。是以往者虽旧,余味日新;后进追取而非晚,前修久用而未先。可谓太山遍雨,河润千里者也。①

另一方面,儒家经典又被视为后世文学发展的源头,从文学体裁、题材、创作手法、风格等方面,都对后世文学具有深远影响。首先,后世各种文体多源于"六经"(或曰"五经"),这在古人早有论列。如刘勰指出:"论说辞序,则《易》统其首;诏策章奏,则《书》发其源;赋颂歌赞,则《诗》立其本;铭诔箴祝,则《礼》总其端;记传盟檄,则《春秋》为根;并穷高以树表,极远以启疆,所以百家腾跃,终入环内者也";"唯文章之用,实经典枝条,五礼资之以成,六典因之致用,君臣所以炳焕,军国所以昭明,详其本源,莫非经典"。② 颜之推也认为:"夫文章者,原出'五经':诏命策檄,生于《书》者也;序述论议,生于《易》者也;歌咏赋颂,生于《诗》者也;祭祀哀诔,生于《礼》者也;书奏箴铭,生于《春秋》者也。"③其次,后世文学的很多题材、创作手法、文学风格都取法于"六经"。就拿《诗经》来说,其中所反映出的社会生活的题材,为后世文人所注意,很多被当作语典和事典来使用,其他诸如赋、比、兴的创作手法、现实主义的创作风格等,对后世文学的影响也都是极其深远的。倘若文学创作能够"宗经"的话,就会收到很好的效果,刘勰这样指出:"文能宗经,体有六义:一则情深而不诡,二则风清而不杂,三则事信而不诞,四则义贞而不回,五则体约而不芜,六则文丽而不淫。"④而作为"唐宋八大家"之一的柳宗元,在总结其创作经验时即提到要取法"五经":"本之《书》以求其质,本之《诗》以求其恒,本之《礼》以求其宜,本之《春秋》以求其断,本之《易》以求其动。"⑤

二、经学作为西汉以来的官方学说,从根本上制约着后世的文学理论与创作,并在很大程度上影响着文学作品的批评与接受。易言之,很多文学理论都是基于经学而生成和发展的,而这种理论形成之后又必然会影响到文学的创作和接受;或者说儒家经典本身就有文学理论的因素,通过后世学者的阐发、提炼,逐渐成为

---

① 刘勰撰,詹瑛义证《文心雕龙义证》,上海古籍出版社 1989 年版,第 63 – 77 页。

② 分别见刘勰撰,詹瑛义证《文心雕龙义证》第 78 – 79 页和第 1909 页。

③ 颜之推《颜氏家训》,上海书店出版社 1986 年影印世界书局《诸子集成》本,第 19 页。

④ 刘勰撰,詹瑛义证《文心雕龙义证》,第 83 – 84 页。

⑤ 童宗说注释,张敦颐音辨,潘纬音义《柳河东集注》卷三十四《答韦中立论师道书》,《四库全书》本。

指导或制约文学创作和批评的理论，略如刘再华所说："经学通过建构与其政治哲学相一致的文学理论，为统治阶级文化政策的制定提供依据，主动规范文学的发展。结果形成这样的局面，儒家经典本身所包孕的文学思想既理所当然地呈现为一种经学话语，又自然而然地成为后世文学理论发展的源头，明显的表征就是在中国文论史上占据主流地位的儒家文论范畴大多数是从经典中抽绎出来的，能够在经典中找到其生成的依据。这些文论观点凭借其载体所拥有的话语霸权地位，在历代作家的创作中得到贯彻和实践。"①

譬如，"诗言志"，是中国诗论的开山，最早见于《尚书·尧典》："诗言志，歌永言，声依永，律和声。"②其后，学者多有解说，互有异同，正如殷绍基所言："由孔子的'诗言志'，而《毛诗序》的'诗言志'，而董仲舒、而郑玄、而王肃、而孔颖达、而程、朱、而顾亭林、而清代朴学大师的'诗言志'，变其本而加其厉，源其远而流益分。"③其中特别值得注意的是《毛诗序》的解说，它指出："诗者，志之所之也。在心为志，发言为诗"，主张"发乎情止乎礼义"，同时着重强调诗歌干预现实的作用，提出"风，风也，教也；风以动之，教以化之"、"故正得失，动天地，感鬼神，莫近于诗。先王以是正夫妇，成孝敬，厚人伦，美教化，移风俗"、"上以风化下，下以风刺上"等观点。由于《诗经》的经典地位，《毛诗序》所提出的"诗言志"的理论产生了深远的影响，尽管后世对"诗言志"的解释不尽一致，但诗歌的社会政治功用和教化作用一直被世人所强调，要求诗歌发挥其美刺功能，至白居易甚至提出"文章合为时而著，歌诗合为事而作"（《与元九书》）的主张。而《毛诗序》中"诗言志"的理论，也深刻地影响到文学作品的批评与接受。典型者如屈原的《离骚》，正如司马迁所说，《离骚》乃是幽愤之作，所谓"盖自怨生也"，它本身具有极高的艺术成就，赢得了"《国风》好色而不淫，《小雅》怨诽而不乱，若《离骚》者，可谓兼之矣"（《史记·屈原贾生列传》）的赞誉；而班固则对屈原其人其文多有批评："露才扬己，竞乎危国群小之间，以离谗贼。然责数怀王，怨恶椒、兰，愁神苦思，强非其人，忿怼不容，沉江而死，亦贬絜狂狷景行之士。多称昆仑冥昏、宓妃虚无之语，皆非法度之政，经义所载。谓之兼《诗》风雅而与日月争光，过矣。"④无疑，班固的这种批评，与《毛诗序》倡导的"发乎情止乎礼义"的"风教"观念是颇有关联的。再如文学理论发展史上的"文以明道"，也对文学创作和批评产生了重要影响。所谓的

---

① 刘再华《论经学与中国古代文论的关系》，《中国文学研究》2004年第3期。

② 此据《今文尚书》，伪《古文尚书》将《尧典》下半篇分出，并加二十八字，题作《舜典》，见孙星衍撰，陈抗、盛冬铃点校《尚书今古文注疏》和《十三经注疏》本《尚书正义》。

③ 殷绍基《"经学"与文学》，《湘潭大学学报》（社会科学版）1988年第1期。

④ 王逸《楚辞章句》卷三《班孟坚序》，《四部丛刊》本。

"文以明道",就是说文章要体现圣贤之道,也即"原道",正所谓"道沿圣以垂文,圣因文而明道","明道"或曰"原道",往往与"征圣"、"宗经"联系在一起。早在春秋战国时期,《诗》《书》《礼》《乐》《易》《春秋》等典籍的重要性就为人们所认识。孔子将之删定作为传授门徒的教材。荀子亦对《诗》《书》等经典作了高度评价:"《书》者,政事之纪也;《诗》者,中声之所止也;《礼》者,法之大分,类之纲纪也。故学至乎《礼》而止矣,夫是之谓道德之极。《礼》之敬文也,《乐》之中和也,《诗》《书》之博也,《春秋》之微也,在天地之间者毕矣。"他强调要学习这些经典:"学恶乎始,恶乎终?曰:其数则始乎诵经,终乎读礼"①,并进而主张辨说要合道,学道和言辞要以圣人及其经典为准则,从而树起了所谓的"原道"、"征圣"、"宗经"的旗帜:

辨说也者,心之象道也。心也者,道之工宰也。道也者,治之经理也。心合于道,说合于心,辞合于说,正明而期,质请而喻,辨异而不过,推类而不悖,听则合文,辨则尽故。以正道而辨奸,犹引绳以持曲直,是故邪说不能乱,百家无所窜。②

圣人也者,道之管也:天下之道管是矣,百王之道一是矣。故《诗》《书》《礼》《乐》之【道】("道"字据刘台拱的意见增补)归是矣。《诗》言是其志也,《书》言是其事也,《礼》言是其行也,《乐》言是其和也,《春秋》言是其微也。③

其中"心合于道,说合于心,辞合于说"云云,提示了辞、说、心、道相贯通的路径,其要求言辞、辨论合乎道的意图是极为清晰的,而这个道尽在圣人,尽在《诗》《书》《礼》《乐》《春秋》等经典之中。尽管荀子强调合道是就辨说而言的,而非专门谈文学创作,但从言辞到作文,其间的距离已不甚遥远。其后,董仲舒、扬雄等人作了进一步的发挥,直到刘勰在《文心雕龙》中首列《原道》《征圣》《宗经》三篇,从文学理论的角度大力倡导"原道"、"征圣"、"宗经"的主张,才更直接、更深刻地对文学创作和批评产生影响。尤其是唐宋以来,随着儒学复兴运动的展开,"文以明道"、"文以贯道"、"文以载道"等概念纷纷提出,出现了一批"贯道"、"载道"之文,程颐等人甚至为了强调学道而废除文学,提出了所谓的"作文害道",而韩愈的文、杜甫的诗,尽管享有盛誉、极受推崇,也遭到了某些人的苛责,如:

---

① 王先谦《荀子集解》,上海书店出版社 1986 年影印世界书局《诸子集成》本,第 7 页。
② 王先谦《荀子集解》,第 281 页。
③ 王先谦《荀子集解》,第 84 - 85 页。

纷纷易尽百年身，举世何人识道真。力去陈言夸末俗，可怜无补费精神。①

某素不作诗，亦非是禁止不作，但不欲为此闲言语。且如今言能诗无如杜甫，如云“穿花蛱蝶深深见，点水蜻蜓款款飞”，如此闲言语，道出做甚？②

对于这些，应该说都是在“文以明道”的观念制约下出现的。

三、文学的发展、演变，虽然在相当程度上受到经学的影响，但又离不开文学自身发展规律的制约。尽管经学对文学具有根本上的制约作用，但经学与文学毕竟分属于两个不同的领域，面对的对象、研治的路径、承担的作用等都不尽相同，因此，文学的创作与批评既表现出受制于经学的一面，又有着疏离、反拨经学的特质。当然，这与经典阐释自身的开放性、模糊性也有很大关联。所以，我们在文学创作和批评的历史上可以看到，既有大量的言志、明道的作品，又有不少的言情娱性、吟风弄月的创制；既有“诗言志”、“文以明道”等体现经学特色的理论，也有“诗缘情”、“以文为戏”等富于文学特质的主张。这里，我们就以有关的文学理论来作一说明。正如上文所说，“诗言志”最早见于《尚书》，但从其语境来说，“志”的含义是较为模糊的，孔子对于《诗三百》有一个基本看法，即“《诗三百》，一言以蔽之，曰思无邪”（《论语·为政》），其后《毛诗序》更加强调道德规范，主张“发乎情止乎礼义”，又有所谓“温柔敦厚”的诗教，“诗言志”的“志”被逐渐强调成符合道德规范的思想。值得注意的是，同样是在《毛诗序》中，又有这样一段话：“诗者，志之所之也。在心为志，发言为诗。情动于中，而形于言，言之不足，故嗟叹之，嗟叹之不足，故永歌之，永歌之不足，不知手之舞之足之蹈之”，这就为“诗缘情”的主张留下了足够的阐释空间。早在汉代初年的庄忌，就在《哀时命》中提出了“志憾恨而不逞兮，抒中情而属诗”③，魏晋以来，人们对诗歌抒情的特质认识得越发充分，“诗赋欲丽”、“诗缘情而绮靡，赋体物而浏亮”等理论主张开始提出并得以张扬，这种情况也影响到了后人对经典的阐释。孔颖达在解经时就对“志”与“情”加以糅合，他说：“包管万虑，其名曰心；感物而动，乃呼为志。志之所适，外物感焉。言悦豫之志，则和乐兴而颂声作，忧愁之志则哀伤起而怨刺生”、“情谓哀乐之情”④，甚至明确地将“情”“志”合一：“在己为情，情动为志，情志一也，所从言之

① 王安石《临川先生文集》卷三十四《韩子》，中华书局1959年版，第372页。

② 程颢、程颐撰，王孝鱼点校《二程集》，中华书局1981年版，第239页。

③ 祝尧《古赋辩体》卷九，《四库全书》本。

④ 毛亨传、郑玄注、孔颖达疏《毛诗正义》，《十三经注疏》整理委员会整理、李学勤主编《十三经注疏》（标点本），北京大学出版社1999年版，第6页。

异耳。"①于是,"诗缘情"的理论主张得到了经学的庇护,与"诗言志"一起成为了两条重要的诗歌理论,其内涵也在后世的发展中不断得到丰富。至于"以文为戏"的主张,早在扬雄那儿就已初见端倪,据《汉书·扬雄传》记载:

> 雄以为赋者,将以风之也,必推类而言,极丽靡之辞,闳侈巨衍,竞于使人不能加也,既乃归之于正,然览者已过矣。往时武帝好神仙,相如上《大人赋》,欲以风,帝反缥缥有陵云之志。繇是言之,赋劝而不止,明矣。又颇似俳优淳于髡、优孟之徒,非法度所存、贤人君子诗赋之正也,于是辍不复为。

这里把赋比作俳优淳于髡、优孟之徒,已有"以文为戏"的意味,尽管扬雄是以之贬低甚至否定辞赋创作。② 其后,"以文为戏"现象代不乏人,如宋人黄彻即指出:"子建称:孔北海文章,多杂以嘲戏;子美亦戏效俳谐体;……自东方生而下,祢处士、张长史、颜延年辈往往多滑稽语。大体材力豪迈有余而用之不尽,自然如此。"③但在理论和实践上自觉地倡导"以文为戏"并影响深远的,则是作为"唐宋八大家"之一的韩愈,通常把他创作的《毛颖传》看作是此类作品的典范。正如王柏所指出的:"托物作史,以文为戏,自韩昌黎传毛颖始。"④洪迈《容斋随笔》卷七"七发"条亦载:"(韩愈)《毛颖传》初成,世人多笑其怪,虽裴晋公亦不以为可。惟柳子独爱之。韩子以文为戏本一篇耳(笔者按:即指《毛颖传》),……"对于韩愈"以文为诗"的做法,在当时即引起了强烈的反响,那些极力维护儒家礼教、主张"文以明道"的士人纷纷给予批评或指责。如裴度即在写给李翱的书信中对韩愈此种做法大为不满,并告诫他人切勿仿效而是应该严加防范:"昌黎韩愈,仆识之旧矣。中心爱之,不觉惊赏,然其人信美材也。近或闻诸侪类云恃其绝足,往往奔放,不以文立制,而以文为戏。可矣乎? 可矣乎? 今之作者不及则已,及之者当大为防焉尔。"⑤就连颇受韩愈赏识的门生张籍,也专门致书二通以示劝谕,其《与韩愈书》即劝说韩愈作孟子、扬雄那样的明道、载道一类的著

---

① 左丘明著、杜预注、孔颖达正义《春秋左传正义》,《十三经注疏》整理委员会整理、李学勤主编《十三经注疏》(标点本),第1455页。

② 梁德林亦撰文指出:"《古文苑》所载扬雄《逐贫赋》有'子云自序'云:'此赋以文为戏耳。'这当是'以文为戏'说的最早出处。"(见梁德林《韩愈"以文为戏"论》,《广西师范学院学报》(哲学社会科学版)2004年第1期。)当然,从创作实践来看,早在《庄子》一书中,就带有大量"以文为戏"的成分,正所谓"以谬悠之说,荒唐之言,无端崖之辞,时恣纵而不傥,不以觭见之也。以天下为沉浊,不可与庄语,以卮言为曼衍,以重言为真,以寓言为广"(《庄子·天下》)。

③ 黄彻撰,汤新祥校注《䂬溪诗话》,人民文学出版社1986年版,第168页。

④ 王柏《鲁斋集》卷十四《大庾公世家传》"后记",《四库全书》本。

⑤ 姚铉编《唐文粹》卷八十四《寄李翱书》,《四部丛刊》本。

述,而不要去写这些徒然耗费时日而无谓甚至有损令德的文字:“比见执事多尚驳杂无实之说,使人陈之于前以为欢。此有以累于令德。又商论之际,或不容人之短,如任私尚胜者,亦有所累也。先王存六艺,自有常矣,有德者不为,益以为损,况为博塞之戏,与人竞财乎?君子固不为也。今执事为之,以废弃时日,窃实不识其然。且执事言论文章,不谬于古人。今所为或有不出于世之守常者,窃未为得也。愿执事绝博塞之好,弃无实之谈,弘广以接天下之士,嗣孟轲、扬雄之作,辩杨墨、释老之说,使圣人之道复见于唐,岂不尚哉!”①或许正是由于儒家道统的根深蒂固的影响,在后人所作《旧唐书·韩愈传》中也特别拈出韩愈所作的《毛颖传》,称其为“讥戏不近人情”。但是,对于当时人的批评,韩愈在给张籍的两封复函中理直气壮地作了回应,并特别强调自己就是有意地“以文为戏”:

吾子又讥吾与人人为无实驳杂之说,此吾所以为戏也;比之酒色,其有间乎?吾子讥之,似同浴而讥笑裸裎也。②

昔者夫子犹有所戏,《诗》不云乎:“善戏谑兮,不为虐兮。”《记》曰“张而不弛,文武不能也”,恶害于道哉?吾子其未之思乎!③

特别值得我们注意的是,在当时的一片嘲笑、反对声中,志同道合的柳宗元写下了《读韩愈所著〈毛颖传〉后题》,对韩愈给予了深刻的理解和同情,在称扬《毛颖传》的同时也为之作出了有力的辩解:

自吾居夷,不与中州人通书。有来南者,时言韩愈为《毛颖传》,不能举其辞,而独大笑以为怪,而吾久不克见。杨子诲之来,始持其书,索而读之,若捕龙蛇,搏虎豹,急与之角而力不敢暇,信韩子之怪于文也。世之仿真窜窃,取青妃白,肥皮厚肉,柔筋脆骨,而以为辞者之读之也,其大笑固宜。且世人笑之也,不以其俳乎?而俳又非圣人之所弃者。《诗》曰:“善戏谑兮,不为虐兮。”《太史公书》有《滑稽列传》,皆取乎有益于世者也。故学者终日讨说答问,呻吟习复,应对进退,掬溜播洒,则罢惫而废乱,故有“息焉游焉”之说。不学操缦,不能安弦。有所拘者,有所纵也。大羹玄酒,体节之荐,味之至者。而又设以奇异小虫、水草、樝梨、橘柚,苦咸酸辛,虽蜇吻裂鼻,缩舌涩齿,而咸有笃好之者。文王之昌蒲葅,屈到之芰,曾皙之羊枣,然后尽天下之奇味以足于口,独文异乎?韩子之为也,亦将弛焉而不为虐

① 张籍《张司业集》卷八,《四库全书》本。

② 韩愈撰,钱仲联、马茂元校点《韩愈全集》,上海古籍出版社1997年版,第162-163页。

③ 韩愈撰,钱仲联、马茂元校点《韩愈全集》,第164页。

欤！息焉游焉而有所纵欤！尽六艺之奇味以足其口欤！而不若是，则韩子之辞，若壅大川焉。其必决而放诸陆，不可以不陈也。且凡古今是非六艺百家，大细穿穴用而不遗者，毛颖之功也。韩子穷古书，好斯文，嘉颖之能尽其意，故奋而为之传，以发其郁积，而学者得之励，其有益于世欤。是其言也，固与异世者语，而贪常嗜琐者，犹呫呫然动其喙，亦劳甚矣乎。①

如果我们将柳宗元的这段话和韩愈自己的辩解结合起来看的话，可以发现有一个很大的共同点：两人都以经典为立论的依据，即根据"《诗》曰：'善戏谑兮，不为虐兮'"而认为"夫子犹有所戏"、"俳又非圣人之所弃者"，这也就为"以文为戏"找到了神圣的经典外衣。韩愈、柳宗元的这种理论主张的提出，也即刘再华撰《论经学与中国古代文论的关系》所揭示的："不同时代信奉儒学的作家和文论家根据自己的现实感悟和创作体验，在接受和实践儒家文学理论的同时，依照经典文本的有关论述，对传统文论命题不断进行新的阐释。这种阐释既是经学研究的有机组成部分，又是文论建构与创新的有效途径。通过这种从不间断、循环往复的阐释和接受，植根于儒家经典的文论话语得到前所未有的强化，内涵日趋丰富圆通，逐渐积演成为后世普遍接受的文学理念。"从这里我们也可以明白，文学理论不仅在产生之初即受制于经学，就是在发展和演变的过程中，也需要借重于经典，而这也就使得本来就难解难分的经学与文学的关系更趋复杂。在这种经典的庇护下，同时伴随着对文学本质认识的日趋深刻，"以文为戏"得到了后人更广泛的认同，并多有仿作。王柏在模拟《毛颖传》之类"以文为戏"的作品而创制的《大庾公世家传》的"后记"中即指出：

托物作史，以文为戏，自韩昌黎传毛颖始。当时贪常嗜琐者呫呫然动其喙，笑以为怪。惟柳柳州奇之。又有《革华传》，非韩笔法，它人窜入无疑。至坡公又作《罗文》《叶嘉》《黄甘》《陆吉》《江瑶柱》，俱传。屏山刘公亦有《苍庭筠传》，李忠定公又有《武冈侯》《文城侯》《文信侯》三传，亦各有寄兴焉。予与大庾公托契旧矣。病暑无与语，遐想风致，为作《世家》，其源深流长，有不容不尽著，见者未必怪

① 童宗说注释，张敦颐音辨，潘纬音义《柳河东集注》卷二十一《读韩愈所著〈毛颖传〉后题》，《四库全书》本。

也，终自愧其常且琐耳。①

其实，关于韩愈的“以文为戏”，不妨作更为宽泛的理解，即指以一种游戏的态度作文，言辞不妨奇崛，内容不妨怪异，风格不妨独特，体制亦不妨别具一格，如宋人即指出：“韩以文为诗，杜以诗为文，世传以为戏。”②即是将破体为诗、作文视如“以文为戏”。从韩愈的理论主张和创作实践来说，“以文为戏”是比较自觉的，这在韩愈的诗文中都有鲜明的体现。就其诗歌创作而言，欧阳修即指出：

> 退之笔力，无施不可，而尝以诗为文章末事，故其诗曰‘多情怀酒伴，余事作诗人’也。然其资谈笑，助谐谑，叙人情，状物态，一寓于诗，而曲尽其妙。此在雄文大手，固不足论。而予独爱其工于用韵也。盖得其韵宽，则波澜横溢，泛入傍韵，乍还乍离，出入回合，殆不可拘以常格，如《此日足可惜》之类是也。得韵窄，则不复傍出，而因难见巧，愈险愈奇，如《病中赠张十八》之类是也。余尝与圣俞论此，以谓譬如善驭良马者，通衢广陌，纵横驰逐，惟意所之。至于水曲蚁封，疾徐中节，而不少蹉跌，乃天下之至工也。圣俞戏曰：“前史言退之为人木强，若宽韵可自足，而辄傍出，窄韵难独用，而反不出，岂非其拗强而然欤?”坐客皆为之笑也。③

这段话很值得我们注意，它不仅指出了韩愈在诗歌创作方面“以文为戏”的特点，更向我们表明，韩愈在诗歌创作上的工于用韵深得欧阳修之赞赏。而由欧阳修所倡导、苏轼等人承其余绪的“白战”，虽是强调用词，而不在用韵，亦可见“以文

---

① 王柏《鲁斋集》卷十四《大庾公世家传》“后记”，《四库全书》本。对于其中提到的《叶嘉》等传，有人以为是托名东坡之作，如洪迈《容斋随笔》卷七“七发”条称：“（韩愈）《毛颖传》初成，世人多笑其怪，虽裴晋公亦不以为可。惟柳子独爱之。韩子以文为戏本一篇耳，妄人既附以《革华传》，至于近时《罗文》《江瑶》《叶嘉》《陆吉》诸传，纷纭杂沓，皆托以为东坡，大可笑也。”四库馆臣亦在《东坡全集》的“提要”中指出：“观《扪虱新话》称《叶嘉传》乃其邑人陈元规作，和贺方回《青玉案》词乃华亭姚晋作，集中如《睡乡》《醉乡记》，鄙俚浅近，决非坡作。今书肆往往增添改换以求速售，而官不之禁’云云，则轼集风行海内，传刻日多而紊乱愈甚，固其所矣。”即便如此，也足以说明效法韩愈而以文为戏的做法是客观存在的。其实，后世还有同样是写毛笔而仿效《毛颖传》的，典型者如黄庭坚的《和答钱穆父咏猩猩毛笔》：“爱酒醉魂在，能言机事疏。平生几两屐，身后五车书。物色看王会，勋劳足石渠。拔毛能济世，端为谢杨朱”，即被视同《毛颖传》，如《竹庄诗话》在载录黄庭坚《和答钱穆父咏猩猩毛笔》诗题后引《王直方诗话》云：“东坡写金带鞍马乃表四六中《送穷文》，山谷《猩猩毛笔》诗乃篇章中《毛颖传》。”

② 陈善《扪虱新话》（上集）卷一“韩以文为诗，杜以诗为文”条，《丛书集成初编》本，第3页。

③ 欧阳修撰，郑文校点《六一诗话》，人民文学出版社1962年版，第16页。

为戏”的影响。① 其实,韩愈“以文为戏”的影响还远远不止于此,诸如集句、禽言诗等,也都是在“以文为戏”风气下出现的。如《金玉诗话》载:“集句自国初有之,未盛也。至石曼卿,人物开敏,以文为戏,然后大著。”②至于禽言诗,或许渊源有

① 李刘撰、孙云翼笺释《四六标准》卷二《代赵尉上丞相》中有“顾念青毡,悉由白战”之句,在“白战”后有注释云:“《渔隐丛话》云:欧公守汝阴,因雪会客赋诗,禁体物语,如玉、月、梨、梅、练、絮、露、鹄、鹅、银等事皆禁勿用。东坡守汝阴,得雪,会饮聚星堂约客赋诗,效欧公体,不以盐、玉、鹤、鹭等为比,不使皓、白、鲜、素等事,落句云‘汝南先贤有故事,醉翁诗语谁续说。当时号令君听取,白战不许持寸铁’。”案胡仔《苕溪渔隐丛话》(前集)卷二十九载:“《石林诗话》云:‘诗禁体物语,此学诗者,类能言之。欧公守汝阴,与客赋雪诗于聚星堂,举此令,往往坐客皆阁笔;但非能者耳,若能者,则出入纵横,何可拘碍。郑谷:“乱飘僧舍茶烟湿,密洒歌楼酒力微。”非不去体物语,而气格如此之卑。苏子瞻:“冻合玉楼寒起粟,光摇银海眩生花。”超然飞动,何害其言玉楼银海。退之两篇,力欲去此弊,虽冥搜奇谲,亦不免“缟带银杯”之句。杜子美:“暗度南楼月,寒深北渚云。”初不避云月字。若“随风且开叶,带雨不成花”,则退之两篇殆无以过之也。’苕溪渔隐曰:‘六一居士守汝阴日,因雪会客赋诗,诗中玉、月、梨、梅、练、絮、白、舞、鹅、鹤、银等事,皆请勿用。诗曰:“新阳力微初破萼,客阴用壮犹相薄。朝寒棱棱风莫犯,暮雪绥绥止还作。驱驰风云初惨淡,炫晃山川渐开廓。光芒可爱初日照,润泽终为和气烁。美人高堂晨起惊,幽士虚窗静闻落。酒垆成径集缾罂,猎骑寻踪得狐貉。龙蛇扫起断复续,猊虎围成呀且攫。共贪终岁饱麰麦,岂恤空林饥鸟雀。沙墀朝贺迷象笏,桑野行歌没芒屩。乃知一雪万人喜,顾我不饮胡为乐。坐看天地绝氛埃,使我胸襟如洗瀹。脱遗前言笑尘杂,搜索万象窥冥漠。颍虽陋邦文士众,巨笔人人把矛槊。自非我为发其端,冻口何由开一噱?”其后,东坡居士出守汝阴,祷雨张龙公祠,得小雪,与客会饮聚星堂。忽忆欧阳文忠公作守时,雪中约客赋诗,禁体物语,于艰难中特出奇丽,尔来四十余年莫有继者。仆以老门生继公后,虽不足追配先生,而宾客之美,殆不减当时。公之二子,又适在郡,故辄举前令,各赋一篇。诗曰:“窗前暗响鸣枯叶,龙公试手行初雪。映空先集疑有无,作态斜飞正愁绝。众宾起舞风竹乱,老守先醉霜松折。恨无翠袖点横斜,只有孤灯照明灭。归来尚喜更鼓暗,晨起不待铃索掣。未嫌长夜作衣棱,却怕初阳生眼缬。欲浮大白追余赏,幸有回飚惊落屑。模糊桧顶独多时,历乱瓦沟裁一瞥。汝南先贤有故事,醉翁诗话谁续说?当时号令君听取,白战不许持寸铁。”自二公赋诗之后,未有继之者,岂非难措笔乎?’”从这些记载可知,所谓的“白战”,是诗艺较量的一种手段,意在通过限制而追求因难见巧,而这显然是“以文为戏”下的产物。

② 陶宗仪《说郛》(第八册)卷四十九,中国书店 1986 年版,第 8 页。

自，但写得浑然一体，兴味盎然的，还应该说是由韩愈开其端而梅尧臣等人承其绪的。① 从以上的分析可以看出，韩愈对文学的功能和特质有着清醒的认识。所以，他既重视文学的明道言志功能，也不忽略文学的娱情遣兴价值；既可以作《原道》《师说》一类道德文章，也不妨写《毛颖传》之流“以文为戏”的作品；既倡扬孔孟道统，攘斥佛老，又提出“不平则鸣”、“气盛言宜”、“务去陈言”、“文从字顺”等文学主张。正如韩愈自己所说：“愈之志在古道，又甚好其言辞”（《答陈生书》）、“子之言以愈所为不违孔子，不以雕琢为工，将相从于此；愈敢自爱其道而以辞让为事乎？愈之所志于古者，不惟其辞之好，好其道焉尔”（《答李秀才书》）。他对道和文两方面都很重视，尽管他在主观上似乎更重视道，但他鲜明的文学理论主张和突出的文学创作实绩以及门生的广泛宣传，使得他在文学方面的影响丝毫不比他在弘扬儒家道统方面所起的作用逊色。他的“以文为戏”为后人所继承、发扬，他开创的古文运动更因为欧阳修、苏轼等人的承绪而取得最后的胜利，这些都可以说明韩愈在文学方面的重大影响。从韩愈的身上，我们可以得到这样的认识：文学有其自身的特质，它的发展更有它自身的规律，即便是在“原道”、“征圣”、“宗经”的浓厚背景下，哪怕是在以儒家道统继承人自居的韩愈身上；而韩愈利用儒家经典来为“以文为戏”争取合法地位，后人对“以文为戏”的较为普遍的认可，更可以视为是对儒家经学制约文学的一种有力反拨和突破。

上面我们主要从经典、经学、文学三个不同方面有侧重地讨论了经学与文学的关系。应该指出，这三个方面都是人创造出来的，相对于作为实践主体的人来说，它们都是客体。基于此，我们觉得，在经学与文学产生联结的具体途径上，作为实践主体的人，是需要着重把握的。因为，作为主体的人具体操作着经学与文学的关联，换句话说，经学对文学的制约以及文学对经学的反拨，都是通过作为主体的人而得以实现的。所以，我们可以看到，有一些人在经学史上具有突出的地

① 蔡正孙《诗林广记》卷五在载录了韩愈《赠同游》“唤起窗全曙，催归日未西。无心花里鸟，更与尽情啼”一诗后指出：“黄山谷云：‘吾儿时每哦此诗而了不解其意。自谪峡川，吾年五十八矣，时春晚，忆此诗，方悟之。盖唤起、催归二鸟名，若虚设，故人不觉耳。古人于小诗用意精深如此，况其大者乎！催归，子规鸟也。唤起，声如络纬，圆转清亮，偏于春晓鸣，亦谓之春唤。此乃谓之禽言诗，亦如用药名为诗之类。梅圣俞亦有禽言诗，如“泥滑滑，苦竹冈”之句，皆善造语者也。’”吴景旭《历代诗话》卷四十九“鸟名”条下亦载：“黄玉林曰：‘韩退之诗“唤起窗全曙，催归日未西”，唤起、催归固是二鸟名，然题曰“赠同游”者，实有微意。盖窗已全曙，鸟方唤起，何其迟也！日犹未西，鸟已催归，何其早也！岂二鸟无心，不知同游者之意乎？更与我尽情而啼，早唤起而迟归可也。’……叶天经谓鸟名诗起此。王勉夫谓其体自六朝，观梁元帝尝有是作，退之非祖此乎？黄鲁直谓之禽言诗。梅圣俞亦有‘泥滑滑’、‘婆饼焦’、‘提葫芦’、‘不如归去’之类是也。”

位,或留下了有影响的经学著述,或提出了有价值的经学思想,或两者兼而有之;与之同时,这些人也往往在文学史上具有重要影响,或在理论主张方面,或在创作实绩方面,或两者兼得。就拿闻名于当时、享誉于后世的"唐宋八大家"来说,他们不仅在文学史上占有重要地位,提出了内涵丰富的理论主张,留下了大量脍炙人口的佳制名篇,而且,在经学史上也具有深远影响,如韩愈较早地重视《孟子》《大学》《中庸》等著述,为宋代"四书学"的形成导夫先路,欧阳修的疑古惑经则引领了一时思潮,王安石主持修撰的《三经新义》更是作为科举考试的标准而风行一时。这种经学家与文学家兼于一身的情况,使得经学与文学的联系在形式上表现得更趋紧密,在内容上则更显复杂。我们认为,这种情况,也可以作为经学与文学有着紧密联系的一个说明,同时更能够体现经学与文学联结的具体途径。所以,当我们在讨论经学与文学的联系如何得以实现,或者说是通过怎样的途径获得的时候,就有必要特别突出作为实践主体的人。简要地说,大致可以从以下两个方面来把握:

一、从经学对文学的影响来讲,一方面,经典本身就富有很高的文学价值,是后世文学创作的源头,后人诠解经典的过程,也就是一个学习、体悟文学作品的过程,"六经"具有的题材、内容,运用的方式、手法,体现的风格、特色,诸如这些都会成为后世创作的借鉴和参照。另一方面,经学本身又是作为统治学说而存在的,要为维护封建统治秩序和统一思想观念服务,所以,儒家学说既以经学为载体,又成为经典阐释的前提思想和规范,这种规范进而影响到文学领域,从根本上制约着人们的文学价值观,并影响了人们对文学的创作和接受。在这个过程中,作为活动主体的人,不论是经学家与文学家合一的还是分离的,都程度不同地表现出一种被动接受的姿态,这与传统和经典被强化、被神圣化是相关的。所以,不论在经学史上,还是在文学史上,"原道"、"征圣"、"宗经"作为一个传统是一以贯之的。

二、从文学对经学的背离、反拨来看,作为活动主体的人又不完全是被动的,甚至可以说在很大程度上表现出了能动性。这是由于,一方面,不同的时代、不同的经济基础和政治环境,会对作为统治学说的经学提出不同的要求。由此,经学作为一种经典阐释学的本质得以彰显,尽管它的前提预设或者说指导思想是儒家学说。出于适应现实的需要,从根本上说也是确保经学的统治地位得以巩固和延续的需要,对于儒家经典的阐释,在某些方面、在某种程度上表现出相当的自由度。另一方面,在经典阐释表现出自由度、开放性的同时,文学创作和批评的独立性也日益呈现。毕竟,文学有它自己的领域,随着人们创作的日益丰富,可供借鉴和参考的就不仅仅是那些经典,所用以指导创作实践和批评的也不仅仅是那些从经典中抽绎出来的理论主张。丰富的创作实践让人们对文学的本质有了更加明晰、深刻的认识,在此基础上,人们开始提出一些独立的、不依附于经学的,甚至是违背经学思想的理论主张,有时甚至利用经典阐释的自由度来给文学主张提供庇护,从而在一定程度上,从理论到创作,都实现了文学对经学的超越。所以,一面是"诗言志"、"文以明道"等理论深入人心,一面则是"诗缘情"、"以文为戏"等主张逐渐提出并引起很大的反响,甚至最终成为指导文学理论和实践的重要命题。

当然,以上所说的两个方面,只是抓住活动主体而言的,经学与文学的联结得以实现的途径实际上要复杂得多,在各个时期、在不同的人身上,其表现也不尽一致。但不可否认的是,活动主体无疑是其中的关键,其他许多方面都是通过它而起作用的。所以,只要我们具体地、全面地掌握了活动主体,就不难深入而细致、历史而辨证地揭示经学与文学的联结。

最后,再谈一谈对经学与文学关系的基本认识,或者说是评价。从上面的分析可以看出,经学与文学是有着紧密联系的,这种联系既制约了文学的发展,也在一定程度上促进了文学的演进。具体地看,经学对文学所产生的消极作用是毋庸否认的,它在相当程度上剥离了文学的独立地位和价值,使文学成为经学的附庸。我们不难想象,如果一味强调"文以明道",那么多彩的文学将会变得何等枯燥;如果真的信从"作文害道",那么文学的发展岂非成了一句空话?但是,我们也该看到经学对文学发展的积极作用,毕竟很多的文学理论来源于经学,它们在某种程度上还是揭示了文学某些方面的特质的;毕竟文学的现实主义传统是来源于经学并得到强化的,它对于提升文学的价值,丰富文学的创作是起到了重要作用的;毕竟是借重于经学的神圣外衣,某些文学主张才得以提出并进而推广的。在另一方面,如果没有了经学对文学的影响,文学的发展是否就一定是康庄大道呢?我看未必。文学发展的历史表明,一味地为艺术而艺术,为文学而文学,往往会导致文学创作内容、风格等方面的局促、偏狭,文学发展的路势必越走越狭窄,甚至会走向奢靡绮艳或无病呻吟的极端,纯粹成为人生的粉饰物和麻醉剂,失去文学应有的品格。倘若文学发展到这个地步,不仅自身没有前途,而且还会对个人和社会产生极大的消极影响,因为靡靡之音风行而加剧丧身亡国的例子,在历史上并不鲜见。所以,对于经学与文学的紧密联系,我们首先应该予以承认,然后还需要作具体的、实事求是的分析。一方面,对于经学对文学的影响,我们不能简单地予以肯定或者否定,而是要历史地、辨证地予以剖析;另一方面,对于文学对经学的反拨、背离乃至超越,我们也应该如实地、客观地作出评价,而不能一味拔高。行文至此,有必要指出,当前文学研究界有两种值得注意的动向:一是文学的文化研究欲演欲烈,百花洲文艺出版社新近推出的一套由张岱年主编的《中国学术与中国文学研究丛书》可以视为代表;一是认为文学的文化研究脱离了文学研究的本位,主张进行纯粹的文学研究,如周月亮撰文呼吁:"让古代文学研究与经史学术研究'分家',各自尽其天性走向自己的极限。正确的研究表述方式存在于对象的方式之中(张承志语)。用研经治史的学术规范来收拾文学只能有经学或史学的收获,而文学只能被'剥削',并异化了古代文学与我们的'亲在'关系。……古代文学研究再也不该是经学式的、史学式的,而应该是心学式的。古代文学研究到了走出学术研究这片'沼泽'的时候了。"①我们认为,开展文学与文化的交叉研究,是为了更真实地展示文学发展的面貌、更深入地揭示文学演进的规律,这是由文学自身生存和演进的具体环境所决定的,具有不可回避性。当然,文学与文化的交叉研究,也存在着诸多困惑,有些学者主张回归文学研究的本位,正显示出此间的忧虑。但方法本身只是手段,而非目的,既然文学与文化的交叉研究具有必要性,只要我们把握得当,就有可能真实、逻辑地把握文学发展的面貌和规律。再者,正如杨乃乔所说,"周月亮主张把古典文学研究从经学与史学的研究中分立出来。他的目的是为了把文学的本质重新交还给文学。……其实,经学就是中国的古典阐释学……从阐释学的理论看,只有开放的阐释才有发展的历史,任何文学文本的阐释与研究永远是在'当下'语境中完成的……阐释的'当下性'也就是阐释的'现代性',相对来说,任何文本的阐释与学术研究都是'现代意义'的。这就是我们主张的古典文学研究的现代性诠释。"②而这些,也正是我们对经学与文学的关系既应予以承认,又须客观剖析的基点所在。

## 第二节 本课题的研究价值、状况及其他

研究经学与文学的关系,至少具有以下三个方面的价值:首先,从经学方面来说,这本身可以算是经学研究的题中应有之义。周予同先生指出:"经学研究的较高段的工作可分为两方面,一是综合的记述的工作,一是分析的解释的工作。所谓综合的记述的工作,第一是经学史的著撰,第二是各经经义异同考的著撰。第三是经学与中国其他学问关系论的著撰,……"③,其中的"经学与中国其他学问

① 周月亮《古代文学研究应从学术研究中分立出来》,《文艺研究》1997 年第 3 期。

② 杨乃乔《古代文学研究与两种方法论的整合》,《文艺研究》1997 年第 3 期。

③ 周予同《怎样研究经学》,收录于朱维铮编《周予同经学史论著选集》[增订版],上海人民出版社 1996 年 7 月第 2 版,第 627 – 635 页。

关系论”,即包含了经学与文学的关系。其次,从文学方面来看,它有助于具体、客观地把握文学生成和演进的原生状态,展示文学发展丰富的历史面貌,同时,也有助于深层地揭示文学理论背后的思想文化内涵,阐述文学理论的逻辑生成与变迁。第三,从综合研究的方面来讲,它既可以丰富经学研究,又为文学研究开辟了一条新的途径,对于纯粹的、单一的经学研究或文学研究来说,都是一种突破。

“北宋经学与文学”这一课题,作为“中国经学与文学”的一个断代研究,自然也具备上述三条价值,加之宋代在中国历史上又是一个特殊的时代,不仅在经学史和文学史上都具有重要地位,宋代的士大夫又大多集文人、学者、官僚三位于一身,使得其经学与文学的关系更趋复杂而深刻,这就更加彰显了“北宋经学与文学”课题的研究价值。

尽管包括“北宋经学与文学”在内的“中国经学与文学”课题的研究价值是如此重大,但目前的研究状况却不容乐观。

自“六经”诞生之日起,自“经学”得以奠基并逐渐得到确立的时候开始,经学与文学的关系就已经存在了,这种紧密的联系贯穿了整个封建社会,直到当下仍能看到其影子。对于经学与文学的关系,古人早已有所认识,并提出了一些意见,但如果说从学理上来进行严谨的、以展示经学与文学的互动影响、揭示两者深层联系为主旨的研究,那还只能说是刚刚起步。自封建帝制被推翻以后,经学也就不再作为统治学说而存在,伴随着经学独尊地位的被打倒,本有可能对经学与文学的关系作客观而严谨的探讨,但在一片“打倒孔家店”的呼喊声中,经学也被视为封建毒瘤而遭到人们的废弃。有个例子是很能说明问题的,北洋军阀政府曾强迫各级学校恢复“读经”,结果遭到一片反对和抗议,周予同先生就曾经慷慨激昂地预言:“经不是神灵,不是拯救苦难的神灵!只是一个僵尸,穿戴着古衣冠的僵尸!它将伸出可怖的手爪,给你们或你们的子弟以不测的祸患!”并主张:“捉着这僵尸,剥掉它的古衣冠,用照妖镜似的眼光,看它究竟是一个什么东西变成的。”① 在这样的时代环境里,肯花工夫深究经学的人尚且不多,更遑论考察经学与文学的关系了。这种对包括经学在内的封建“糟粕”的批判,渗透到了社会的各个方面,在作为宣传阵地的文学创作和批评方面尤其如此,甚至一味地讲求“文学为政

① 周予同《僵尸的出祟——异哉所谓学校读经问题者》,收录于朱维铮编《周予同经学史论著选集》[增订版]第591-604页。尽管周予同先生的这种主张在现在看来可能会觉得有点偏激,但在当时执政者推行“读经”的背景下提出来是有着积极意义的,对促进思想解放功不可没。再者,周予同先生将自己的主张落实到了实际行动中,亲自“捉着这僵尸,剥掉它的古衣冠”,在经学研究方面作出了重大贡献,为我们今天无论是对经学本身作专门研究,还是就经学与其他学科的关系作综合研究,都提供了很好的基础。

治服务”,越是反儒家、反经学、反封建的作品,就越容易得到好评;越是反儒家、反经学、反封建的评论,越广泛地得到支持。这种过于偏执的情况在相当程度上遮蔽了对文学本质的认识,直到80年代以后才有所转变。在文学理论批评方面,有学者指出:“80年代初期,文学理论界普遍对‘文艺为政治服务’这一‘法规性’口号产生了反感,急于摆脱文艺的‘他律’束缚。人们开始热衷于文学的审美特性的研究,热衷于主体性的研究,随后又开始热衷于文学语言的研究,‘自律’的研究成为时尚。可以说在文学理论这个园地里先后出现了‘审美论转向’、‘主体性转向’和‘语言论转向’。……直到20世纪末,我们才发现我们又‘落伍’了,要求走出‘审美城’,呼吁建立中国的‘文化研究’,‘艺术文化学’或‘文化诗学’的要求也被提出来了。”①与文学理论界的转向相类似,文学研究界也开始有了转变,不再局限于“为政治服务”,而逐渐注重对文学自身规律的探讨,并以“国学热”的兴起为契机,从学术史、思想史、文化史的角度来考察文学的交叉研究一度成为“显学”。从学理上来探讨经学与文学的关系,即由此而得以展开。

可见,经学与文学关系的“研究”才刚刚起步,只是近二十年的事情,但令人欣慰的是,还是取得了一些重要的研究成果,总结既有的研究经验与存在的问题,对于进一步展开研究是有意义也是有必要的。

具体说来,这些成果在内容上主要可以分为两个方面:一是偏重于历史地展示经学与文学的互动。如关爱和《经学同文学的分野与冲突——以唐宋古文与清代古文运动为例》②一文,从文学运动的角度对经学与文学的互动演进作了个案研究;再如谭德兴《论魏晋南北朝经学与文学之互动》③一文,专门就魏晋南北朝这一历史时段的经学与文学的互动作了探讨。二是偏重于辩证地剖析经学与文学之间的联结。如殷绍基《“经学”与文学》④一文,较早地对经学与文学的关系作了专门的讨论,揭示出经学与文学的有机联系;再如陈良运《周易与中国文学》⑤,着重从专经《周易》的角度对经学与文学的关系作了阐释,而谭德兴《什么是〈诗经〉的‘文学研究’——关于经学与文学关系之思考》⑥一文,则以《诗经》的“文学

---

① 引自童庆炳、马新国为其主编的《文化与诗学丛书》所写的《总序》,见李春青《宋学与宋代文学观念》,北京师范大学出版社2001年版,第1-2页。

② 关爱和《经学同文学的分野与冲突——以唐宋古文与清代古文运动为例》,《河南大学学报》(社会科学版)2001年第4期。

③ 谭德兴《论魏晋南北朝经学与文学之互动》,《北方论丛》2004年第2期。

④ 殷绍基《“经学”与文学》,《湘潭大学学报》(社会科学版)1988年第1期。

⑤ 陈良运《周易与中国文学》,百花洲文艺出版社1999年版。

⑥ 谭德兴《什么是〈诗经〉的‘文学研究’——关于经学与文学关系之思考》,《贵州文史丛刊》2003年第3期。

研究"为例,对经学与文学的关系作了认真的思考;至于杨乃乔《经学与儒家诗学——从语言论透视儒家在经典文本上的"立言"》①《经学与中国古代文学理论形态的内在文化关系》②《经学与中国古代文学观念的演变》③、刘再华《论经学与中国古代文论的关系》④等文章,则主要探讨经学与儒家诗学、古代文论、文学观念等的关系。总体来看,这些成果因为受到篇幅的限制或者其他的诸多原因,大多论述得较为简要,有的地方还需要进一步展开,有的地方则认识不足,尤其是对于经学与文学关联的复杂性把握不够,至于历史、辨证地揭示经学与文学的互动面貌,深层、理性地把握经学与文学的关系,则尚有待来日。但毫无疑问,这些都是认真的、有益的探索,作为成果积累必将对今后的研究起到奠基作用。

从研究角度来看,这些成果中既有微观的个案研究,或从某种理论切入,如王军伟《经学背景下的肌理说》⑤,或就某个人物着手,如谢建忠《论经学对陈子昂诗文及诗论的影响》⑥,或以某一文体或文学运动为靶心,如曾祥旭《论西汉经学背景下的乐府和乐府运动》⑦;同时又有宏观的全体关照,如刘松来《两汉经学与中国文学》⑧、陈居渊《清代朴学与中国文学》⑨,即分别对汉代和清代的经学与文学的互动作了历史展示和理论阐发。这些研究成果在方法上和内容上都取得了突破,可为我们进一步的研究提供诸多有益的启发和借鉴,尽管在某些方面还有待进一步深入和完善。

从断代的"经学与文学"关系研究来看,在汉代、清代两个断代研究方面取得了较为丰富的成果。如在汉代方面,有徐醒生《汉代经学与文学》⑩、刘松来《两汉经学与中国文学》、边家珍《汉代经学与文学》⑪、吴贤哲《经学的兴起对汉代诗歌

① 杨乃乔《经学与儒家诗学——从语言论透视儒家在经典文本上的"立言"》,《中国社会科学》1995 年第 6 期。

② 杨乃乔《经学与中国古代文学理论形态的内在文化关系》,《南方文坛》1994 年第 4 期。

③ 杨乃乔《经学与中国古代文学观念的演变》,《文艺研究》2003 年第 5 期。

④ 刘再华《论经学与中国古代文论的关系》,《中国文学研究》2004 年第 3 期。

⑤ 王军伟《经学背景下的肌理说》,《山东大学学报》2004 年第 4 期。

⑥ 谢建忠《论经学对陈子昂诗文及诗论的影响》,《贵州师范大学学报》(社会科学版)2003 年第 6 期。

⑦ 曾祥旭《论西汉经学背景下的乐府和乐府运动》,《天府新论》2004 年第 5 期。

⑧ 刘松来《两汉经学与中国文学》,百花洲文艺出版社 2001 年版。

⑨ 陈居渊《清代朴学与中国文学》,百花洲文艺出版社 2000 年版。

⑩ 徐醒生《汉代经学与文学》,北京大学 1995 年博士学位论文。

⑪ 边家珍《汉代经学与文学》,华龄出版社 2005 年版。

发展的负面影响》①、陈松青《汉代经学与文学之关系反思》②、曾祥旭《论西汉经学背景下的乐府和乐府运动》③,等等。在清代方面,则有马积高《清代学术思想的变迁与文学》④、陈居渊《清代朴学与中国文学》、杨旭辉《清代经学与文学——以常州文人群体为典范的研究》⑤、刘再华《晚清时期的文学与经学》⑥、王军伟《经学背景下的肌理说》⑦,等等。这些研究成果对于探讨"北宋经学与文学"这一课题有着重要的参考价值。

相对而言,"北宋经学与文学"课题的研究是很不充分的。它不仅与汉代和清代的研究成果相比要逊色得多,从研究角度而言,也多是一些零碎的、个案的研究,如方笑一《北宋新学与文学——以王安石为中心》⑧、谭德兴《论欧阳修〈诗本义〉的文学思想》⑨、马茂军《"荆公新学"与王安石散文的风格》⑩等,不同层面上的宏观研究乃至全面揭示这一时期经学与文学互动的历史演进与逻辑成因,都还有待研究者的不懈努力。此间特别值得注意的是,马兴祥撰有题为《北宋经学与文学理论》⑪的博士学位论文,着重探讨北宋经学的某些学说及解经方法与文学理论的关联,不乏深入、精辟之见,然仅是管中窥豹,对经学与文学之间具体历时的互动及其背后复杂深刻的成因等,并未涉及。

这种研究状况不如人意的原因,一方面是大家对宋代经学的重视不够,一方面则是学界对宋明理学给予了过多的关注。就宋代经学史的研究成果而言,除了吴雁南、秦学颀、李禹阶主编《中国经学史》⑫等经学通史类著作中辟有专门章节

---

① 吴贤哲《经学的兴起对汉代诗歌发展的负面影响》,《西南民族学院学报》(哲学社会科学版)2003 年第 1 期。

② 陈松青《汉代经学与文学之关系反思》,《湖南文理学院学报》(社会科学版)2004 年第 2 期。

③ 曾祥旭《论西汉经学背景下的乐府和乐府运动》,《天府新论》2004 年第 5 期。

④ 马积高《清代学术思想的变迁与文学》,湖南出版社 1996 年版。

⑤ 杨旭辉《清代经学与文学——以常州文人群体为典范的研究》,凤凰出版社 2006 年版。

⑥ 刘再华《晚清时期的文学与经学》,复旦大学 2003 年博士学位论文。后改题《近代经学与文学》,由东方出版社于 2004 年出版。

⑦ 王军伟《经学背景下的肌理说》,《山东大学学报》2004 年第 4 期。

⑧ 方笑一《北宋新学与文学——以王安石为中心》,上海古籍出版社 2008 年版。

⑨ 谭德兴《论欧阳修〈诗本义〉的文学思想》,《贵州教育学院学报》(社会科学)2004 年第 1 期。

⑩ 马茂军《"荆公新学"与王安石散文的风格》,《华南师范大学学报》(社会科学版)1996 年第 6 期。

⑪ 马兴祥《北宋经学与文学理论》,南开大学 2004 年博士学位论文。

⑫ 吴雁南、秦学颀、李禹阶主编《中国经学史》,福建人民出版社 2001 年版。

讨论外,主要有章权才《宋明经学史》①、汪惠敏《宋代经学之研究》②、冯晓庭《宋初经学发展述论》③等,这些成果虽然为宋代经学发展勾勒了大致轮廓,但毕竟还算是初步研究,有关论述还需深入。与此期经学史研究不足可形成鲜明对照的是,学界对宋明理学的研究热情很高,涌现出一大批研究成果,关于理学与文学的研究成果也很丰富,代表性的成果有:马积高《宋明理学与文学》④、许总《宋明理学与中国文学》⑤、韩经太《理学文化与文学思潮》⑥、许总主编《理学文艺史纲》⑦、季国平《宋明理学与戏曲》⑧,等等。但是,"理学"与儒学、经学三者之间是既有紧密联系,又有重要区别的。尽管"理学"是宋明时代的主导思潮,与文学的关系甚密,很有探讨、研究的必要,但如果就此而忽略经学,那显然也是不可取的。因为,马积高《宋明理学与文学》等研究成果中所讨论的"理学"指的是程朱、陆王等探究性理之学问,往往将荆公新学等派别排除在外,这样就不能真实反映学术演变的实际面貌⑨,更不可能历史地揭示出经学与文学之间的互动关系并予以理论阐发了。

尽管如此,以上有关的研究成果还是为我们进一步展开"北宋经学与文学"课题的研究提供了必要的参考和成果积累,以此为基础,再结合现有的在这一时期的经学史、儒学史、理学史、哲学史、学术史、思想史、文化史和文学史等各个领域所取得的成果,并参考李春青《宋学与宋代文学观念》、马茂军《宋代儒学与文

---

① 章权才《宋明经学史》,广东人民出版社 1999 年版。
② 汪惠敏《宋代经学之研究》,台北师大书苑有限公司 1989 年版。
③ 冯晓庭《宋初经学发展述论》,台北万卷楼图书有限公司 2001 年版。
④ 马积高《宋明理学与文学》,湖南师范大学出版社 1989 年版。
⑤ 许总《宋明理学与中国文学》,百花洲文艺出版社 1999 年版。
⑥ 韩经太《理学文化与文学思潮》,中华书局 1997 年版。
⑦ 许总主编《理学文艺史纲》,江苏教育出版社 2001 年版。
⑧ 季国平《宋明理学与戏曲》,中国戏剧出版社 2003 年版。
⑨ 邓广铭先生撰有《略谈宋学》(收录于邓广铭《北宋政治改革家王安石》,河北教育出版社 2000 年版,第 390 – 405 页)一文,主张应当把宋学和理学加以区别,并列举了胡瑗、王安石、吕祖谦等在建立宋学进程中的突出人物,然后指出:"以上,我只是就两宋的学术界中举述一些具有代表性的人物,说明他们乃是当时最有实力因而也最有影响的一些学者,并用以证明,不但因二程、张载等人的学说流行较晚,在北宋一代的学术界不曾取得支配地位;即在南宋一代,尽管有理学大师朱熹、陆九渊等人的出现,然而理学家们的声势仍然未能笼盖了当时的学术界,与之并驾齐驱的,至少就可举出重视经世致用之学的浙东学派,以及专重史学的蜀中的李焘、李心传、王称、彭百川等人。"这一看法是符合历史实际的,也越来越得到认同,代表人物如漆侠在《宋学的发展和演变》中即对此作了具体而深入的发挥。

学》①等专门探讨宋代儒学与文学关系的论著,我们就有可能做到:

一、历史地展示北宋经学与文学发展的互动演进,既做到面的关照,又体现点的深入;既有宏观的描述,又有个案的分析。

二、理论地阐述北宋经学与文学互动中的重要命题,这些命题涉及到影响经学与文学关系的环境、因素和经学与文学演进的具体途径、重要方面,等等。

三、在整体上既做到丰富经学史的研究,又为文学史的研究开辟新径。

而这三点,也正是本书的主旨和努力的方向。

另外,有必要说明的是,虽然本书题为"北宋经学与文学",但此处所说的"文学",就体裁而言,主要指"散文、诗歌、小说、戏剧"中的散文和诗歌,具体包括诗、文、词、赋等,至于小说和戏剧,则阙而不论。这样处理的理由是:

一、以话本小说为代表的宋代白话小说和包括宋杂剧和南戏在内的宋代戏剧,都是出自民间的讲唱文学,它们在北宋才刚刚兴起,主要是北宋末期以来才得以盛行的。所以,相对而言,从性质上看,北宋时期经学对白话小说、戏剧的影响要比对诗文的影响弱小得多;从时段来讲,北宋时期经学对白话小说、戏剧的影响也要比南宋以后弱小得多。

二、从现存资料来看,目前所能见到的宋代白话小说和戏剧主要是南宋以来的作品。

三、至于笔记、传奇之类文言小说,虽然其情形要比白话小说和戏剧略好,有一些文人参与创作,也留下了一些出自北宋时期的作品,但总体成就不高,如鲁迅评曰:"宋一代文人之为志怪,既平实而乏文采,其传奇,又多托往事而避近闻,拟古且远不逮,更无独创之可言矣"②,加之又受到轻视小说的传统观念的影响,故而,相对说来,经学对文言小说的影响也要远比对诗文的影响来得薄弱。③

① 马茂军《宋代儒学与文学》,陕西师范大学 1995 年博士学位论文。

② 鲁迅《中国小说史略》,上海古籍出版社 1998 年版,第 71 页。

③ 关于宋代小说戏剧的成就、现存文献及相关研究现状,可参阅程千帆、吴新雷《两宋文学史》第十二章"小说的新面貌"和第十三章"宋代戏曲的形成"、孙望、常国武主编《宋代文学史》第二十五章"话本"和第二十六章"讲唱文学和歌舞、戏曲"以及张毅主编《20 世纪中国文学研究·宋代文学研究》(上册)第七章"小说戏剧研究"等章节。

# 第二章

# 中晚唐经学的新风与文学的新变

"安史之乱"(755—763)的爆发,标志着李唐王朝由盛转衰,随之而来的是,在政治、经济、思想文化等领域都发生了一系列显著而深刻的变化。这些变化的深刻性,不仅在于它对唐朝历史是一个转关,更在于它是整个封建社会由前期转入后期的分界,这种情形,正如陈寅恪先生所说:"综括言之,唐代之史可分前后两期,前期结束南北朝相承之旧局面,后期开启着宋以降之新局面,关于政治社会经济者如此,关于文化学术者亦莫不如此。"①因此,探讨北宋之经学与文学,就有必要考察中晚唐的经学与文学各自的发展及其相互关系,就其要者而言,宋代在文学发展方面的诗文革新,韩、柳等人已开其端;在经学发展方面形成舍传求经乃至疑经之风气,摆落章句注疏而注重性命义理,也已由中唐时人导夫先路。本章的要点,即在探究"安史之乱"以后在经学方面的新风及与之相关的在文学领域引起的新变。之所以这样做,一是考镜北宋经学与文学关系的近源,二是为北宋经学与文学的展开及关联提供参照,以丰富我们对存在于不尽相同的时代背景下的经学与文学之关系的认识。

## 第一节　安史乱后的现状与变革

"安史之乱"历时八年,尽管最终得以平息而保住了李唐江山,但也留下了严重的"后遗症",一个最直接的后果,就是藩镇割据局面的形成。如安、史乱后,其余部盘踞在河北,形成"河北三镇,从此成为唐王朝统治区内的国中之国,形成半独立状态。一直到唐亡,这个局面,无所改观"②。岑仲勉先生在其所著的《隋唐

① 陈寅恪《论韩愈》,原刊于《历史研究》1954 年第 2 期,后收入《金明馆丛稿初编》,上海古籍出版社 1980 年版,第 285 - 297 页。

② 王仲荦《隋唐五代史》,上海人民出版社 1988 年版,第 522 - 523 页。

史》中对此做了详细说明:“河朔三镇及淄青之割据,始自代宗,除淄青外,三镇虽中间一度由朝廷选任,然不旋踵而复失,成德之王氏,继世至八十余年,魏博田氏五十余年,是其最久者。此外横海、宣武、彰义,均启自德宗,宣武为时最暂,余两镇皆宪宗所收复。若泽潞则中唐割据之最后者。”①当然,中央政府也不断地对藩镇割据势力予以征讨,一度取得很大的胜利,甚至有所谓的“元和中兴”之称,但由于积弊难改,已成尾大不掉之势,加之宦官专政、朋党相争等等,李唐王朝不可避免地由衰落走向了灭亡。在这个过程中,士人们作了大量的反思,涉及到经济、政治、科举、文化等各个领域,有些想法还得以付诸实施,甚至还出现了所谓的“永贞革新”。这些反思、措施以及改革,对后人来说,都是可供参考和借鉴的,有些甚至可以说是产生了深远的影响,尤其是在经济领域实施的“两税法”、对科举制度的批评以及在思想文化领域对儒学的复兴,更值得我们注意。

正如林继中所指出的,“王亚南《中国官僚政治研究》认为,两税法与科举制是支持官僚政治高度发展的两大杠杆。内藤湖南认为‘两税法’使‘人民从束缚在土地上的制度中得到解放’,而科举制使士子从有利于士族门阀的九品中正选人制度的束缚中解放出来,则是今人的共识。这两种‘解放’就好比建筑工程上的前期工作‘三通一平’,使北宋在此基础上顺利地完成其中央集权的官僚政治体制的建构”②,随着“两税法”和“科举制”的不断完善,赵宋以来高度中央集权的官僚政治体制得以最终确立,在时代风貌和思想领域也出现了一系列显著的变化,其中突出的两点就是:庶族地主完全取代门阀士族而使得“以天下为己任”的士风高涨,对老百姓人身控制的松弛而代之以思想统治的加强。而这个过程,从中唐以来就已经开始。

李唐立朝,“在政治上迅速建立了以皇权为中心,从中央到地方的权力系统和选拔官吏的科举制;在经济上继承和完善了均田制,并在此基础上推行了半徭役性的租庸调制;在军事上继承和发展了府兵制。”③这种较为完整的统治体系,极大地推进了社会发展,一度造就“贞观之治”、“开元盛世”的可喜局面,但这种体系并非十全十美,其中某一方面的不足或松动,必然会连带引起其他方面的变化。从经济制度来看,由于生产力水平的不断提高、土地兼并的日益严重等原因,均田制逐渐遭到破坏,正如王仲荦先生所指出的:“由于官僚、地主、僧侣等在永业、赐田、借荒、置牧等名义之下,分割去无数肥沃的国家土地,以致政府掌握的土地陷

① 岑仲勉《隋唐史》,河北教育出版社 2000 年版,第 263 – 264 页。

② 林继中《文化转型与宋代文学》,《东南学术》2004 年第 5 期。

③ 张跃《唐代后期儒学》,上海人民出版社 1994 年版,第 5 页。

于枯竭状态;同时,随着社会生产的发展,人口的急剧增加,受田人数日益增多,应受田数额大大增加,更加使得均田的给受发生严重不足的情况"①,而这种均田给受严重不足的事实则标志着均田制已经名存实亡,其实,早在唐玄宗时代就已初见端倪,王仲荦先生即认为"唐玄宗时代的均田令的不真实性,在以上揭示的欠田文书中,完全暴露无遗"②。均田制的破坏,不仅导致了在其基础上建立的府兵制的瓦解,"由节度使召募的职业军队,取代了由朝廷征调的亦农亦兵的府兵,成为唐朝的主要军事力量,导致了天宝以后边帅势力的膨胀,进而发展为军阀作乱和藩镇割据"③,而且在赋税方面也引起了根本性的变革,"以人丁为本"(《新唐书·食货志》)的租庸调制必然地被两税法所取代。诚如岑仲勉先生所说,"租庸调与均田相辅而行,均田制坏,租庸调不能独存"④,加之长期以来尤其是安史乱后租庸调制的种种弊病,《旧唐书·杨炎传》即对此有详细记载:"开元中,玄宗修道德,以宽仁为理本,故不为版籍之书,人户浸溢,堤防不禁。丁口转死,非旧名矣;田亩移换,非旧额矣;贫富升降,非旧第矣。户部徒以空文总其故书,盖得非当时之实。旧制,人丁戍边者,蠲其租庸,六岁免归。玄宗方事夷狄,戍者多死不返,边将怙宠而讳,不以死申,故其贯籍之名不除。至天宝中,王鉷为户口使,方务聚敛,以丁籍且存,则丁身焉往,是隐课而不出耳。遂案旧籍,计除六年之外,积征其家三十年租庸。天下之人苦而无告,则租庸之法弊久矣。迨至德(公元756年)之后,天下兵起,始以兵役,因之饥疠,征求运输,百役并作,人户凋耗,版图空虚。军国之用,仰给于度支、转运二使;四方征镇,又自给于节度、都团练使。赋敛之司数四,而莫相统摄,于是纲目大坏,朝廷不能覆诸使,诸使不能覆诸州,四方贡献,悉入内库。权臣猾吏,因缘为奸,或公托进献,私为赃盗者动万万计。河南、山东、荆襄、剑南有重兵处,皆厚自奉养,王赋所入无几。吏职之名,随人署置;俸给厚薄,由其增损。故科敛之名凡数百,废者不削,重者不去,新旧仍积,不知其涯。百姓受命而供之,沥膏血,鬻亲爱,旬输月送无休息。吏因其苛,蚕食千人。凡富人多丁者,率为官为僧,以色役免;贫人无所入则丁存。故课免于上,而赋增于下。是以天下残瘁,荡为浮人,乡居地著者百不四五,如是者殆三十年。"这就使得赋税制度到了非改不可的地步。于是,时任宰相的杨炎于大历十四年(779)上疏改革税法,提出以"两税法"来取代租庸调制,主张"户无主客,以见居为簿;人无丁中,以贫富为

① 王仲荦《隋唐五代史》,第272页。
② 王仲荦《隋唐五代史》,第283页。
③ 张跃《唐代后期儒学》,第11页。
④ 岑仲勉《隋唐史》,第347页。

差”,这一建议得到了唐德宗的采纳,建中元年(880)就正式颁布推行,明令“丁租庸调,并入两税”,取得了良好的效果。[①] 从租庸调制转为两税法,这一变革是深刻的,因为它标志着赋税制度开始由税人走向税地、税财物,正如王仲荦先生所指出的:“唐前期是‘以丁夫为本’来征收租庸调的……而两税法中的户税,则是根据资产户等来征税的,所谓‘唯以资产为宗,不以丁身为本,资产少者则其税少,资产多者则其税多’(陆贽《均节赋税恤百姓六条》)。至如两税法中的地税,按亩征粟,更是土地多者则纳粟多,土地少者则纳粟少。”[②]而这种转变的最终确立,意味着统治者对广大民众人身控制的极大松弛,随之而来的,即是在政治体制上中央集权的空前加强[③]和意识形态领域的高度禁锢。可以说,宋明以来在政治体制上的集权,诸如为巩固皇权而分散宰相的权力、构建政府部门相互牵制的体系、实行监察百官的察举制度等等,以及思想领域以理学一统天下,严于天理人欲之辨、强化忠君观念等等,这些都是与人身控制的松弛密切相关的。

就科举制而言,它是隋唐以来所采取的且影响深远的选拔制度。所谓科举,即设科取士,包括常科和制举,常科又可分为秀才、明经、进士、明法、明书、明算六科,然其要者,则为进士和明经两科。[④] 就这两科来说,“进士起初仅试策,后来也试帖经,但所重在文赋。明经也试策,但主要是帖经”[⑤];而且,有史料记载表明,人们逐渐形成重进士而轻明经的风气[⑥]。陈寅恪先生认为此种风气的形成与门族有关,也造成了新旧阶级地位的更替:

李唐皇室者唐代三百年统治之中心也,自高祖、太宗创业至高宗统御之前期,

---

① 事见《旧唐书·杨炎传》及《唐会要·租税》。

② 王仲荦《隋唐五代史》,第314–315页。

③ 举一个能够说明问题的例子,就是关于封建制的讨论。自唐高祖以来,对实行封建制还是郡县制的争论就不绝如缕,《新唐书·宗室传赞》备载其事,而杜佑、柳宗元等人在安史乱后地方割据愈演愈烈的情况下力主实行郡县制,以维护中央政权的巩固和社会生活的安定,尤其是柳宗元,撰《封建论》一文,旁征博引,在通过对历史实际的考察后指出:“封建非圣人之意也,势也”,“唐兴,制州邑,立守宰,此其所以为宜也。然犹桀猾时起,虐害方域者,失不在于州,而在于兵,时则有叛将,而无判州。州县之设,固不可革也”,并对“封建者,必私其土,子其人,适其俗,修其理,施化易也。守宰者,苟其心,思迁其秩而已,何能理乎”、“夏、商、周、汉封建而延,秦郡邑而促”、“殷、周圣王也,而不革其制,固不当复议”等论断进行了驳斥,充分论证了实行郡县制、用郡县制取代封建制的必然性。这种情况,正好说明了安史乱后要求加强中央集权的强烈愿望。

④ 可参王鸣盛撰,黄曙辉点校《十七史商榷》卷八十一《取士大要有三》,上海书店出版社2005年版,第703–704页。

⑤ 张跃《唐代后期儒学》,第24页。

⑥ 陈寅恪《唐代政治史述论稿》第81–83页对此有详细说明,可参考。

其将相文武大臣大抵承西魏、北周及隋以来世业，即宇文泰‘关中本位政策’下所结集团体之后裔也。自武曌主持中央政权之后，逐渐破坏传统之‘关中本位政策’，以遂其创业垂统之野心。故‘关中本位政策’最主要之府兵制，即于此时开始崩溃，而社会阶级亦在此际起一升降之变动。盖进士之科虽创于隋代，然当日人民致身通显之途并不必有此。及武后柄政，大崇文章之选，破格用人，于是进士之科为全国干进者竞趋之鹄的。当时山东、江左人民之中，有虽工于为文，但以不预关中团体之故，致遭屏弃者，亦因此政治变革之际会，得以上升朝列，而西魏、北周、杨隋及唐初将相旧家之政权尊位遂不得不为此新兴阶级所攘夺替代。①

他在《唐代政治史述论稿》一书中结合门族、党派等对此观点作了充分发挥，并一再指出："进士科主文词，高宗、武后以后之新学也；明经科专经术，两晋、北朝以来之旧学也。究其所学之殊，实由门族之异。故观唐代自高宗、武后以后朝廷及民间重进士而轻明经之记载，则知代表此二科之不同社会阶级在此三百年间深沉转变之概状矣。"②应该说，这一观点是富于启发意义的。尽管还有学者对此提出了不同意见③，但从历史事实来看，科举制无疑是有利于选拔人才，尤其是选拔贫寒士人的，正所谓"前代选举之权，操之郡县，士有可举之材，而郡县不之及，士固无如之何，今则可以怀牒自列于州县。夫苟怀牒自列，州县即不得不试之；试之，即不得不于其中举出若干人。是就一人言之，怀才者不必获信，而合凡自列者而言之，则终必有若干人获举；而为州县所私而不能应试者，州县亦无从私之；是遏选举者之徇私，而俾怀才者克自致也"④，而且随着科举制重要性的日益凸显，"三百年来，科甲之设，草泽望之起家，簪绂望之继世。孤寒失之，其族馁矣；世禄失之，其族绝矣"（《唐摭言·好及第恶登科》），士人们更是争相应科入考，因而唐太宗可以得意地说"天下英雄入吾彀中"（《唐摭言·述进士上篇》），其大致情形也略如陈寅恪先生所言："唐代自安史乱后，其宰相大抵为以文学进身之人。此新兴阶级之崛起，乃武则天至唐玄宗七八十年间逐渐转移消灭宇文泰以来胡汉六镇

---

① 陈寅恪《唐代政治史述论稿》，第 18 页。

② 陈寅恪《唐代政治史述论稿》，第 81 页。

③ 如岑仲勉《隋唐史》第 185 页指出："进士科之初立，与明经本无轩轾，经过数次无意中之改制，始造成进士比明经优胜之趋势，非政府原来分科早有如是之企图，从举子来说，应进士或应明经，一方面为社会上意见所范围，另一方面又因个人志趣、能力或家计之不同决定其选择，寒族虽可藉进士科而新兴，旧族却未尝受进士科之影响而堕落（六朝至唐所谓'门第'，并不以官宦为重要标准，可参看前六节引太宗之言），进士即多落在世家，如何能说两科各以一定之社会阶级为代表？如何能划分进士科为新兴阶级？"

④ 吕思勉《隋唐五代史》，上海古籍出版社 1984 年 1 月新 1 版，第 1108 页。

民族旧统治阶级之结果。若取《新唐书·宰相表》及《宰相世系表》与《列传》所载其人之家世籍贯及出身等互相参证，于此三百年间外廷士大夫阶级废兴转移之大势尤易明瞭”①，对庶族势力逐渐取代门阀士族而登上历史舞台起到了不可估量的作用，从而也在很大程度上影响了社会发展的走向。随着贫寒庶族逐渐加入到统治阶层，给封建统治注入了新鲜的血液，又顺应了安史之乱以来社会危机的刺激，士风一度高涨，从“致君尧舜上，再使风俗淳”的杜甫，到为弘扬孔孟儒道而“虽灭死万万无恨”的韩愈，再到主张“文章合为时而著，歌诗合为事而作”及“为君、为臣、为民、为物、为事而作，不为文而作”的白居易，都彰显了士人励精图治、以天下为己任的精神风貌。尽管终唐一朝，这种精神风貌由于现实政治局势的日益不堪等原因而未能一贯延续下去，即便是力倡讽喻之作的白居易，在后期的文学创作和人生态度中也多表现出追求自我闲适的面貌，但到了宋人那儿，出现了“先天下之忧而忧，后天下之乐而乐”的呐喊，无疑是对它最有力的接续和回应。从这个角度而言，科举制度的确立和完善，其意义是显而易见的。当然，承袭隋代而来的科举制度在唐代虽然取得了很大的发展，成为选拔人才的重要手段，且直接促成了庶族的崛起，但其弊端也在所难免，并逐渐暴露无遗。就作为常选主要科目的明经和进士而言，明经主要是帖经，专务记诵而不求大义主旨；进士则偏重诗赋，讲求声律、对偶等形式而不重关乎治道的内容，②诚如开元二十五年二月所颁敕令所言：“今之明经进士，则古之孝廉秀才。近日以来，殊乖本意。进士以声律为学，多昧古今；明经以帖诵为功，罕穷旨趣。安得为敦本复古，经明行修”；也就在

---

① 陈寅恪《唐代政治史述论稿》，第 22－23 页。

② 关于明经科，《新唐书·选举志》记载：“凡明经，先帖文，然后口试，经问大义十条，答时务策三道。”由于逐场定去留，故首场帖文是关键。所谓帖文，即填空，要求举子熟记经文及其注疏，如《通典·选举三》所说：“凡举司课试之法，帖经者，以所习经掩其两端，中间惟开一行，裁纸为帖，凡帖三字，随时增损，可否不一，或得四得五得六者为通。（后举人积多，故其法益难，务欲落之，至有帖孤章绝句、疑似参互者以惑之，甚者或上抵其注，下余一二字，使寻之难知，谓之倒拔。既甚难矣，而举人则有驱悬孤绝、索幽隐为诗赋而诵习之，不过十数篇，则难者悉详矣，其于平文大义，或多墙面焉。）”而第二场口试，经问大义十条，傅璇琮《唐代科举与文学》第 120 页认为“实际上仍不过是另一种方式的帖文，是考应试者对经书及其注疏的记诵功夫”，第三场答时务策，傅璇琮《唐代科举与文学》第 116 页认为“对明经来说恐怕只不过是虚应故事，唐代文献中没有一篇明经时务策的文章保留下来，连这方面稍微具体一点的记载都没有。”关于进士科，唐初仅试策，在务实的同时也表现出对文辞的重视，傅璇琮把这些策文称作“策赋”，到高宗后期、武后实际掌权时则改为试帖经、杂文、策文三场，逐场定去留，三场的次序本来依次是帖经、杂文、策文，大概到中唐以后就改为先诗赋、次帖经、最后试策。这表明，随着诗赋地位的提高，进士科考也越来越偏重于诗赋，讲究其文学性。（参考傅璇琮《唐代科举与文学》第七章“进士考试与及第”。）

这条敕令中，已有见于科举制的弊端而提出了改革的措施，即“其明经自今已后，每经宜帖十，取通五已上，免旧试一帖，仍按问大义十条，取通六已上，免试经策十条，令答时务策三道，取粗有文理者，与及第。其进士宜停小经，准明经帖大经十帖，取通四已上，然后准例试杂文及第者，通与及第”①。但效果并不明显，明经仍重在考察士子对经书及注疏的记诵功夫，而进士考帖经也因为有所谓的“赎帖”②而不了了之。如此设科取士，势必造成士人徒记章句而不通大义，唯务文才而不崇德行，不仅不利于选拔适用的人才，更为严重的是，导致了教育的衰败、师道的不尊、学风的浇薄，竟无从培养适用的人才了。就参加科举的人员而言，可分为由各级学校选送的生徒和投牒自举的乡贡。从学校这面讲，长期以来讲授的主要是经学而不是文学：“凡博士、助教，分经授诸生，未终经者无易业”（《新唐书·选举志》），这种教育自然不能适应社会上重视以文学为鹄的的进士科考的风气。另外，高宗、则天以来，多重文吏而薄于儒术，不吝官爵而广加封赏，博士、助教等尚且仅有学官之名而无儒雅之实，所教之生徒也多不以经学为意而希冀侥幸，如《旧唐书·儒学传》记载：“高宗嗣位，政教渐衰，薄于儒术，尤重文吏。于是醇醲日去，毕竟日彰，犹火销膏而莫之觉也。及则天称制，以权道临下，不吝官爵，取悦当时。其国子祭酒，多授诸王及驸马都尉。准贞观旧事，祭酒孔颖达等赴上日，皆讲‘五经’题。至是，诸王与驸马赴上，唯判祥瑞按三道而已。至于博士、助教，唯有学官之名，多非儒雅之实。是时复将亲祠明堂及南郊，又拜洛，封嵩岳，将取弘文国子生充齐斋郎行事，皆令出身放选，前后不可胜数。因是生徒不复以经学为意，唯苟

---

① 王溥《唐会要》卷七十五《帖经条例》，中华书局 1955 年版，第 1377 页。

② 所谓“赎帖“，即以作诗赋代替帖经，《封氏闻见记·贡举》《太平广记·阎济美》《唐语林·补遗》《唐诗纪事·阎济美》《历代制度详说·科目》《文献通考·举士》《唐音癸签·诂笺三》等均有记载，如《封氏闻见记·贡举》云：“文士多于经不精，至有白首举场者，故进士以帖经为大。天宝初达奚珣、李严相次知贡举，进士文名高而帖落者，时谓试时放过，谓之赎帖”，《唐语林·补遗》作：“文士多于经不精，至有白首举场者，故进士以帖经为大厄。天宝初达奚珣李岩相次知贡举，进士声名高而帖落者，时或试诗放过，谓之赎帖”，则是以作诗代帖经，又或有以作文或赋代帖经者，如《历代制度详说·科目》《文献通考·举士》均记载说：“当时进士却有帖经之制，他文士都不屑去记这传义，于是有赎帖才是。进士科试帖经，不知是或作一篇文或作一赋便可赎帖经。”然以作诗代帖经为故事，如《太平广记·阎济美》载录了一条出自《乾月巽子》的详细记载：“十一月下旬，遂试杂文。十二月三日天津桥放杂文榜，景庄与某（阎济美）俱过，其日苦寒。是月四日，天津桥作铺帖经。景庄寻被黜落，某具前白主司曰：‘某早留心章句，不工帖书，必恐不及格。’主司曰：‘可不知礼闱故事亦许诗赎？’某致词后纷纷去留，某又遽前白主司曰：‘侍郎开奖劝之路，许作诗赎帖，未见题出。’主司曰：‘赋天津桥望洛城残雪诗。’某只作得二十字，某诗曰：‘新霁洛城端，千家积雪寒。未收清禁色，偏向上阳残。’”又如唐人吕温《吕衡州集》即收有《河南府试赎帖赋得乡饮酒诗》。

希侥幸。二十年间,学校顿时隳废矣。”由是,学校教育日趋衰落,到了安史乱后,甚至出现“太学空设,诸生盖寡。弦诵之地,寂寥无声,函丈之间,殆将不扫”①的局面。而与学校紧密联系、互为盛衰的乡贡,则随着学校教育的衰落而日趋兴盛:“学校有名无实;而不论其为由乡贡,由学校,凡应举者皆意在得官,欲得官必求速化,务声华、事奔竞之术正多,何必坐学?此则学校之所以日衰,乡贡之所以日盛。”②韩愈所言“今之举子,不本于乡,不序于庠,一朝而群至于有司”(《进士策问十三首》其六),即是对乡贡投牒自举、士人自学应考的生动反映。学校教育的衰落,也势必导致师道的不尊,学风的浇薄③,韩愈在《师说》一文中指出:“师道之不传也久矣,欲人之无惑也难矣!……巫医乐师百工之人,不耻相师。士大夫之族,曰师、曰弟子云者,则群聚而笑之。问之,则曰:彼与彼年相若也,道相似也。位卑则足羞,官盛则近谀。呜呼,师道之不可复知矣”,可以说是对当时士人耻学于师、师道不传的真实揭露,而其《进学解》一文,则通过设问的形式表达了对士人不勤于学问、不修于德行这一不良风气的有力反讽,亦如杨绾《条奏贡举疏》中所云:“幼能就学,皆诵当代之诗;长而博文,不越诸家之集。递相党与,用致虚声,六经则未尝开卷,三史则皆同挂壁。况复征以孔门之道,责其君子之儒者哉!祖习既深,奔竞为务。矜艺者曾无愧色,勇进者但欲凌人,以毁讟为常谈,以向背为己任。投刺干谒,驱驰于要津;露才扬己;喧腾于当代。”④其实,科举制本身的一些弊端以及由之引起的一系列相关问题,早已引起人们的注意,尤其是安史之乱以来的社会现实,更加促使人们去思考导致叛乱的原因以及寻求解决的办法,而对于科举制度的思考、批判、改革,也正是其中的一个重要方面。查考有关文献,我们可以发现,上至君王诏令,下至百官奏疏、士人策论,对于科举制的有关问题都作了思考,诸如刘峣、杨绾、赵匡、柳冕、权德舆、元稹等人,对于文风浮艳、德行不修、不通儒术、不达政事等弊端都有分析,杨绾甚至偏激地要求废除进士、明经等科举制度,反对投牒自举而主张依古察举。尤其值得注意的是,人们不仅在思考科举弊端的同时拿出了建议,更在实践中加以改革,如赵赞、权德舆、李德裕等人,特别值得一提的是李德裕的改革,动作比较大,影响也较为深远。傅璇琮曾对此作了专

① 见《旧唐书·代宗本纪》。

② 吕思勉《隋唐五代史》,第1109页。

③ 当然,一些以儒学文章知名者身边也多有弟子随而受学,如尹知章,《旧唐书·儒学传》载其“虽居吏职,归家则讲授不辍,尤明《易》及庄、老玄言之学,远近咸来受业。其有贫匮者,知章尽其家财以衣食之”。又如萧颖士,《新唐书·文艺传》载其“奉使括遗书赵、卫间,淹久不报,为有司劾免,留客濮阳。于是尹征、王恒、卢异、卢士式、贾邕、赵匡、阎士和、柳并等皆执弟子礼,以次授业,号萧夫子”。

④ 见姚铉编《唐文粹》卷二十八,《旧唐书·杨绾传》亦引。

门研究，指出李德裕的改革主要有以下几项：一是进士体试诗赋；二是罢宰相阅榜；三是禁止进士及第与知举者有进一步的密切联系；四是禁止曲江大会；并给予了肯定的评价。① 尽管人们对科举制的问题思考得不够全面，“有些问题，在唐人的议论中根本没有接触到，如因公荐而引起的通关节、托人情而因缘为奸，贵门势要之家的把持举选权，宦官、藩镇等之干预考试，等等”②，改革也不够彻底，且未能长期延续，但这些思考和改革，无疑是为后人提供了许多有益的借鉴。更为值得注意的是，人们在对科举制的批评中，对儒道不举、士风浇薄的强调是十分突出的，如柳冕《与权德舆书》以为：“进士以诗赋取人，不先理道；明经以墨义考试，不本儒意；选人以书判殿最，不尊人物。故吏道之理天下，天下奔竞而无廉耻者，以教之者末也”③，即在宣扬儒道，布施廉耻；而元稹在应才识兼茂明于体用制科的对策中也主张改革科举以期“儒术之道兴，而经纬之文盛”④；至于提出废除科举制的杨绾，更是从敦实人物、化成天下的角度出发的：“所冀数年之间，人伦一变，既归实学，当识大猷。居家者必修德业，从政者皆知廉耻，浮竞自止，敦庞自劝，教人之本，实在兹焉。”（《旧唐书·杨绾传》）应该指出，这种对儒术、士风的高度重视，既是对科举弊端思考的产物，也是随着人身控制松弛后迫切需要强化思想控制的一种反映。也就是说，人们的思考，不是停留于科举制度的本身，而是力求寻找实现社会长治久安的良策；要求人才不仅能通晓事务，更应有敦厚的品行；不是仅仅强调选拔人才，而是更加重视培养人才。因而，要求振兴儒术、敦实士风，成为士人们一致的呼喊，不仅体现在对科举制度的思考和改革中，也体现于与之相关的教育制度上；不仅涉及到制度层面的反思，更引发了整个思想领域的重整。而中唐以来的儒学复兴运动，即由之拉开序幕。

唐代自李渊建国以来，即实行了三教并举的政策，不仅确立儒家学术为立国指导思想，尊儒崇经，施行仁政，又大力推崇佛、道两教，以为辅弼，甚至使得佛教超越儒、道而成为一代之学术主潮。从历史实际来看，“三教争衡”是唐代学术思潮的重要特点，儒、释、道三者互相争斗、排斥，又彼此吸收、融合，这一现象是贯穿始终的，大致说来，在唐朝前期是以冲突为主，后期则逐渐趋于融合。在“三教争衡”的大环境下，儒学经历了一个恢复、发展、中衰再到振兴、转型的过程。如果要

---

① 傅璇琮《唐代科举与文学》，陕西人民出版社 2003 年 5 月第 2 版，第 395 - 399 页。另，该书十三章为“唐人论进士试的弊病及改革”，可参考。

② 傅璇琮《唐代科举与文学》，第 400 页。

③ 姚铉编《唐文粹》卷八十三。

④ 元稹撰，冀勤点校《元稹集》卷二十八《才识兼茂明于体用策一道》，中华书局 1982 年版，第 337 页。

考察儒学中衰的原因,大致与科举、教育中存在的弊端、儒释道三者之争衡等有关;而儒学复兴运动,也是由此而展开的,其表现也主要集中在科举、教育及思想文化领域,不仅有实践的意义,也有理论的辨析;不仅针对儒家经学,也影响了文学。关于儒学复兴运动的成就或者说安史乱后儒者所取得的思想成果,张跃作了深入研究,他指出:

> 第一,开创儒学以经驳传的风气。从春秋学派到韩愈、柳宗元,都力求摆脱两汉经学的束缚,否定汉人传注的经典性,注重直接从先秦儒学中领会封建宗法的基本精神,寻找思想发展的新的可能性。他们还利用先秦儒学有较大的发挥余地的特点,通过重新解释儒学的早期经典,较自由地发挥自己的思想,形成新的学风。第二,以批判的武器推翻了汉代以来官方经学的理论基石天命神学世界观,使旧的经学体系变得支离破碎,为建立新的宇宙观清除了一个主要障碍。第三,站在儒家的立场上深入讨论了儒释道三教关系。排斥异端和统和三教两种观点,既对立又统一,使儒家学者一方面能坚持儒家的立场,抵制佛教和道教的过大影响,不致为其所俘虏;另一方面,又可使他们从佛教和道教思想中吸取营养,为发展儒学找到方便的思考途径。第四,适应中国哲学向心性论发展的趋势,吸收佛教的心性理论,在新的水平上探讨了人性问题,推进了儒家性情学说的发展。①

应该说,这一看法是抓住了儒学复兴运动的重点的。复兴儒学,既要回应外部的挑战,诸如佛道的争辩、维护统治秩序的需要等等,又要整和自身的资源以扬长避短乃至重建体系,以上四个方面都可算是很好的说明。由于儒学主要以经学为依托,经学既是一种统治学说又是一种经典阐释学,既可以“我注六经”,也同样可以“六经注我”,而且自古以来形成的依经立义的传统,都使得儒学复兴的各个方面也体现在经学领域,可以看作是经学的“新风”,而相应地使得文学领域也产生了新变。所以,我们认为,中晚唐经学的新风与文学的新变,既是儒学复兴下的产物,也可看作是儒学复兴的重要表现与内容。为叙述的方便,也为避免不必要的重复,我们就结合儒学复兴运动在下文予以集中讨论。

## 第二节　中晚唐经学的新风与文学的新变

儒家经学,是历代的统治学说,唐代更是如此。从整个经学史来看,唐代是一

---

① 张跃《唐代后期儒学》,第 156 - 157 页。

个重要时期，处于承前启后的转折关头，它的前期总结了自汉以来的章句注疏之学，代表性成果就是孔颖达等人奉诏撰著的《五经正义》，后期则开启了宋明以来的义理之学，可以啖、赵《春秋》学派为代表。皮锡瑞在《经学历史》一书中把唐代看作是"经学统一时代"，主要着眼于作为明经取士标准的《五经正义》所具有的总结、一统的作用："夫汉帝称制临决，尚未定为全书；博士分门授徒，亦非止一家数；以经学论，未有统一若此之大且久者"①，这一认识应该说是深刻的；而把宋代称作是"经学变古时代"，则似乎对中晚唐的经学新风认识不足，其实，所谓的"变古"在中晚唐就已初见端倪。

据《旧唐书·儒学传》记载，唐高祖李渊"雅好儒臣"，于武德元年即下诏，表彰周、孔，并"兴化崇儒"。唐太宗更是深刻认识到尧、舜、周、孔之道于治国安邦的重要作用，并做了大量弘扬的工作。他曾对臣子说："朕近所好者，惟在尧舜之道、周孔之教，以为如鸟有翼，如鱼依水，失之必死，不可暂无耳。"(《贞观政要·慎所好》)本此认识，他在其父的基础上进一步大力推进了崇儒兴学的局面，包括尊崇孔子为先圣、表彰一批前代的经学家、广纳儒士、扩建学校、征集遗书等等，尤其值得注意的是，统一了"五经"的文字和义疏，并颁布作为明经取士的依据："太宗又以经籍去圣久远，文字多讹谬，诏前中书侍郎颜师古考定'五经'，颁于天下，命学者习焉。又以儒学多门，章句繁杂，诏国子祭酒孔颖达与诸儒撰定'五经'义疏，凡一百七十卷，名曰《五经正义》，令天下传习。"(《旧唐书·儒学传》)自高宗永徽四年《五经正义》最后定稿并颁行天下之后②，学校教育以之为教材，科举考试以之为标准，这既使得儒家经学得到了高度的统一，也使统治思想得到了规范和强化。从魏晋到南北朝，政治分裂，学术多门，隋唐以来结束了政治分裂的局面，势必也要求在思想领域达到统一，从《五经正义》的撰著意图——统一文字和义疏，作为教学和取士的定本，从《五经正义》所选用的注疏本及注疏内容——兼顾、综合南北经学，且不拘于疏不驳注的原则，从《五经正义》颁行后发挥的实际效用——满足教育和科举之需，统一当时知识分子的思想等方面来看，都体现出了这一要求，具有综合、规范的意义。但是，任何事物都具有两面性，《五经正义》在统一儒学的同时，也造成了思想的禁锢，制约了儒学自身的发展。就在《五经正义》大行其道的同时，一些驳正的意见逐渐提出，社会上开始呼吁一种自由议论的风气。一个

① 皮锡瑞撰，周予同注释《经学历史》，中华书局 1959 年版，第 198 页。

② 《五经正义》从撰著到颁行经历了一个过程，章权才《魏晋南北朝隋唐经学史》第 252 页将之分为酝酿、撰定、驳正、颁行等四个互相衔接的阶段。其后，又在《五经正义》的基础上增加《周礼》《仪礼》《公羊》《谷梁》四经的正义而成《九经正义》，用以取士。

值得注意的事例,就是在武则天长安三年王元感表上其有关著作以挑战定于一尊的《五经正义》,《旧唐书·儒学传》对此事有详细记载:

长安三年,(王元感)表上其所撰《尚书纠谬》十卷、《春秋振滞》二十卷、《礼记绳愆》三十卷,并所注《孝经》《史记》稿草,请官给纸笔,写上秘书阁。诏令弘文、崇贤两馆学士及成均博士详其可否。学士祝钦明、郭山恽、李宪等皆专守先儒章句,深讥元感掎摭旧义,元感随方应答,竟不之屈。凤阁舍人魏知古、司封郎中徐坚、左史刘知几、右史张思敬,雅好异闻,每为元感申理其义,连表荐之。寻下诏曰:"王元感质性温敏,博闻强记,手不释卷,老而弥笃。掎前达之失,究先圣之旨,是谓儒宗,不可多得。可太子司议郎,兼崇贤馆学士。"魏知古尝称其所撰书曰:"信可谓'五经'之指南也。"

从这一记载可知:一、王元感所著《尚书纠谬》《春秋振滞》《礼记绳愆》等书,虽已失传而无法窥其原貌,但从其书名"纠谬"、"振滞"、"绳愆"来看,显然是对当时的官方定本《五经正义》提出质疑和驳正的。二、此事引发了一场争论,墨守章句的祝钦明等人予以讥斥,而雅好异闻的魏知古、徐坚、刘知几、张思敬等人则持支持态度,魏知古甚至给予了高度评价,称其书"信可谓'五经'之指南",这说明,尽管谨守章句的不乏其人,自由议论的呼声也并非空谷足音,特别是刘知几,善于独立思考而不迷信盲从,对经学多有自己的看法,《新唐书》本传称其"尝议《孝经》郑氏学非康成注,举十二条左证其谬,当以古文为正;《易》无子夏传,《老子》书无河上公注,请存王弼学。宰相宋璟等不然其论,奏与诸儒质辩。博士司马贞等阿意,共黜其言,请二家兼行,惟子夏《易传》请罢。诏可。"又著有《史通》一书,其中的《疑古》《惑经》《申左》等篇,主要从历史真实的角度,对《尚书》《春秋》等儒家经典虚美隐恶之义提出质疑和批评,可以说是在疑经方面跨出了一大步,也在一定程度上消解了经典神圣的外衣,极大地促进了思想解放。顺便值得一提的是,在《史通·自叙》中刘知己自言"及年以过立,言悟日多,常恨时无同好可与言者。维东海徐坚,晚与之遇,相得甚欢。虽古者伯牙之识钟期,管仲之知鲍叔,不是过也。复有永城朱敬则、沛国刘允济、吴兴薛谦光、河南元行冲、陈留吴兢、寿春裴怀古,亦以言议见许,道术相知,所有榷扬,得尽怀抱。每云:'德不孤,必有邻',四海之内,知我者不过数子而已矣"①,这在一定程度上说明,怀疑传注乃至经书并非个别行为。三、就此事件的结果而言,王元感的著述及其行为得到了统治者

① 其中"及年以过立"一句,浦起龙《史通通释·自叙》作:"及年以(已通)过(一多而字)立"。

的赞许,以为"掎前达之失,究先圣之旨,是谓儒宗,不可多得",并给以加官晋爵。姑且不论武则天此举是否出于政治斗争、打击李唐王室势力的需要,但有一点是毋庸置疑的,那就是最高统治者这种支持自由议论的做法必然会进一步打破墨守章句注疏的局面而促进经学领域的开拓创新。于是,在复兴儒学的呼唤日益强烈的大气候下,经学领域的"新风"逐渐形成,倘若用一句话来概括,那就是轻章句之学而重义理之学,这也恰恰可以看作是在一定程度上对柳冕《与权德舆书》中所言科举之弊端——"明六经之义,合先王之道,君子之儒,教之本也;明六经之注与六经之疏,小人之儒,教之末也。今者先章句之学,后君子之儒,以求清识之士,不亦难乎"的反拨。这种经学领域"新风"的表现,既属于形式层面,更属于内容层面,主要可以分作两个方面:一是舍传求经、以己意解经;二是原经求道、依经立义。马宗霍先生曾指出:"自大历而后,经学新说日昌,初则难疏,继则难注,既则难传,于是离传言经",并广稽史料,详加辨识,就《五经正义》颁行后的经学发展作了较为细致的梳理,他在引述上文所举武后长安中王元感上书一事后,紧接着指出:

盖官学虽尊,而执守一家之言,每不足以厌通人之望,缘罅思难,亦其势也。其后玄宗刊过《礼记·月令》一卷,命李林甫、陈希烈、徐安贞等注解,自第五易为第一(见《唐书·艺文志》),擅改旧本之次。魏光乘复请用魏征《类礼》列于经(《旧唐书》云:魏征以戴圣《礼记》编次不伦,遂为《类礼》廿卷,以类相从,删其重复,采先儒训注,择善从之),帝命元行冲与诸儒集义作疏,将立学官,张说奏驳而止。此则经亦几欲以新者乱之矣。及乎大历之间,啖助、赵匡、陆质(本名淳,避宪宗名改)以《春秋》,施士匄以《诗》,仲子陵、袁彝、韦彤、韦茝以《礼》,蔡广成以《易》,强蒙以《论语》,皆自名其学,益不复守旧说(见《唐书·儒学传》)。仲、袁、韦、强不闻有书,蔡氏之《周易启源》《周易外义》,《唐志》未著录,仅见《宋志》(晁公武曰:《周易外义》有"德恒"、"德言"、"德肤"、"德翰"四目,皆作问对,凡三十六篇),今已佚。施氏《诗说》亦佚,惟韩愈为志墓,言士匄明毛、郑《诗》,通《春秋左氏传》,善讲说,朝之贤士大夫从而执经考疑者继于门,《唐语林》又载刘禹锡与柳八、韩七诣施氏听《毛诗》,说毛传之失及毛、郑不注数事(说"维鹈在梁",梁,人取鱼之梁也,言鹈自合求鱼,不合于人梁上取其鱼,譬之人自无善事,攘人之美者,如鹈在人之梁。毛注失之。又说山无草木曰"岵",所以言"陟彼岵兮",言无可怙也,以岵之无草木,故以譬之。又说《甘棠》之诗,"勿翦勿拜,召伯所憩",拜言如人身之拜,小低屈也,上言"勿翦",终言"勿拜",明召伯渐远,人思不得见也,毛注"拜犹伐"非也。又言"维北有斗,不可挹酒浆",言不得其人也,毛、郑不注),颇近穿凿。其《春秋传》未甚传。后文宗喜经术,宰相李石因言士匄《春秋》可读,帝曰:“朕见之矣。穿凿之学,徒为异同。”(见《唐书·儒学传》)则知《春秋传》亦其《诗》说之流也。今可见者,惟陆质所作《春秋纂例》《辨疑》《微旨》三书,其说本之啖助、赵匡(质与赵匡同师啖助,助撰《春秋集传总例》,质为裒录,请匡损益,匡随而疏之。质又纂会之,号《纂例》)。以为《左传》解义多谬,其书乃出于孔氏门人,非《论语》之邱明;公、谷口受子夏所传,密于左氏,但后人据其大义,散配经文,亦多乖谬,失其纲纪。此等议论,前世范升、王接、刘兆等虽发其端,而三《传》并攻,不如此甚。且诸治《春秋》者,大抵颛门名家,尊传过于尊经,苟有不通,宁言经误,啖、赵、陆氏,则援经击传,自谓契于圣人之旨,故其书一出,好异者惊之。柳宗元至以得执弟子礼于陆氏为荣。同时,卢仝撰《春秋摘微》,解经亦不用传,故韩愈赠仝诗,有“《春秋》三传束高阁,独抱遗经究终始”之句。成伯玙撰《毛诗指说》,述作诗大旨及师承次序,以《诗》众篇之小序子夏惟裁初句,其余为毛公所续(伯玙又撰《毛诗断章》,《崇文总目》谓大抵取春秋赋诗断章之义,抄取诗语,汇而出之),亦《春秋》《毛诗》之新派也。嗣是李翱《易诠》,论八卦之性,陆希声《易传》,削去爻象,高重《春秋经传要略》,分诸国各为书,陈岳《春秋折衷论》,以三《传》异同三百余条,参求其长,以通《春秋》之义,并以己意说经(以上书今皆不传,惟《山堂考索》载有《春秋折衷论》廿七条)。而大中时陈商立《左氏》学议,以孔子修经为法家,左邱明作传为史家,杜元凯参贯经传殊失旨(案令狐澄《大中遗事》、孙光宪《北梦琐言》、王谠《唐语林》并载此议,其略曰:孔子修经,褒贬善恶,类例分明,法家流也;左邱明为鲁史载述时政,惜忠贤之泯灭,恐善恶之失坠,以日系月,修其职官,本非扶助圣言,录饰经旨,盖太史氏之流也。举其《春秋》,则明白而有实,合之《左氏》,则丛离而无征。杜元凯曾不思孔子所以为经,当与《诗》《书》《周易》等列;邱明所以为史,当与司马迁、班固等列,取二义乖刺不侔之语,参而贯之,故微旨有所未尽,婉章有所未一)。其议实啖、赵有以启之,故陆龟蒙亦引啖、赵为证,与商议同。①

此段论述具体反映了大历以来经学领域的“新风”,尤其是舍传求经、以己意解经的一面,并展示了所取得的成就。当然,如果我们结合《新唐书·艺文志》等材料,可以发现有些著述还未能得到反映,如成伯玙除了撰有《毛诗指说》《毛诗断章》之外,还有《礼记外传》四卷,陆质(淳)除了著有《春秋纂例》《辨疑》《微旨》三书外,还有《集注春秋》二十卷、《类礼》二十卷,陆希声除了《易传》之外,还撰有《春秋通例》三卷。此外,张镒《五经微旨》十四卷和《三礼图》九卷、韩愈《注论语》

---

① 马宗霍《中国经学史》,上海书店 1984 年版,第 103-104 页。

十卷①、柳宗元《非国语》二卷、刘轲《三传指要》十五卷等等，也都是这一时期出现的舍传求经、以己意解经的著作。结合此段所述大历以来经学发展的状况和其他相关材料，我们可以着重指出如下几点：

一、关于经学"新风"的出现，不能仅仅看作是反拨《五经正义》定于一尊的产物，我们有必要把它放到儒学复兴的大环境中去理解。具体说来，主要有以下几个方面：其一，是科举制度的弊端日趋严重，选拔出来的人才或不通事务，或不修德行，或不求理道，当时人如杨绾等已有所论，而科举制的弊端更导致了教育的衰败、师道的不尊、学风、士风的浇薄。人才可以说是国家的支柱，如果无从培养和选拔人才，那么国家的振兴乃至维持都是相当吃力的。于是，重振儒学，以之来修正科举、教育中的种种弊端，造就和选拔德才兼备的人才，成了统治者和士人的一致要求。从上文所引马宗霍先生所述大历以来的经学发展实际来看，啖、赵《春秋》学派在舍经求传方面是有代表性的，也确实产生了深远的影响，但它并非只是对《五经正义》独尊地位的一种反动，其轻章句而重义理的意义不仅在于科场②，也在于教育以及现实政治等方面，可以看作是复兴儒学的一种表现。吕温曾有这样一种求学思想："儒风不振久矣！某生于百代之下，不顾昧劣，凛然有志翘企圣域，莫知所从，如仰高山、临大川，未获梯航而欲济乎深而臻乎极也。凡学之道，严师为难，师资道丧八百年矣……夫学者岂徒受章句而已，盖必求所以化人，日日新，又日新，以至乎终身。夫教者岂徒博文字而已，盖必本之以忠孝，申之以礼义，敦之以信让，激之以廉耻，过则匡之，失则更之，如切如磋，如琢如磨，以至乎无瑕。"（《与族兄皋请学春秋书》）从他后来受学于陆质（淳）并被陆氏寄寓厚望、视作传人以发扬其学来看，吕温对啖、赵《春秋》学复兴儒学的一面是颇有认识的。其二，从思想领域来说，儒、佛、道"三教争衡"贯穿始终、愈演愈烈，尽管儒家经学仍然是统治者认定的正统思想，但佛、道也都得到了大力发展，甚至尘嚣日上，而儒学的影响则日渐衰微，如韩愈在《原道》中即指出："周道衰，孔子没，火于秦，黄老于汉，佛于晋、魏、梁、隋之间，其言道德仁义者，不入于杨，则入于墨；不入于老，则入于佛。入于彼，必出于此。入者主之，出者奴之；入者附之，出者污之。"而佛

---

① 《注论语》十卷已佚，今存《论语笔解》二卷，旧本题"唐韩愈、李翱同注"，为《四库全书》收录，四库馆臣在该书"提要"中以为："疑愈注《论语》时，或先于简端有所记录，翱亦间相讨论，附书其间。迨书成之后，后人得其稿本，采注中所未载者，别录为二卷行之。"查屏球撰有《韩愈〈论语笔解〉真伪考》一文（刊于《文献》1995 年第 2 期），指出："《论语笔解》二卷本是宋人对《论语注》十卷本的整理本，两书在内容上基本一致，故亦可视《笔解》为韩愈《论语注》的别一传本。"

② 关于啖、赵《春秋》学派对科场之影响，查屏球《唐学与唐诗——中晚唐诗风的一种文化考察》第 34－37 页有所论述，可参考。

学尤具影响，以至于梁启超在《清代学术概论》中推为隋唐之时代思潮。① 因此，轻章句注疏而重义理阐发、倡扬儒家道统与佛道对抗、挖掘儒家经典中有关心性的理论与佛道一较短长等，逐渐成为经学领域的新动向。其三，就安史乱后的政治局势来说，藩镇割据、宦官专权、朋党相争等问题日趋严重，迫切需要重新阐扬儒家思想来挽回世道人心，以巩固封建统治。于是，在经学领域，在训释经典以及依经立义的著作中，尊王攘夷、君臣之分、忠君守礼等观念得到了突出的强调，而"《春秋》学"于此兴起也就势所必然了。

二、中晚唐经学的"新风"具体表现为舍传求经、以己意解经和原经求道、依经立义两大方面。② 在这里，我们可以举啖、赵《春秋》学派和韩愈、李翱等人的经学为例。关于啖、赵学派，其现存著述为啖助弟子陆质（淳）撰著的《春秋集传纂例》十卷、《春秋微旨》三卷、《春秋集传辨疑》十卷，此三种书乃陆氏在纂录啖助、赵匡二人学说基础上的进一步整理，因此可以视为此一学派及其学说的代表性著述。对于啖、赵学派的学说，特别值得注意的有两个方面，一是在学风上舍传求经、会通三《传》；二是在内容上关于《春秋》的主旨以及三《传》的得失的阐释。关于前者，啖氏说得极为清楚，他在评论《春秋》经、传、注疏时指出："微言久绝，通儒不作，遗文所存，三《传》而已。传已互失经指，注又不尽传意，《春秋》之义几乎泯灭，唯圣作则譬如泉源，苟涉其流，无不善利。在人贤者得其深者，其次得其浅者。若文义隐密，是虚设大训，谁能通之？故《春秋》之文简易如天地焉，其理著明如日月焉。但先儒各守一传，不肯相通，互相弹射，仇雠不若，诡辞迂说，附会本学，鳞杂米聚，难见易滞，益令后人不识宗本，因注迷经，因疏迷注，党于所习，其俗若此"③，因而他们会通三《传》，舍传求经，这从四库馆臣的评语中可见一斑，如其论《春秋集传纂例》曰："唐陆淳撰。盖释其师啖助并赵匡之说……助之说《春秋》，务在考三家得失，弥缝漏阙，故其论多异先儒"，评《春秋微旨》道："是书先列三《传》异同，参以啖、赵之说而断其是非"，在《春秋集传辨疑》一书的"提要"中则指出："淳所述《纂例》一书，盖啖助排比科条，自发笔削之旨。其攻击三《传》，总举大意而已。此书乃举传文之不入《纂例》者，缕列其失，一字一句而诘之，故曰《辨疑》。"举例来说，如《春秋集传纂例》卷二释"雩"，陆质（淳）记赵匡之说曰：

---

① 梁启超《清代学术概论》第1页指出："在我国，自秦代以后，确能成为时代思潮者，则汉之经学，隋唐之佛学，宋及明之理学，清之考证学，四者而已。"

② 冯晓庭《宋初经学发展述论》上编第二章第一节"唐五代经学新风气的展现概述"亦有专门论述，虽然讨论的角度与重点和笔者不尽一致，但对于丰富读者对唐、五代以来经学新风的认识颇有参考价值。

③ 陆淳《春秋集传纂例》卷一《啖氏集传注义第三》，《四库全书》本。

凡祈泽曰雩。称大，国遍雩也。勤民之祀也，故志之。

《左氏》云："龙见而雩，过则书之"，又曰："书不时也"，盖并为踰建巳之月为不时耳。若然，则但言某月日雩，可知也不时，何用书大哉？故知此说非也。雩者为旱书也，以明旱而雩有益也，忧民，故书之，与书不雨义同，《谷梁》云："雩，得雨曰雩，不得曰旱"，此说是也。旧说大谓礼物有加也，若礼物有加即书大，何者？是祈雨之雩乎？假令实谓礼物有加故书大，则礼物合度、但失时者，当但书雩，何得总云大哉？《公羊》曰："大雩者，旱祭也。何以不言旱？言雩，则旱见，言旱，则雩不见。"此说亦非也。雩，祭名尔，旱乃灾也。以雩言旱，非举重之义。

此论先就"雩"的含义以及称"大雩"的原因等作出解释，然后辨析《春秋》三《传》的有关意见，这充分体现了啖、赵学派舍传求经、会通三《传》的特色，而像这样的解说，在《春秋集传纂例》等书中是较为多见的。其二，关于《春秋》主旨和三《传》得失的问题，《春秋集传纂例》卷一首列《春秋宗指议第一》《三传得失议第二》两篇，于此可见其重要性。对于《春秋》主旨，《春秋宗指议第一》详细记录了啖助的看法，他首先指出"夫子所以修《春秋》之意，三《传》无文"，继而引述了说《左氏》者、言《公羊》者、解《谷梁》者的三种看法，认为"三家之说，诚未达乎《春秋》大宗，安可议其深指？可谓宏纲既失，万目从而大去者也"，于是他接着提出了自己的看法：

予以为《春秋》者，救时之弊，革礼之薄。何以明之？前《志》曰："夏政忠，忠之弊野；殷人承之以敬，敬之弊鬼；周人承之以文，文之弊僿。救僿莫若以忠，复当从夏政。"夫文者，忠之末也，设教于本，其弊犹末；设教于末，弊将若何？武王、周公承殷之弊，不得已而用之，周公既没，莫知改作，故其颓弊甚于二代，以至东周，王纲废绝，人伦大坏。夫子伤之，曰："虞夏之道，寡怨于民；殷周之道，不胜其弊。"又曰："后代虽有作者，虞帝不可及已。"盖言唐虞淳化，难行于季末；夏之忠道，当变而致焉。是故《春秋》以权辅正（天王狩于河阳之类是也），以诚断礼（褒高子、仲孙之类是也），正以忠道，原情为本，不拘浮名（不罪栾书之类是也），不尚狷介（不褒泄台之类是也），从宜救乱，因时黜陟，或贵非礼勿动（诸非礼悉讥之是也），或贵贞而不谅（即合权道是也），进退抑扬，去华居实，故曰救周之弊，革礼之薄也。

在提出《春秋》之旨在"救时之弊，革礼之薄"这一观点之后，啖助还对祖述三《传》而得出的三种相应的观点予以驳斥，认为"《春秋》参用二帝、三王之法，以夏为本，不全守周典"，而杜氏所论"褒贬之指，唯据周礼"自然是错误的；何氏所云"变周之文从先代之质"，则"虽得其言，用非其所，不用之于性情（性情即前章所谓用忠道、原情），而用之于名位（谓黜周王鲁也），失指浅末，不得其门者也。周德虽衰,天命未改,所言变从夏政,唯在立忠为教,原情为本,非谓改革爵列,损益礼乐者也。故夫子伤主威不行,下同列国,首王正以大一统,先王人以黜诸侯,不言战以示莫敌,称天王以表无二尊,唯王为大,邈矣崇高。反云黜周王鲁,以为《春秋》宗旨(隐元年盟于昧传何休注然),两汉专门,传之于今,悖礼诬圣,反经毁传,训人以逆,罪莫大焉"。至于范氏之说,仅可算是"粗陈梗概,殊无深指,且历代史书,皆是惩劝,《春秋》之作,岂独尔乎?是知虽因旧史,酌以圣心,拨乱反正,归诸王道"。最后,啖助还通过《春秋》为何始于隐公的设问来进一步强调自己的观点,指出:"夫子之志,冀行道以拯生灵也……悲大道不行,将托文以见意,虽有其德而无其位,不作礼乐,乃修《春秋》,为后王法……所以拯薄俗,勉善行,救周之弊,革礼之失也(言此时周礼既坏,故作《春秋》以救之)。"从啖助提出观点、驳斥谬论、强化观点来看,体现出了他舍传求经、会通三《传》的努力,尤其值得注意的是,他所提出的"救时之弊,革礼之薄"的《春秋》之旨,一方面强调了《春秋》的经世之意,认为《春秋》具有革除弊政、厚实礼度,乃至"拨乱反正,归诸王道"的作用;另一方面,则指出《春秋》发挥其作用,是通过"立忠为教,原情为本"来实现的,也即所谓"以权辅正,以诚断礼,正以忠道,原情为本",而非"名位","非谓改革爵列,损益礼乐",这说明,他所强调的并非礼乐制度层面的变革,而主张从人的性情来厚实礼度,即"以权辅正,以诚断礼",也即"正以忠道,原情为本"。众所周知,春秋时期,"礼坏乐崩",孔子起而拯之,但正如李泽厚所说,"几乎为大多数孔子研究者所承认,孔子思想的主要范畴是'仁'而非'礼'",孔子"把整套'礼'的血缘实质规定为'孝悌',又把'孝悌'建筑在日常亲子之爱上,这就把'礼'以及'仪'从外在的规范约束解说成人心的内在要求,把原来的僵硬的强制规定,提升为生活的自觉理念,把一种宗教性神秘性的东西变而为人情日用之常,从而使伦理规范与心理欲求融为一体","孔子用'仁'解'礼',本来是为了'复礼',然而其结果却使手段高于目的,被孔子所发掘所强调的'仁'——人性心理原则,反而成了更本质的东西,外在的血缘('礼')服从于内的心理('仁'):'人而不仁,如礼何?人而不仁,如乐何?''礼云礼云,玉帛云乎哉?乐云乐云,钟鼓云乎哉?''礼与其奢也宁俭,丧与其易也宁戚';'今之孝者,是谓能养,至犬马,皆能有养,不敬,何以别乎?'……不仅外在的形式('仪':玉帛、钟鼓),而且外在的实体('礼')都是从属而次要的,根本和主要的是人的内在的伦理——心理状态,也就是人性"。① 孔子以仁复礼的思想和做法,在后世衍生出一些新的观念体系,就儒家内部来说,主要

① 分别见李泽厚《中国古代思想史论》,天津社会科学院出版社2003年版,第9、14、15-16页。

分成两派，一派以孟子为代表，突出强调内在的“仁”的一面，将仁政王道的实现建立在心理情感的基础之上，认为人性本善，一切社会伦常秩序都是心性“扩而充之”的自然表现和反映，而不在于靠外在的种种仪制来规范，如孟子指出：“人皆有不忍人之心，……以不忍人之心，行不忍人之政，治天下可运之掌上。……恻隐之心，仁之端也；羞恶之心，义之端也；辞让之心，礼之端也；是非之心，智之端也。人之有四端，犹其有四体也。……苟能充之，足以保四海；苟不充之，不足以事父母。”（《孟子·公孙丑上》）另一派则以荀子为代表，偏重于“礼”的一面，讲究外在的礼、乐、刑、政等仪制，认为人性本恶，需要靠外在的制度来加以规范、引导，外在的社会秩序也需要各种仪式制度来维持，如荀子在谈及“礼”的起源时指出：“礼起于何也？曰：人生而有欲，欲而不得，则不能无求。求而无度量分界，则不能不争；争则乱，乱则穷。先王恶其乱也，故制礼义以分之，以养人之欲，给人之求，使欲必不穷于物，物必不屈于欲，两者相持而长，是礼之所起也”①，他还作有《乐论》，认为圣人立乐之方也在治乱，在“恶其乱也，故制雅颂之声以道之，使其声足以乐而不流，使其文足以辨而不諰，使其曲直繁省廉肉节奏足以感动人之善心，使夫邪污之气无由得接焉。”②由此可知，啖助是接近孟子一派的，他所揭示的《春秋》之旨，不仅是要发挥其整顿秩序、重振纲常的作用，更主张立忠道、本性情，从心性的角度入手，来维护社会秩序。显然，这与安史之乱以来藩镇割据局面逐渐形成、中央集权日渐中衰有关，随着皇权失落、号令不遵的情况日益严重，要维持纲常秩序，靠礼乐刑政一套外在的制度是难以奏效的，而这种局面与孟子所处的战国纷争时代倒颇为相似，孟子把“一切社会伦常秩序和幸福理想都建筑在这个心理原则——‘不忍人之心’的情感原则上。这固然是由于氏族传统崩溃，理想的‘仁政王道’已完全失去现实依据的历史反映……”③，啖助此论可以算是对于孟子的异代的回音，其理论意义和现实意义是显而易见的。然而，对于啖助的这个观点，赵匡是不尽同意的，他说：

啖氏依《公羊》家旧说云：“《春秋》变周之文，从夏之质。”予谓《春秋》因史制经，以明王道。其指大要二端而已，兴常典也，著权制也。故凡郊庙（郊庙常事悉不书之）、丧纪（卒葬之外杂丧事皆记，非礼也）、朝聘（变文者皆讥非礼也，杞伯姬来朝其子之类是也）、搜狩、婚取（此二礼常事亦不书），皆违礼则讥之（据五礼皆依周礼），是兴常典也（明不变周）；非常之事，典礼所不及，则裁之圣心以定褒贬，

① 王先谦《荀子集解》，第231页。
② 王先谦《荀子集解》，第252页。
③ 李泽厚《中国古代思想史论》，第37页。

所以穷精理也(谓变例也),精理者非权无以及之(权衡所以辨轻重,言圣人深见是非之礼有似于此),故曰可与适道,未可与立,可与立,未可与权。是以游夏之徒不能赞一辞。然则圣人当机发断,以定厥中,辨惑质疑,为后王法,何必从夏乎?①

显然,赵匡对啖助所论《春秋》"变周之文,从夏之质"并不赞同。前面已经提到,啖助认为何氏所云"变周之文从先代之质"是有道理的,可谓"得其言",问题在于"用非其所,不用之于性情(性情即前章所谓用忠道、原情),而用之于名位(谓黜周王鲁也)",他特别指出"变从夏政"在于"立忠为教,原情为本,非谓改革爵列,损益礼乐者"。而赵匡则认为《春秋》"因史制经,以明王道。其指大要二端而已,兴常典也,著权制也",他还指出《春秋》救世的宗旨在"尊王室、正陵僭、举三纲、提五常,彰善瘅恶,不失纤芥,如斯而已","褒贬之指在乎例,缀叙之意在乎体","知其体,推其例,观其大意,然后可以议之"。② 可见,赵匡虽然也强调《春秋》的经世之意,在于维护常典纲纪,但认为是通过《春秋》纂述的体例以寄寓褒贬来实现的,他所言"何必从夏",即不赞成啖助所主张、重视的夏朝用以立政的"忠道、性情",而这正是两人观点之间的重要区别,虽然他们都认同修《春秋》是为阐明、复兴"王道"。赵匡重视制度层面的实用性,这是他的一贯认识,他在《举选议》中曾对科举考试提出批评,认为进士考试"时共贵之,主司褒贬,实在诗赋,务求巧丽,以此为贤。不唯无益于用,实亦妨其正习。不唯挠其淳和,实又长其佻薄。自非识度超然,时或孤秀,其余溺于所习,悉昧本源,欲以启导性灵,奖成后进,斯亦难矣。故士林鲜体国之论",虽然认识到进士试有导致学风浇薄的弊端,但他强调的还是"无益于用"、"士林鲜体国之论"之类实用的一面;对于明经考试,赵匡也对于不切实用的弊端作了尖锐批评:"疏以释经,盖筌蹄耳。明经读书,勤苦已甚,既口问义,又诵疏文,徒竭其精华,习不急之业,而当代礼法,无不面墙,及临人决事,取办胥吏之口而已。所谓所习非所用,所用非所习者也,故当官少称职之吏"。在《举人条例》中,赵匡针对科举的弊端提出了一些建议,关于进士试,他建议"杂文请试两首,共五百字以上六百字以下,试笺表论议铭颂箴檄等有资于用者,不试诗赋,其理通、其词雅为上,理通词平为次,余为否。其所试策于所习经史内征问,经问圣人旨趣,史问成败得失,并时务共十节,贵观理识,不用征求隐僻,诘以名数,为无益之能。言词不至鄙陋即为第",强调的是"理识"、"圣人旨趣"、"成败得失"等"有益之能",甚至为了实用而主张用"笺表论议铭颂箴檄"等来取代诗赋;关于明经试,他提出:

---

① 陆淳《春秋集传纂例》卷一《赵氏损益义第五》。

② 同上。

立身入仕，莫先于礼，《尚书》明王道，《论语》诠百行，《孝经》德之本，学者所宜先习。其明经通此，谓之两经举，《论语》《孝经》为之翼助，诸试帖一切请停，唯令策试义及口问。其策试自改问时务以来，经业之人鲜能属缀，以此少能通者。所司知其若此，亦不于此取人，故时人云明经问策，礼试而已。所谓变实为虚，无益于政。今请令其精习，试策问经义及时务各五节，并以通四以上为第。但令直书事义，解释分明，不用空写疏文及务华饰。其十节总于一道之内问之，余科准此。其口问诸书，每卷问一节，取其心中了悟，解释分明，往来问答，无所滞碍，不用要令诵疏，亦以十分通八以上为第。诸科亦准此。外更通《周易》《毛诗》，名四经举，加《左氏春秋》为五经举，不习《左氏》者，任以《公羊》《谷梁》代之，其但习《礼记》及《论语》《孝经》，名一经举，既立差等，随等授官，则能否区分，人知劝勉。

虽然他也强调道德，重视作为“德之本”的《孝经》，但还是把“《尚书》明王道”放在了第一位，再结合他对明经问策“变实为虚，无益于政”的批评来看，赵匡显然更加重视士人治国安邦的具体才能。尤其值得注意的是，他在《举人条例》中还专门列举了“《春秋》举”一项：“学《春秋》者，能断大事，其有兼习三《传》，参其异同，商榷比拟得其长者，谓之《春秋》举，策问经义并口问，并准前”①，在这里，赵匡认为学习《春秋》“能断大事”，而所谓的“断大事”当与汉时人董仲舒以《春秋》决狱②相类，所以，这就更加明确地表明了他强调的是《春秋》在外在的制度层面对维护纲常秩序所具有的实用价值。以上这些，充分说明赵匡有着强烈的经世之志，他对科举制度的批评、建议，他所揭示的《春秋》“兴常典，著权制”的要旨，都与啖助等人一样，反映了当时人面对社会弊政所怀有的革新、救助的意图。但是，正如同归而殊途一样，啖助和赵匡兴复王道的目的是一致的，而所采取的方法则有着区别，相比而言，赵匡更加重视社会制度层面的建设，直接面向社会的实际应用，而对人的性情未能给予应有的重视。应该指出，赵匡对春秋时期的形势是有所认识的，他已经看到当时的礼典难以发挥其作用：

礼典者（周之礼经典册也），所以防乱耳。乱既作矣（言幽厉不守致令乱成），则典礼非能治也。喻之一身，则养生之法所以防病，病既作矣（不依其法则

① 以上所引赵匡《举选议》及《举人条例》，见《通典》卷十七《选举五》。

② 王应麟《汉艺文志考证》卷三于“《公羊董仲舒治狱》十六篇”后云：“《隋志》：董仲舒《春秋决事》十卷。《唐志》：《春秋决狱》十卷。应劭曰：‘仲舒居家，朝廷每有政议，遣廷尉张汤问其得失，于是作《春秋决狱》二百三十二事，动以经对。’《论衡》曰：‘仲舒表《春秋》之义，稽合于律，无乖异者。’”

病生矣),则养生之书不能治也,治之者在针药耳。故《春秋》者亦世之针药也。相助救世,理当如此。何云变哉?若谓《春秋》变礼典,则针药亦为变养生,可乎哉?①

认为《春秋》有救世的作用,但并非变革礼典,这与他所谓的《春秋》之旨,即"兴常典、著权制"也是一致的。那么,《春秋》如何达到其救世的目的呢?赵匡的看法是以体例寓褒贬。但这所谓的褒贬之法,在当时诸侯纷争的局势下是难以奏效的,赵匡本人对此已有认识,前引所谓"圣人当机发断,以定厥中,辨惑质疑,为后王法,何必从夏乎"云云,即表明他认为《春秋》的作用是指向后世的,重在阐明礼制,为后王立法,故而他在现实的一些改革策略中强调制度层面也就很容易理解。而啖助所提出的《春秋》之旨——"立忠为教,原情为本",则是着重从性情的角度来达到变革礼制、维护纲常的目的,强调的是"以诚断礼"、"正以忠道",主张从性情的根本上来挽回世道人心以维护统治秩序。所以,在如何实现王道,如何维护纲常秩序上,啖助和赵匡是有着严重分歧的。倒是啖助的弟子陆质(淳),对其师的"原情为本"说表示了相当的赞同。如前引啖助提出《春秋》之旨时所云"《春秋》以权辅正(天王狩于河阳之类是也),以诚断礼(褒高子、仲孙之类是也),正以忠道,原情为本,不拘浮名(不罪栾书之类是也),不尚狷介(不褒泄台之类是也),从宜救乱,因时黜陟,或贵非礼勿动(诸非礼悉讥之是也),或贵贞而不谅(即合权道是也),进退抑扬,去华居实,故曰救周之弊,革礼之薄也",文中括号内的注释为陆质(淳)所作,说明他对啖助之说是有深刻认识的。我们可以再举陆质(淳)所撰《春秋集传微旨》卷中的一例来看:

冬,公会晋侯、齐侯、宋公、蔡侯、郑伯、陈子、莒子、邾子、秦人于温,天王狩于河阳。

《左氏》云:是会也,晋侯召王,以诸侯见,且使王狩。仲尼曰:"以臣召君,不可以训。"故书曰"天王狩于河阳",言非其地也,且明德也。(明晋之功德也。)

《公羊》曰:狩不书,此何以书?不与再致天子也。鲁子曰:"温近而践土远也。"

《谷梁》曰:会于温,讳会天王也。"天王狩于河阳",全天王之行也,为若将狩而遇诸侯之朝也,为天王讳也。水北为阳,山南为阳,温,河阳也。

啖氏云:时天子微弱,诸侯骄惰,怠于臣礼。若令朝于京师,多有不从。又晋

① 均见陆淳《春秋集传纂例》卷一《赵氏损益义第五》。

已强大，率诸侯而入王城，亦有自嫌之意。故请王至温而行朝礼，若天子因狩而诸侯得觐。然以常礼言之，晋侯召君，名义之罪人也，其可以为训乎？若原其自嫌之心，嘉其尊主之意，则晋侯请王之狩，忠亦至焉。故夫子特书曰‘天王狩于河阳’，所谓《春秋》之作，原情为制，以诚变礼者也。

此段诚如四库馆臣评《春秋集传微旨》时所说“先列三《传》异同，参以啖、赵之说而断其是非”，它在列举了三《传》之论后，直接引述了其师啖助之论。应该指出，其一，直接引述，即表明陆质（淳）对啖氏的说法——“以常礼言之，晋侯召君，名义之罪人也，其可以为训乎？若原其自嫌之心，嘉其尊主之意，则晋侯请王之狩，忠亦至焉。故夫子特书曰‘天王狩于河阳’，所谓《春秋》之作，原情为制，以诚变礼者也”是认同的。而且，他在其他地方对啖氏的“原情”之论还有所引申，如他在《春秋集传微旨》卷中“十四年，晋人纳捷菑于邾，弗克纳”条下云：“淳闻于师曰：据三《传》之说，晋师皆有名氏，则必非微者矣。书曰人，何也？曰废置诸侯，王者之事，人臣专之，罪莫大焉。夫子善其闻义能徙，故为之讳也。凡事不合常礼而心可嘉者，皆以讳为善。”其所谓的“凡事不合常礼而心可嘉者，皆以讳为善”云云，显然是从“原情”的角度来考虑的。其二，比较三《传》和啖氏之说，可以发现，《公羊》和《谷梁》都没有从原情的角度来解释，尤其是对于晋侯的尊王根本就没有认识到。倒是《左传》，其传文“是会也，晋侯召王，以诸侯见，且使王狩。仲尼曰：以臣召君，不可以训。故书曰‘天王狩于河阳’，言非其地也，且明德也”云云，除了反映出尊王的意旨外，也表明了对晋侯功德的赞赏。对此，专研《左传》的注家也是有所认识的，在“是会也，晋侯召王，以诸侯见，且使王狩”句下，《春秋左传正义》载杜预注云：“晋侯大合诸侯，而欲尊事天子，以为名义，自嫌强大，不敢朝周，喻王出狩，因得尽群臣之礼，皆谲而不正之事。”孔颖达等疏云：

晋侯本意，止欲大合诸侯之师，共尊事天子，以为臣之名义，实无觊觎之心。但于时周室既衰，天子微弱，忽然帅九国之师，将数十万众，入京师以临天子，似有篡夺之谋，恐为天子拒逆，或复天子怖惧，弃位出奔，则晋侯心实尽诚，无辞可解。故自嫌强大，不敢朝王，故召诸侯来会于温，温去京师路近，因加讽谕，令王就会，受朝天子，不可以受朝为辞，故令假称出狩，若言王自出狩，诸侯因会，遇王，遂共朝王，得尽君臣之礼，皆孔子所谓谲而不正之事。

在“且明德也”句下，杜预注曰：“隐其召君之阙，欲以明晋之功德，河阳之狩、赵盾之弑、泄冶之罪，皆违凡变例，以起大义危疑之理，故特称仲尼以明之”，孔颖达等疏云：

晋侯所以召王，志在尊崇天子，故解旧史隐其召君之阙，以明晋侯之功德，功德谓尊事天子是也。丘明为传，所以写仲尼之意，凡所改易，皆是仲尼，而于河阳之狩、赵盾之弑、泄冶之罪，此三事特称“仲尼曰”者，史策所书皆书实事。晋侯召王，使狩而作自狩之文，是言不实也。凡例，弑君称君，君无道，灵公不君而称臣以弑，似君无过也。大夫无罪见杀，不书其名，泄冶忠谏而被杀，书名，乃罪合死也。此三事皆违凡典，变旧例以起大义危疑之理，恐人不信，须圣言以为证，故特称仲尼以明之。

对于《左传》以及杜预、孔颖达等人的注疏，啖助显然是注意到了，甚或可以说他就是在此基础上作的引申，从而明确地竖起了“原情”这面大旗。啖助在《春秋集传纂例》卷一《三传得失议第二》中提出“三《传》之义本皆口传，后之学者乃著竹帛，而以祖师之目题之”的看法，并对《左传》有过这样的评论：

予观《左氏传》，自周、晋、齐、宋、楚、郑等国之事最详，晋则每一出师具列将佐，宋则每因兴废备举六卿，故知史策之文，每国各异，左氏得此数国之史以授门人，义则口传，未形竹帛，后代学者乃演而通之，总而合之，编次年月，以为传记。又广采当时文籍，故兼与子产、晏子及诸国卿佐家传并卜书及杂占书、纵横家、小说、讽谏等杂在其中，故叙事虽多，释意殊少，是非交错，混然难证。其大略皆是左氏旧意，故比余传，其功最高，博采诸家，叙事尤备，能令百代之下颇见本末，因以求意，经文可知，又况论大义，得其本源，解三数条大义（天王狩于河阳之类）亦以原情为说，欲令后人推此以及余事，而作传之人不达此意，妄有附益，故多迂诞。

其“况论大义，得其本源，解三数条大义（天王狩于河阳之类）亦以原情为说”云云，即是指上述有关内容，这从上引杜预、孔颖达等人的注疏中清晰可见。而所言“欲令后人推此以及余事，而作传之人不达此意，妄有附益，故多迂诞”之语，则分明是对后人作传时未能完全领会左氏“原情”之旨深表遗憾，所以，从某种意义上讲，啖助所做的正是将他所认为的孔子、左氏的“原情”之旨充分阐发出来。而陆质（淳）对“解三数条大义亦以原情为说”一句所作的注释，即指出以原情为说解三数条大义是指天王狩于河阳之类，也再次说明他对左氏、杜预、孔颖达，尤其是啖助的“原情”之论是熟悉并且领会了的。但是，应该指出，啖氏、陆氏的“原情”之说不仅赵匡不予赞同，在社会上也没有引起人们的广泛注意，我们认为，其中的一个重要原因，就是啖氏等人并没有对其“原情”说作出深入的理论阐述，这显然与他们自身思想认识的局限有关。① 虽然啖氏提出了“原情”之论，表现出对性情的关注，但对儒家性情理论的建构与阐释，需要等到重新挖掘出《论语》《孟子》《周易》《大学》《中庸》等儒家经典有关性情的理论资源，并融会佛道的“玄妙”之理时才有可能，这个工作是由稍后的韩愈、李翱等人开始的。从这个意义上说，啖氏《春秋》新学，标志着中唐以后儒家经学的转型已经开始提上了日程，尽管它的主要贡献还在于引发的舍传求经的风气之形成以及在现实层面对“尊王攘夷”的强调与呼吁。当然，舍传求经本身，也可说是迈出了思想转型，即由汉唐章句之学转向宋明义理之学、由“五经”体系转为“四书”体系的第一步。此外，对于《春秋》三传的得失，啖、赵学派也提出了值得注意的意见，在《春秋集传纂例》卷一中有《三传得失议第二》一篇，集中记录了啖助对三《传》的看法，他指出三《传》之义本来都是口耳相传的，后来的学者才将之著录成书，认为《左传》的长处在于“博采诸家，叙事尤备，能令百代之下颇见本末，因以求意，经文可知，又况论大义，得其本源”，其不足则在“作传之人不达此意（指以原情为说），妄有附益，故多迂诞。又左氏本末，释者抑为之说，遂令邪正纷揉，学者迷宗”，“叙事虽多，释意殊少，是非交错，混然难证”；对于《公羊》《谷梁》，则认为其“传经密于《左氏》，《谷梁》意深，《公羊》辞辨，随文解释，往往钩深”，这是其优点，其不足在于“以守文坚滞，泥难不通，比附日月，曲生条例，义有不合，亦复强通，踳驳不伦，或至矛盾不近圣人夷旷之体也”。啖氏又指出《春秋》之文，“一字以为褒贬”，三《传》在此问题上互有得失：

其中亦有文异而义不异者（旧史之文类是也），二《传》穿凿，悉以褒贬言之，

① 有必要指出，在安史乱后王道日益不尊、君权日益松弛的情况，虽然也有人提倡忠情为治，如陆贽在《奉天请数对群臣兼许令论事状》（见陆贽《翰苑集》卷十三《奏草》）中建议唐德宗推诚及人，“务询众心”，他说：“诚者，物之终始，不诚无物。物者，事也，言不诚则无复有事矣。匹夫不诚，无复有事，况王者赖人之诚以自固，而可不诚于人乎？”又说：“天生烝人，合以为国。人之有口，不能无言；人之有心，不能无欲。言不宣于上，则怨讟于下；欲不归于善，则凑集于邪。圣人知众之不可以力制也。故植谤木、陈谏鼓、列争臣之位、置采诗之官以宣其言，尊礼义，安诚信，厚贤能之赏，广功利之途，以归其欲。使上不至于亢，下不至于穷，则人心安得，而离乱兆何从而起？古之无为而理者，其率用此欤？”但是，仅仅强调忠情是远远不够的。所以，韩愈、李翱、白居易在谈到夏、商、周三代损益的时候，多强调因时革弊的一面，而对忠情为教并没有突出的重视，如韩愈《进士策问十三首》（其二）认为是“各适其时，救其弊而已矣”，白居易在《忠敬质文损益》（见《白氏长庆集》卷六十二《策林》）中亦劝告君王“以继周为已任，以行夏为时宜。稍微益质而损文，渐尚忠而救僿”，仍将尚忠视为救弊的权宜之计，尤其值得注意的是李翱，他虽然大谈性情之论，也主张修身以齐家治国，但仍在《帝王所尚问》一文中认为：“帝王之道，非尚忠也，非尚敬与文也。因时之变，以承其弊而已矣。”

是故繁碎甚于《左氏》。《公羊》《谷梁》又不知有不告则不书之义，凡不书者皆以义说之，且列国至多，若盟会、征伐、丧纪不告亦书，则一年之中可盈数卷，况他国之事不凭告命从何得书？但书所告之事，定其善恶，以文褒贬耳。《左氏》言褒贬者又不过十数条，其余事同文异者，亦无他解，旧解皆言从告及旧史之文，若如此论，乃是夫子写鲁史尔，何名修《春秋》乎？故谓二者之说俱不得中，详内以略外。

总的来说，啖氏认为三《传》互有优劣，各有千秋，《左传》长于叙事，然“叙事虽多，释意殊少”，《公羊》《谷梁》长于传经，然“守文坚滞，泥难不通，比附日月，曲生条例”。应该说，这个看法是比较公允的，这也是啖氏等人会通三《传》、舍传求经的思想基础，因此，啖、赵《春秋》学派之所以产生深远影响，引发经学领域的舍传求经之风，与他们的客观评价、公允立论是分不开的。正如四库馆臣在《春秋集传纂例》一书的“提要”中所说，他们固然有矫枉过正的一面，“生臆断之弊，其过不可掩”，然也有实事求是的精神，“破附会之失，其功亦不可没”。

啖助、赵匡、陆质（淳）《春秋》学派，对于活跃学术思想，推动舍传求经的风气，具有突出的贡献，四库馆臣在《春秋集传纂例》一书的“提要”中指出：“盖舍传求经，实导宋人之先路”，其实，在入宋之前，在啖、陆当时及其后的学界就已产生相当的影响。这种影响不仅仅局限于《春秋》经学，已涉及了整个学风，也在相当程度上影响了文风。啖氏等人的《春秋》新学，不仅具有经学的示范意义，也促使人们思考怎样进一步阐发“微言”，复兴儒道。既然章句之学已经不合时宜，并且由啖氏等人率先撕开了一道“口子”，那么更深刻地摆落章句，直寻义理，就成为势所必然的了，从这个意义上讲，韩愈、李翱等人沿着啖氏等人开辟的道路，在其“原情”的仁政思想的基础上，从形式到内容进一步舍弃章句之学，着重采用原经求道、依经立义的形式，来力图建构新型的王道仁政学说，可以说，既是逻辑的必然，又是关键的一步。通过考察安史之乱以来的经学史，我们可以发现，啖氏《春秋》新学和韩愈、李翱等人的经学是有典型性、代表性的，如果说啖氏等人的价值在于舍传求经的一面，意义更在于活跃思想的话，那么韩愈、李翱等人的价值则在于原经求道的一面，意义更在于建构思想。以下试论韩愈、李翱等人的经学。

作为“唐宋八大家”之一的韩愈，其文学方面的卓越成就和崇高地位自无须多言，但对于他学术方面的造诣和地位的评价，则历来争论颇多。誉之者推崇有加，如石介《徂徕集·尊韩》云：“孔子后，道屡塞，辟于孟子，而大明于吏部。……孔子之作《春秋》，自圣人以来未有也；吏部《原道》《原仁》《原毁》《行难》《禹问》《佛骨表》《诤臣论》，自诸子以来未有也”，直以韩愈上接孔孟。贬之者则抑之太甚，如叶适《水心集·同安县学朱先生祠堂记》称：“韩愈，李翱，文人也”，仅以文人目之。即便是以“文起八代之衰，而道济天下之溺”（《潮州韩文公庙碑》）高度评价韩愈的苏轼，也对其学术颇多微词，认为韩愈于圣人之道“知好其名矣，而未能乐其实”，“其论至于理而不精，支离荡佚，往往自叛其说而不知”（《韩愈论》）。异论相搅，莫衷一是。直至近人陈寅恪先生撰《论韩愈》一文，认为韩愈乃是“唐代文化学术史上承先启后转旧为新关捩点之人物”，对他在唐代文化史上的特殊地位作了高度肯定并予以具体的分析，着重指出韩愈在以下六个方面的重大贡献：一是建立道统证明传授之渊源；二是直指人伦，扫除章句之烦琐；三是排斥佛老，匡除政俗之弊害；四是呵诋释迦，申明夷夏之大防；五是改进文体，广收宣传之效用；六是奖掖后进，期望学说之流传。陈氏的立论具体而坚实，影响甚广，但还是有学者提出了不同的意见，如黄云眉专门撰文指出：“这些新义创见，似乎大部分还没有足够的坚实的论据；也没有很好地结合着韩愈的历史的客观条件，及其阶级的局限性，因而过高估计了韩愈个人的作用，过高估计了韩愈在唐代文化史上的贡献。”①可见，韩愈的学术成就到底如何，该怎样评估其在学术史上的地位，一直以来都争议不休。我们认为，从经学史来看，韩愈的成就是显著的，应予以肯定。他和他的学生李翱一起，用自身的经学实绩，为宋明理学开辟了先路。从这个意义来看，说韩愈是唐代学术史上的转折人物，并不为过。具体说来，韩愈、李翱等人的经学值得注意的有以下几点：

一、舍传求经。韩愈、李翱等人对当时舍传求经的风气是深有认识并予以认可的。如晁公武《郡斋读书志》卷三著录有唐卢仝《春秋摘微》四卷，称其“解经不用传”，韩愈《寄卢仝》则有句云“《春秋》三传束高阁，独抱遗经究终始”，对其舍传求经之法予以推许。又如当时以己意解《诗》名振一时的施士匄，韩愈为之撰有《施先生墓铭》，赞之云：“古圣人言，其旨微密；笺注纷罗，颠倒是非；闻先生讲论，如客得归。”韩愈的得意门生李翱亦以求经为意，而对章句、传注之学多予批评，如他指出：

遭秦灭书，《中庸》之不焚者，一篇存焉。于是此道废阙。其教授者，唯节行、文章、章句、威仪、击剑之术相师焉。性命之源，则吾弗能知其所传矣。道之极于剥也必复，吾岂复之时邪？②

近代已来，俗尚文字为学者，以抄集为科第之资，曷尝知不迁怒、不贰过为兴学之根乎？入仕者以容和为贵富之路，曷尝以仁义博施之为本乎？由是经之旨弃

① 黄云眉《读陈寅恪先生论韩愈》，收录于《韩愈柳宗元文学评价》，山东人民出版社 1957 年版，第 67 - 100 页。

② 李翱《李文公集》卷二《复性书上》，《四库全书》本。

而不求,圣人之心外而不讲,干办者为良吏,适时者为通贤,仁义教育之风,于是乎扫地而尽矣。①

在这种思想认识的指导下,韩愈、李翱还将舍传求经的做法运用到他们具体的经学实践中。譬如韩愈,据其《读仪礼》一文,可知他曾将《仪礼》一书"掇其大要,奇辞奥妙旨著于篇",所采取的显然是舍传求经、摆落章句之法。其实,在韩愈和李翱两人合著的《论语笔解》中,舍传求经的做法更是有着鲜明、具体的体现。署名唐韩愈、李翱同撰的《论语笔解》,为二卷本,收入《四库全书》中,卷首有北宋人许勃序,称:"昌黎文公著《笔解论语》一十卷,其间'翱曰'者,盖李习之同与切磨,世所传率多讹舛。始愈笔大义则示翱,翱从而交相明辨,非独韩制此书也。噫!齐鲁之门人所记善言既有同异,汉魏学者注集繁阔,罕造其精,今观韩李二学,勤拳渊微,可谓窥圣人之堂奥矣,岂章句之技所可究极其旨哉?予缮校旧本数家,得其纯粹,欲以广传,故序以发之。"可见,此书为韩愈、李翱二人合作而成,且重在大义主旨,而非章句之学。值得注意的是,关于此书的真伪,此书与《新唐书·艺文志》所著录的韩愈《注论语》十卷是何关系,自宋代以来就有争论,四库馆臣在综合前人的意见并加以分析后指出:"以意推之,疑愈注《论语》时,或先于简端有所记录,翱亦问相讨论,附书其间。迨书成之后,后人得其稿本,采注中所未载者别录为二卷行之。……此本为明范钦从许勃本传刻,又赵希升《读书附志》曰:'其间"翱曰"者,李习之也。'明旧本愈不著名,而翱所说则题名以别之,此本改称'韩曰'、'李曰',亦非其旧矣。"今人查屏球亦撰文认为"此书即非伪作,又非韩愈原本,而是宋人对'韩愈《论语》注十卷'的整理本"②。尽管两家意见不尽一致,但都认为《论语笔解》是有所本的,是在韩愈《注论语》十卷本基础上形成的,所以,把《论语笔解》看作是韩愈、李翱的研究成果是没有问题的。而且,韩愈在《答侯生问论语书》中自言"愈昔注解其书,而不敢过求其意;取圣人之旨而合之,则足以信后生辈耳",即说明了他曾注解《论语》,而"取圣人之旨而合之"的特点也是能够在现存的《论语笔解》一书中得到印证的。其实,《论语笔解》在舍传求经方面一点不比啖助解《春秋》、施士匄说《诗》逊色,反而称得上是变本加厉,为了求经,为了体道,韩愈、李翱肆力批驳、舍弃传注,譬如:

子张问善人之道,子曰:"不践迹,亦不入于室。"孔(安国)曰:"善人不但循旧迹,亦少能创业,然亦不入于圣人之奥室。"韩(愈)曰:"孔说非也。吾谓善人即圣

① 李翱《李文公集》卷八《与淮南节度使书》。

② 查屏球《韩愈〈论语笔解〉真伪考》,《文献》1995 年第 2 期。

人异名尔,岂不循旧迹而又不入圣人之室哉?盖仲尼诲子张,言善人不可循迹而至于心室也,圣人心室惟奥惟微,无形可观,无迹可践,非子张所能至尔。"李(翱)曰:"仲尼言'由也升堂,未入于室',室是心地也。圣人有心,有迹,有造形,有无形,堂堂乎,子张诚未至此。"①

更重要的是,韩愈、李翱还不惜以意改经,更改经文文字或以文本脱漏、错倒等来释经,如:

六十而耳顺,七十而从心所欲不踰矩。郑(玄)曰:"耳,闻其言,知其微旨也。"马(融)曰:"矩,法也,从心所欲无非法。"韩(愈)曰:"耳当为尔,犹言如此也。既知天命又如此顺天也。"李(翱)曰:"上圣既顺天命,岂待七十不踰矩法哉?盖孔子兴言时已七十矣,是自卫反鲁之时也,删修《礼》《乐》《诗》《書》,皆本天命而作,如其顺。"②

子畏于匡,颜渊后,子曰:"吾以女为死矣。"曰:"子在,回何敢死!"包(咸)曰:"言夫子在,已无所敢死也。"韩曰:"死当为先字之误也。上文云'颜渊后',下文云'回何敢先',其义自明,无死理也。"李曰:"以回德行,亚圣之才,明非敢死之士也。古文脱误。包注从而讹舛,退之辩得其正。"③

子曰:"由!知德者鲜矣。"王(肃)曰:"君子固穷,而子路愠见,故谓之少于知德。"韩曰:"此一句是简编脱漏,当在'子路愠见'下文一段为得。"李曰:"滥当为愠字之误也。仲尼因由愠见,故云穷,斯愠焉,则知之固如由者亦鲜矣。"④

子曰:"可与共学,未可与适道;可与适道,未可与立;可与立,未可与权。"孔曰:"虽能之道,未必能有所立;虽有所立,未必能权量轻重。"韩曰:"孔注犹失其义。夫学而之道者,岂不能立耶?权者,经权之权,岂轻重之权耶?吾谓正文传写错倒,当云'可与共学,未可与立;可与适道,未可与权',如此则理通矣。"李曰:"权之为用,圣人之至变也。非深于道者,莫能及焉。下文云:'唐棣之华偏其反而',此仲尼思权之深也。《公羊》云:'反经合道谓之权',此其义也。"⑤

事实上,像这些以意释经而不惜更动经文的情况,在《论语笔解》一书中是随处可见的。而这些更改的说法,是没有多少训诂或版本依据的,多是以意为之,其目的就是为了阐明经典中的"道"。而与其说是经典中的"道",还不如说是韩愈、

① 韩愈、李翱《论语笔解》卷下,《四库全书》本。
② 韩愈、李翱《论语笔解》卷上。
③ 韩愈、李翱《论语笔解》卷下。
④ 同③。
⑤ 同②。

李翱自己发现、认可的经典之道,如上举最后一例,为了说明学而之道者皆能自立并以经权释"权",韩愈不仅批驳孔注,还认为是经文传写错倒,当变作"可与共学,未可与立;可与适道,未可与权",方才理通。正是由于这种突出的舍传求经,不仅弃传驳注,进而以意改经,《论语笔解》产生了很大的影响,实为宋人疑传疑经开了先路。唐末人李匡乂在《资暇集》卷上"昼寝"、"问马"条已记载了其中的以"昼"为"画"、读"不"为"否"等训解,而邵博《邵氏闻见后录》卷四则称韩愈等人的一部分训解为伊川及其门人采纳:"今世所传,如'宰予昼寝',以昼作画字;'子在齐闻韶三月不知肉味',以三月作音字;'浴乎沂',以浴作沿字,至为浅陋,程伊川皆取之,何耶? 又'子畏于匡,颜渊后,曰:"吾以尔为死矣。"曰:"子在,回何敢死!"''死'字自有意义,伊川之门人改云:'子在,回何敢先。'学者类不服也。"晁公武甚至说"唐人通经者寡,独两公名冠一代,盖以此"①,直将韩愈、李翱的盛名归功于此书。可以认为,韩愈、李翱的解经,不仅在某些具体观点上影响了宋人,而且在解经的学风上、在疑经、改经方面为宋人作了先期的示范。

二、原经求道,依经立义。自古以来,人们就以为先王之道尽在"六经"中,于是就形成了原经求道、依经立义的传统。孔子是第一个在这方面做出了重大贡献的人,他自称"述而不作",治《诗》《书》《礼》《乐》《易》《春秋》六经,并以之讲论先王之道。② 自孔子广授门徒,创立儒家学派后,儒家学者就多"游文于六经之中,留意于仁义之际,祖述尧、舜,宪章文、武,宗师仲尼,以重其言"(《汉书·艺文志》),而战国时的孟子,尤其可看作其代表。直至汉武帝时期确立了儒家"六经"的独尊地位之后,原经求道、依经立义的传统就在全社会逐渐得以确立。不仅是为了阐明先王之道要研究儒家经典,即"原经求道",即便是有所论说,有所主张,也要引经据典,以"六经"为准则,即所谓的"依经立义",甚至处理具体的日常事务也要依从经典,如"以《禹贡》治河,以《洪范》察变,以《春秋》决狱,以三百五篇当谏书"③。但随着章句注疏之学的盛行,先王之道逐渐淹没在繁杂的章句训诂、名物制度中,圣贤的微言大义变得微茫难求。其情形,略如班固《汉书·艺文志》所批评的:"古之学者耕且养,三年而通一艺,存其大体,玩经文而已,是故用日少而畜德多,三十而'五经'立也。后世经传既已乖离,博学者又不思多闻阙疑之义,而务碎义逃难,便辞巧说,破坏形体;说五字之文,至于二三万言。后进弥以驰逐,

---

① 马端临《文献通考·经籍考》卷十一,"韩李《论语笔解》十卷"条,华东师范大学出版社1985年版,278页。

② 王先谦《庄子集解》,上海书店出版社1986年影印世界书局《诸子集成》本,第95页。

③ 皮锡瑞撰,周予同注释《经学历史》,第90页。

故幼童而守一艺,白首而后能言;安其所习,毁所不见,终以自蔽。此学者之大患也。"于是,就有学者开始改变分章析句的治学方式,直接叩问经文大义,以明圣贤之道,甚至模拟经典来著书立说,著名者如扬雄,"好古而乐道",以为"经莫大于《易》","传莫大于《论语》",故模拟《周易》作《太玄》,模拟《论语》作《法言》;①据《旧唐书·王勃传》记载,又有隋时人王通②"依《春秋》体例,自获麟后历秦、汉至于后魏,著纪年之书,谓之《元经》。又依《孔子家语》、扬雄《法言》例,为客主对答之说,号曰《中说》"。自安史之乱以来,复兴儒学的思潮就逐渐高涨,人们急切地追求明道行道,既然舍传求经已不能满足这一要求,那么就必然地转向原经求道、依经立义,而扬雄等人模拟经典的做法就成了后人效法的榜样,张籍在所作《与韩愈书》中的呼喊可以看成是此举的代表:

尝以为世俗陵靡,不及古昔,盖圣人之道废弛之所为也。宣尼殁后,杨朱、墨翟,恢诡异说,干惑人听,孟轲作书而正之,圣人之道复存于世。秦氏灭学,汉重以黄老之术教人,使人寖惑。扬雄作《法言》而辩之,圣人之道犹明。及汉衰末,西域浮屠之法,入于中国。中国之人,世世译而广之。黄老之术,相沿而炽。天下之言善者,惟二者而已矣。昔者,圣人以天下生生之道旷,乃物其金、木、水、火、土、谷、药之用以厚之;因人资善,乃明乎仁义之德以教之,俾人有常,故治生相存而不殊。今天下资于生者,咸备圣人之器用;至于人情,则溺乎异学而不由乎圣人之道,使君臣、父子、夫妇、朋友之义沉于世而邦家继乱,固仁人之所痛也。自扬子云作《法言》,至今近千载,莫有言圣人之道者。言之者,惟执事焉耳。习俗者闻之,多怪而不信,徒相为訾,终无裨于教也。执事聪明文章,与孟轲、扬雄相若。盍为一书,以兴存圣人之道,使时之人、后之人,知其去绝异学之所为乎?曷可俯仰于俗,嚣嚣为多言之徒哉?然欲举圣人之道者,其身亦由之也。比见执事多尚驳杂无实之说,使人陈之于前以为欢,此有以累于令德。又商论之际,或不容人之短,如任私尚胜者,亦有所累也。先王存六艺,自有常矣。有德者不为,益以为损,况为博塞之戏与人竞财乎?君子固不为也。今执事为之,以废弃时日,窃实不识其然。且执事言论文章,不谬于古人,今所为或有不出于世之守常者,窃未为得也。愿执事绝博塞之好,弃无实之谈,弘广以接天下之士,嗣孟轲、扬雄之作,辩杨墨、老释之说,使圣人之道复见于唐,岂不尚哉?籍诚知之,以材识顽钝,不敢窃居作者之位,所以资于执事而为之尔。若执事守章句之学,因循于时,置不朽之盛业,与夫不知

---

① 见《汉书·扬雄传赞》。

② 关于王通其人其学的真实性以及具体内涵,尹协理、魏明《王通论》一书以及邓小军《唐代文学的文化精神》中的"河汾之学考论"一节都有详细的考证、评述,可考参。

言亦无以异矣。

在这封书信中，张籍劝告韩愈抛弃章句之学，做成不朽之业，以孟子、扬雄为榜样，著书排斥释老异说、阐扬圣人之道，而不要求博塞之好、作无实之谈，且表示自己本有著书传道之意，但因“材识顽钝”而寄望于韩愈。对此，韩愈有自己的看法，他在《答张籍书》中表示出对张籍讥其所为乃无实驳杂之说不以为然，坦然承认自己是有意为之，“所以为戏耳”，对著书传道，则认为“所谓著书者，义止于辞耳”，“宣之于口”与“书之于简”没有多大差别，且指出自己“自得圣人之道而诵之，排前二家有年矣”，并且是不遗余力地去做了，而之所以不著书，还在于“惧吾力之未至……请待五六十然后为之，冀其少过也”。张籍对于韩愈的答复显然是不满意的，他又写信继续劝说，希望韩愈著书传道并且勿“以驳杂无实之说为戏”：“天下至广，民事至众，岂可资一人之口而亲谕之者？近而不入则舍之，远而有可谕者又岂可以家至而说之乎？故曰莫若为书，为书而知者，则可以化乎天下矣，可以传于后世矣。若以不入者而止为书，则为圣人之道奚传焉？……古之学君臣父子之道，必资于师。师之贤者，其徒数千，或数百人，是以没则纪其师之说以为书，若孟轲者是已，传者犹以孟轲自论集其书，不云没后其徒为之也。后轲之世发明其学者，扬雄之徒，咸自作书。今师友道丧，寖不及扬雄之世，不自论著以兴圣人之道，欲待孟轲之门人必不可冀也。君子发言举足，不远于理，未尝闻以驳杂无实之说为戏也。执事每见其说，亦拊几呼笑，是挠气害性，不得其正矣。……”（《重与韩退之书》）韩愈接信后又做了答复，除了对驳杂之讥予以辩说外，还明言“己之道乃夫子、孟轲、扬雄之道”，表明直承道统的意志和自信；另外，尤其值得注意的是，韩愈对排斥佛老的困难以及行道与著书的关系作出了说明。他认为信事佛老的多为公卿辅相，不敢“昌言排之”，加之佛老行于中土“六百年有余”，“其植根固，其流波漫，非所以朝令而夕禁”，这些都是排斥佛老、倡明儒道的困难。而且，韩愈看到孔子“其道虽尊，其穷也亦甚矣！赖其徒相与守之，卒有立于天下”，因此，他就更不可能“独言之而独书之”了。在行道与著书的关系上，韩愈指出：“观古人，得其时行其道，则无所为书；书者，皆所以不行乎今而行乎后者也。今吾之得吾志失吾志未可知，俟五六十为之未失也。天不欲使兹人有知乎，则吾之命不可期；如使兹人有知乎，非我其谁哉？其行道，其为书，其化今，其传后，必有在矣。”可见，与著书以传道相比，韩愈更加注重现时的行道。但不论是传道还是行道，韩愈对儒道的信念是毋庸置疑的，“非我其谁”的气概也实在令人感佩，尽管他还有一定的天命论思想。通过韩愈和张籍两人的四封书信可以看出：一是排击佛老、阐扬儒道，已成为当时有识之士的迫切愿望。二是对于文学的价值，两人存在不同看法。张籍过于拘泥于理道，认为言语、作文和立身、行事一样，都要符合圣贤的经典和道义，所谓“发言举足，不远于理，未尝闻以驳杂无实之说为戏”；而韩愈则看到了文章戏谑的功能和价值，并引《诗》《礼记》等经典为据，认为“以文为戏”并不害于道。① 三是在此尤其值得注意的是，对于行道还是著书，虽然韩愈和张籍存在一定的分歧，但原经求道、依经立义的方式是他们共同认可的，他们都不愿固守章句之学，而主张直追孔孟儒道，韩愈则分明以“道统”继承者自居。张籍强调仿效孟子、扬雄等人著书立说以排击异端、传扬儒道，韩愈则希望直接在现实中实现孔孟的仁政王道，在不得志的情况下就著书传道。由此，我们就可以明白，韩愈原经求道、依经立义的“五原”，即《原道》《原性》《原毁》《原人》《原鬼》的出现就不是偶然的了。② 据学者考证，韩愈和张籍之间往还的这四封书信，均作于贞元十四年(798)③，而所谓的“五原”，其作年难以定论，“宋以后不少人推论：其中某些篇章是韩愈少年或老年时代作品(如程颐、童第德等)，也有人推论是韩愈中年时代作品(如朱熹、钱基博等)”④，朱熹的一条意见值得注意，他指出：“《原性》，方作《性原》。今按《原道》《原人》《原鬼》之例，作《原性》为是。又此‘五原’篇目既同，当是一时之作。《与兵部李侍郎书》所谓‘旧文一卷，扶树教道，有所明白’者，疑即此诸篇也。然则皆是江陵以前所作，程子独以《原性》为少作，恐其考之或未详也。”⑤陈克明《韩愈年谱及诗文系年》赞同朱熹等人的分析，认为是韩愈中年时代所作⑥；张清华《韩学研究》(下册)亦在朱熹的意见的基础上，明确地将“五原”的作年系于贞元二十年(804)，认为“五原篇目体例既同，当是一时之作”，疑即《上兵部李侍郎书》中所云“旧文一卷”诸篇，“当是江陵前困扼之境中作”，

---

① 本文《绪论》第一部分“经学与文学的联结”一节中对此已有所论述，可参考。

② 查屏球指出：“张籍在《上韩昌黎书》中则极力鼓励韩愈作书……其所言‘书’当指《论语注》之类的解经之作。”(《唐学与唐诗——中晚唐诗风的一种文化考察》第123页)我们认为，与其说张籍所言“书”是指《论语注》之类的解经之作，还不如说是“五原”这样的依经立义之作，因为张籍所效法的孟子、扬雄所作的都是依经立义乃至拟经的著作，与解经之作是有着重要区别的。

③ 据张清华《韩学研究》(下册)，江苏教育出版社1998年版，第97－107页。关于韩愈两封答书的作年，历来说法较多，有贞元十一年、贞元十二年、贞元十三年等说，陈克明《韩愈年谱及诗文系年》(巴蜀书社1999年版)将之系于贞观十二年；张清华《韩学研究》(下册)则对有关说法进行了考辨，据韩愈和张籍的交往情况以及韩愈正式就任汴州观察推官的时间、张籍书信的有关内容等断定，韩愈两封答书的作年以及张籍书信的作年都在贞元十四年，颇可信从。屈守元、常思春主编《韩愈全集校注》亦将韩愈两封答书的作年系于贞元十四年。

④ 陈克明《韩愈年谱及诗文系年》，巴蜀书社1999年版，第680页。

⑤ 朱熹《原本韩集考异》卷四“原性”题下按语，《四库全书》本。

⑥ 陈克明《韩愈年谱及诗文系年》，第680－681页。

“《李员外寄纸笔》云：‘莫怪殷勤谢，虞卿正著书。’（《韩昌黎全集》卷9）也当指此。”①又有学者则将“五原”的作年定于贞元十五年秋、冬之季。② 尽管“五原”的具体作年难以最终论断，但有一点可以肯定，“五原”是在韩愈仕途遭到挫折、抑郁不得志的情况下写成的。韩愈四举于礼部，于贞元八年中举，又三试于吏部，惜未果，可谓是“十年长安求仕，备尝辛苦，仅得一第，并未得到一官半职”③。无奈之下，从贞元十二年起，韩愈先后在汴州、徐州佐幕，然郁郁寡欢，并不得志④，直至贞元十七年，韩愈回京任国子博士，两年后迁监察御史，又因上疏《御史台上论天旱人饥状》指斥弊政而贬逐阳山，本为尽职尽忠，“拜疏移阁门，为忠宁自谋”，却落得贬官于蛮荒之地的下场，“乃反迁炎州”，其对欲行仁政王道的韩愈的打击是可想而知的，事后韩愈自己就作了深刻的反省，“孤臣昔放逐，血泣追愆尤，汗漫不省识，恍如乘桴浮”（《赴江陵途中寄赠王二十补阙李十一拾遗李二十六员外翰林三学士》）。既然不为人主所知、不能顺利地行道，韩愈自然也就会如其所说而于不得志时留意于著述传道，这在作于永贞元年（805）十二月九日的《上兵部李侍郎书》中说得很清楚：

愈少鄙钝，……应举觅官，凡二十年矣。薄命不幸，动遭谗谤，进寸退尺，卒无所成。性本好文学，因困厄悲愁无所告语，遂得究穷于经传史记百家之说，沉潜乎训义，反复乎句读，砻磨乎事业，而奋发乎文章。凡自唐虞以来，编简所存，大之为河海，高之为山岳，明之为日月，幽之为鬼神，纤之为珠玑华实，变之为雷霆风雨，奇辞奥旨，靡不通达。惟是鄙钝不通晓于时事，学成而道益穷，年老而智益困，私自怜悼，悔其初心，发秃齿豁，不见知己。……谨献旧文一卷，扶树教道，有所明白……

由于“困厄悲愁无所告语”遂发奋于文章，以期“扶树教道，有所明白”，而“五

---

① 张清华《韩学研究》（下册），第185－186页。

② 卞孝萱、张清华、阎琦《韩愈评传》，南京大学出版社1998年版，第80页。作者在该页加注云：“此处断为作于贞元十五年的理由是：一、李翱贞元十八年二十九岁时作《复性书》上中下三篇，显然是因为读了《原道》《原性》之后有所发挥而作的。考李翱行踪，贞元十八年以前，仅在贞元十六年曾往徐州与韩愈相会，此外再未相间；二、贞元十六年，愈往京师朝正，同榜进士欧阳詹欲率四门生徒伏阙举韩愈为博士，此举的直接原因当因韩愈的‘五原’写作。”

③ 卞孝萱、张清华、阎琦《韩愈评传》，第67页。

④ 如作于贞元十三年的《复志赋（并序）》云：“固余异于牛马兮，宁止于饮水而求刍？伏门下而默默兮，竟岁年以康娱”，作于贞元十五年的《从仕》云：“居闲食不足，从仕力难任。两事皆害性，一生恒苦心。黄昏归私室，惆怅起欢音。弃置人间世，古来非独今”，都是韩愈壮志难酬的反映。

原”主旨恰与此相类。尤其是作于贞元二十年的《李员外寄纸笔》更透露出此间的消息，其中有句云：“莫怪殷勤谢，虞卿正著书”，文谠注曰：“公自喻也。《史记》(《虞卿列传》)：‘虞卿，游说之士也。去赵，困于梁。不得意，乃著书，上采《春秋》，下观近世，著《节义》《称号》《揣摩》凡八篇，以讥刺国家得失，世传之曰《虞氏春秋》。太史公曰：虞卿非穷愁亦不能著书已自见于后世云。’”①这些充分说明了，韩愈“五原”之作是在政治上不得志，无法行其道的情况下，才著书以传其道的。从“五原”本身来说，也与传道之旨相符合，可以视为原经求道、依经立义的代表。而李翱的《复性书》三篇，亦是原经求道、依经立义的著述，主要依据《中庸》来发挥其性命之“道”。兹一并讨论。

上文已经提到，经学领域的原经求道、依经立义是在复兴儒学的大背景下出现的，而之所以要复兴儒学，一个重要的原因就是在三教争衡的形势下儒学地位的衰落，乃至出现了“举夷狄之法，而加之先王之教之上，几何其不胥而为夷”(韩愈《原道》)的担忧。而儒学在争衡中的劣势，与其自身有很大的关系，刘禹锡对此有所评说：“儒以中道御群生，罕言性命，故世衰而浸息。佛以大悲救诸苦，广启因业，故劫浊而益尊。”(《袁州萍乡县杨岐山故广禅师碑》)从韩愈“五原”和李翱的《复性书》来看，他们著述传道的一个重要出发点和主旨就是在三教争衡中批驳佛老之学而倡扬儒道。由于他们自身对佛老异端之学的认识不尽相同，导致他们在批驳时的立论重点、选取的主要经典、叙述的道统等方面，都出现了很大的差异。具言之，韩愈认为的道德指的是仁义之道，倡扬的是孔孟仁政学说，叙述的是尧、舜、禹、汤、文、武、周公、孔、孟的道统，并以孔孟道统的继承人自居，而反对佛老之学，则主要从维护纲常秩序角度来立论，所以，他特别拈出《礼记》中的《大学》一篇，指出：“《传》曰：‘古之欲明明德于天下者，先治其国；欲治其国者，先齐其家；欲齐其家者，先修其身；欲修其身者，先正其心；欲正其心者，先诚其意。’然则，古之所谓正心而诚意者，将以有为也。今也欲治其心，而外天下国家，灭其天常；子焉而不父其父，臣焉而不臣其臣，民焉而不事其事”(《原道》)，并引述《春秋》《诗经》中的有关言论强调夷夏之变。这与韩愈在《论佛骨表》所持论基本一致。由此可见，韩愈反对异端之学不是从性情之辨等理论层面而是从封建纲常来批驳的，所采取的建议也只能是“人其人，火其书，庐其居”。对于性情理论，韩愈虽然有《原性》一篇专门讨论，也强调了《大学》中关于提高个人修养利于安邦治国的论述，在与李翱合著的《论语笔解》以及贞元九年所作《省试颜子不贰过论》中也注意到了《论语》《中庸》中有关性命之学的见解，但遗憾的是，韩愈对性情理论没有

① 屈守元、常思春主编《韩愈全集校注》第163页注释六引，四川大学出版社1996年版。

深入地阐述，尤其值得注意的是，在《原性》一文中，他对孟子的性善论、荀子的性恶论、扬雄的性善恶混三种说法提出了批评："三子之言性也，举其中而遗其上下者也；得其一而失其二者也"，并依据孔子所谓的"惟上智与下愚不移"而持性三品说："上之性，就学而愈明；下之性，畏威而寡罪；是古上者可教，而下者可制也。其品则孔子谓不移也。"正是基于这种性三品论，韩愈在谈到致治之术的时候，强调"制"民以权而不是"教"民以智："古之君天下者，化之不示其所以化之之道；及其弊也，易之不示其所以易之之道；政以是得，民以是淳。"（《本政》）①所以，我们有必要指出：其一，韩愈推尊孟子，认为孟子得孔子真传，"求观圣人之道，必自孟子始"（《送王秀才序》），并倡扬孔孟仁政学说，这些都提升了孟子的地位，对《孟子》一书由子入经具有重要意义②，从这个意义上讲，韩愈对宋代儒学在选取经典时逐渐由"五经"转向"四书"，是有着开拓之功的。但是，我们也必须看到，韩愈对孟子的推崇，主要是基于其排击杨、墨异端之学，承传孔氏仁义之说的功绩，而韩愈自身也是把自己辟佛老比作孟子排杨、墨，从而厕身于儒家孔孟道统之列，这在他作于元和十五年（820）的《与孟尚书书》中有着更清晰的表白："孟子虽贤圣，不得位，空言无施，虽切何补？然赖其言，而今学者尚知宗孔氏，崇仁义，贵王贱霸而已。……向无孟氏，则皆服左衽而言侏离矣：故予尝推尊孟氏，以为功不在禹下者，为此也。……释、老之害过于杨、墨，韩愈之贤不及孟子，孟子不能救之于未亡之前，而韩愈乃欲全之于已坏之后……似其道由愈而粗传，虽灭死万万无恨。"尽管韩愈赞同孔孟仁政学说，在《原道》一文中孔孟所传的先王之教有详细阐述，内容涉及了仁义道德、文、法、民、位、服、居、食等各个方面，但他对孟子建立仁政学说的性善论并没有过多地关注并予以强调，对仁政王道的性情根源也没有深究并加以理论阐发，甚至坚持性三品论而对孟子的性善论作了批评，而这与宋儒以来

---

① 韩愈于贞元十四年主持汴州乡试所出策问中已提出共治抑或独运的问题，《进士策问十三首》（按：屈守元、常思春主编《韩愈全集校注》将之系于贞元十四年，张清华《韩学研究》（下册）亦将之系于是年，并指出："非一岁所作，编者集之耳。其中前六个题目，是此次考试所出。"）（其一）云："问：《书》称'汝则有大疑，谋及乃心，谋及卿士，以至于庶人龟筮，考其从违，以审吉凶'，则是圣人之举事兴为，无不与人共之者也；于《易》则又曰：'君不密则失臣，臣不密则失身，几事不密则害成。'而《春秋》亦有讥'漏言'之词，如是，则又似不与人共之而独运者：《书》与《易》《春秋》，经也。圣人于是乎尽其心焉耳矣。今其文相戾悖如此，欲人之无疑，不可得已。是二说者，其信有是非乎？抑所指各殊，而学者不之能察也？谅非深考古训，读圣人之书者，其何能辨之？此固吾子之所宜无让者，愿承教焉！"韩愈《本政》所论，可以看作是他自己对这个问题的回答；显然，他是主张独运的，而其理论基础即是性三品论。

② 周予同先生称之为"孟子升格运动"，对之有详细考述，见朱维铮编《周予同经学史论著选集》［增订版］第 289－290 页。

偏于对《孟子》一书中性命之学的关注、认同并阐发,实在是大异其趣。所以,韩愈对《孟子》的推尊,与宋儒讲求性命之学而对《孟子》予以阐发,是有着重要差异的。其二,关于揭橥《大学》一篇,陈寅恪先生给予了高度评价,他说:"退之首先发现《小戴记》中《大学》一篇,阐明其说,抽象之心性与具体之政治社会组织可以融会无碍,即尽量谈心说性,兼能济世安民,虽相反而实相成,天竺为体,华夏为用,退之于此以奠定后来宋代新儒学之基础。"①我们认为,韩愈首次拈出《大学》一篇,确实能给宋人以重要启示,提示后人注意《大学》篇中关于性命之学的论述,并将之与安邦治国结合起来,但韩愈本人对其中的性命之学并没有给予理论阐述,他的目的在于引证儒家经典来批驳佛老异端只求修心养性,而不讲济世安民,这有悖先王之教,也无从践履王道仁政。韩愈并非如陈氏所云"天竺为体,华夏为用",他主张的是承继先王之道,以夏制夷,在他看来,孔孟之道既是体又是用,"其为道易明,而其为教易行也",对佛老异端则应该"人其人,火其书,庐其居,明先王之道以道之,鳏寡孤独废疾者有养"(《原道》),"何有去圣人之道,舍先王之法,而从夷狄之教以求福利也?"(《与孟尚书书》)其三,关于韩愈的性三品论,也不宜过高地估价。他依据孔子的个别言论,即"惟上智与下愚不移"以立说,从思想渊源来讲,则是对董仲舒性三品说的继承②,并没有在理论深度上作出多少发展,而且,就对回应佛老之学的挑战来说,也没多少力度,"不能使其徒无哗而劝来者"(李翱《去佛斋》)。究其原因,诚如张跃所说:"在南北朝和唐代关于佛性的讨论中,有多数学者基本上接受了'一切众生皆有佛性'的观点,认为每一个人都有超凡成佛的可能。在这种情况下,韩愈仍然承袭旧说,认为人性的三品不可能根本改变,就等于告诉下品的人,即使修身养性也无济于事,这样就不能给全体社会成员指出普遍的希望,也就难以同佛家和道教争夺群众。"③其实,关于韩愈在性情理论方面的缺憾以及由之表现出来的自相矛盾,北宋贯通儒释的僧人契嵩早就一针见血地指出:

始视韩子《原道》,止以仁义为道德,谓韩子如此当绝不识儒之道德也。其后见彼《颜子不贰过论》曰:"圣人抱诚明之正性,根中庸之正德",又引《中庸》曰:"自诚明谓之性,自明诚谓之教",又曰:"皆谓不能无生于其心,而不暴之于外,考

① 陈寅恪《论韩愈》,原载于《历史研究》1954 年第 2 期,后收入《金明馆丛稿初编》第 285 - 297 页。

② 许凌云《中国儒学史 · 隋唐卷》第 216 页即指出:"董氏曾把人性分成圣人之性、中民之性、斗筲之性三种,韩愈的性三品说当来源于此。"

③ 张跃《唐代后期儒学》,第 128 页。

之于圣之道，差为过耳。”夫中庸、诚明者，真圣贤道德；仁义，百行之根原也。如此，韩子固亦知有中庸、诚明之道德，《原道》何故弃之而不言也？谓人不足与知此道耶？谓人固不可忽欤？或将匿善而不尽言耶？君子固不可匿善也。是必韩子徒见其诚明、中庸之语，而心未通其理乎。然理最为几微精审，而不易至也。七十二子之徒，孔子于此，独与颜渊乃曰“其殆庶几乎”，而颜子至之，故其言鲜过。今韩子推本乎圣人之道德，仁义与人何尚？其文字前无后有，自相反乱，是可谓至。其至乎心，不达诚明、中庸至理，虽益著书，可传以为法乎？①

所以，我们在称誉韩愈在倡扬孔孟儒道、推尊《孟子》、“发现”《大学》等方面对后人所起的示范和启发意义、在学术史上所具有的重要贡献之外，也要实事求是地指出其在性情理论方面的不足。易言之，韩愈在为适应社会巨变时代的思想转型而重振儒家孔孟道统，其功厥伟，但理论建设并不完备。

这一缺憾，主要是由韩愈的学生李翱来弥补的。可以这样认为，李翱《复性书》三篇，通过挖掘《中庸》《周易》等经典中的理论资源，对孔孟仁政王道的性情根源做了深入的理论阐释，从而修正了韩愈在性情学说方面的缺陷和矛盾。李翱认识到，对于佛老异端之学，“惑之者溺于其教，而排之者不知其心，虽辩而当，不能使其徒无哗而劝来者，故使其术若彼其炽也”（《去佛斋》）。故而，他能够着重从心性层面来排佛，而《复性书》三篇所言，完全可以看作是儒家的性情学说。在《复性书》中，李翱认为人性皆善，“可以循之不息而至于圣”，圣人制礼作乐即是为了“教人忘嗜欲而归性命之道”，是“尽性命之道”。这是对孔孟仁政学说的继承和发挥。继而，他构造了一个性命之道的传授统序，孔子传颜回，惜颜回“短命而死”以至“未到于圣人”；子路、曾子等亦得孔子之传；而孔子之孙子思，则“得其祖之道，述《中庸》四十七篇以传于孟轲”；孟子门人公孙丑、万章之徒，亦传之；后遭秦灭书，“《中庸》之不焚者，一篇存焉”，此道遂废阙，加之所教授者“唯节行、文章、章句、威仪、击剑之术相师”，故而性命之源不知其传矣。于是，李翱慨然以传性命之道者自居：“道之极于剥也必复，吾岂复之时邪”，并“书于书，以开诚明之源，而缺绝废弃不扬之道，几可以传于时。命曰《复性书》，以理其心，以传乎其人。”这些都表明，李翱所重在阐发性命之道，他所叙述的道统、他所倚重的经典《中庸》都是为之服务的，而他自己也自视为性命之道的传人，认为“夫子复生，不废吾言”。具体而言，李翱的性命学说采择了《中庸》《易》《诗》《大学》《孟子》《论语》等经典，主要取资的则是《中庸》，欧阳修甚至明确指出“此《中庸》之义疏尔”

① 契嵩《镡津集》卷十八《非韩中·第二》，《四库全书》本。

(《读李翱文》)。李翱认为人皆有性有情,性皆是善的,而情则是邪的,“百姓之性与圣人之性弗差”,之所以有圣人、凡人之别,主要是因为“圣人者寂然不动,不往而到,不言而神,不耀而光,制作参乎天地,变化合乎阴阳,虽有情也,未尝有情”,而凡人则为情所困而迷失其性:“情之所昏,交相攻伐,未始有穷,故虽终身而不自睹其性。”因此,他建议忘情以复性,“妄情灭息,本性清明,周流六虚,所以谓之能复其性”,经过斋戒、至诚、格物致知等途径,就不仅可以“修是道而归其本”,而且能够“教天下”,不仅可以复性,而且能够治世,即李翱所云:“知至,故意诚;意诚,故心正;心正,故身修;身修,而家齐;家齐,而国治;国治,而天下平;此所以能参天地者。”最后,李翱还对复性的必要性作了解释:

人之不力于道者,昏不思也。天地之间,万物生焉,人之于万物,一物也。其所以异于禽兽虫鱼者,岂非道德之性乎哉?受一气以成其形,一为物而一为人,得之甚难也。生乎世,又非深长之年也,以非深长之年行甚难得之身,而不专专于大道,肆其心之所为,则其所以自异于禽兽虫鱼者亡几矣。昏而不思其昏也,终不明矣。

这样,在《复性书》三篇中,李翱就将修身养性的必要性、可能性、具体途径以及修身养性对个人和国家的意义都说得很清楚了。正是基于这样的认识,李翱在谈到治国安邦的时候,特别重视修身齐家、劝人正心向善,如他在《正位》一文中指出:“古之善治其国者,先齐其家,言自家之刑于国也。欲其家之治,先正其名而辨其位之等级。……出令不当,行事不正,非义而言,三者不得,虽日挞于下,下畏其刑而不敢违,欲其心服而无辞也,其难矣。……彼人者,岂言其家之不治哉?纵其心而无畏,欲人之于我无违,故及于斯而不知也。然则可改而为善乎?曰:耳目鼻口,四支百骸,与圣人不殊也。圣人之道化天下,我独不能自化亦足羞也。思其不善而弃之,则百善成,虽希于圣人犹可也。改为何有?如不思而肆其心之所为,则虽圣人亦无可奈何。”又如在《学可进》一文中所强调的也恰恰在于养心复性以至于圣人:“百骸之中有心焉,与圣人无异也,嚣然不复其性,惑矣哉!道其心弗可以庶几于圣人者,自弃其性者也,终亦亡矣”,而不像韩愈《进学解》中诲人以“业精于勤荒于嬉,行成于思毁于随。……业患不能精,无患有司之不明;行患不能成,无患有司之不公”,注重的是学业和行事,而并没对性情问题表现出浓厚的兴趣。所以,李翱的《复性书》三篇,从根本上说,也就是对仁政王道的一个性情根源的论证,从而对韩愈的“五原”作了重要的修正和补充。尤其值得注意的是,李翱不仅特别重视《中庸》,还对其中的性情理论作了深入的阐发,这些都对后人有深远影响。

因此,总的来说,韩愈和李翱实各有侧重、各有贡献,彼此密不可分,甚至可以说是相得益彰,正如宋人叶梦得在《岩下放言》卷下所说:“二人要不可偏废,将以正人,则不可无退之;将以自治,则不可无习之(李翱)。"韩愈和李翱在舍传求经、原经求道方面对当时人以及后人都有影响,尤其是特别重视《孟子》《大学》《中庸》《论语》等经典,并依据这些经典对仁政王道及其性情理论作出阐发,使得儒家内圣外王之学逐渐由偏于外王向偏于内圣转型,由"五经"系统向"四书"系统转型,起到了示范和引导的作用,在经典选择和理论建构上都为宋明理学作了富于开创性的积累。

以上所论,就是在复兴儒学背景下在经学领域出现的"新风",这种"新风"主要表现为舍传求经、以己意解经和原经求道、依经立义两大方面。啖助、赵匡、陆质(淳)的《春秋》新学和韩愈、李翱的经学可以看作其中的代表。这种经学新风通过官学、私学教育以及科举等途径,不仅在经学领域产生了普遍影响,①也从根

① 陆质(淳)传其学于吕温、柳宗元等,韩愈本人又抗颜为师,门人众多,李翱、张籍等人为其中的佼佼者,而陆质、韩愈、李翱等人又都担任过国子博士,讲学于国子监,是为学术传播的教育途径;韩愈于贞元十四年主持汴州乡试时所出《进士策问十三首》(其四)所云:"问:夫子既没,圣人之道不明,盖有杨、墨者,始侵而乱之,其时天下咸化而从焉;孟子辞而辟之,则既廓如也;今其书尚有存者,其道可推而知不可乎?其所守者何事?其不合于道者几何?孟子之所以辞而辟之者何说?今之学者有学于彼者乎?有近于彼者乎?其已无传乎?其无乃化而不自知乎?其去传也,则善矣;如其尚在,将何以救之乎?诸生学圣人之道,必有能言是者,其无所为让",则显然可见其学术传播的科举途径,而查屏球《唐学与唐诗——中晚唐诗风的一种文化考察》一书中"《春秋》学派与科场文化"一节更是对权德舆主持科举考试与《春秋》新学的传播之关系作了具体考索。再从经学领域的实际情况来看,受此新风影响,出现了一批舍传求经的著述,如刘轲《三传指要》、李瑾《春秋指掌》、张杰《春秋指元》、陆希声《春秋通例》、陈岳《折衷春秋》等《春秋》学方面的著作以及韦彤《五礼精义》、丘敬伯《五礼异同》,等等。至如原经求道、依经立义,则有刘轲《翼孟》、柳宗元《非国语》《守道论》等。白居易《白氏长庆集》卷四十三《代书》称刘轲"开卷慕孟轲为人,秉笔慕扬雄司马迁为文,故著《翼孟》三卷、《豢龙子》十卷、杂文百余篇,而圣人之旨、作者之风,虽未臻极,往往而得",可知《翼孟》乃为孟子之道而作,而据朱彝尊《经义考》卷一百七十七"刘氏轲《三传指要》"条下所载刘轲自述,可知《翼孟》和《三传指要》《十三代名臣议》都是元和年间所作。柳宗元则将其《非国语》比作李景俭《孟子评》,同视为明道之书,其《〈非国语〉序》云:"左氏《国语》,其文深闳杰异,固世之所耽嗜而不已也。而其说多诬淫,不概于圣。余惧世之学者溺其文才而沦于是非,是不得由中庸以入尧、舜之道。本诸理,作《非国语》",所谓"本诸理",即本诸尧舜孔孟之道,观其篇中多引用孔孟之语可知也;而柳宗元于元和四年撰成《非国语》后又专门修书与吕温,其中明言:"道不明于天下,而学者之至少也。……以道之穷也,而施乎事者无日,故乃挽引,强为小书,以志乎中之所得也。……苟不悖于圣道,而有以启明者之虑,则用是罪余者,虽累百世滋不憾而恧焉。"则柳氏《非国语》亦如韩愈《原道》之作,乃是不得行道之际的忧患之作,本为明道而发,依先王之道、孔孟之典而求道、立义。他如柳宗元的《守道论》,则更是依经立义之作,主要是依据《礼记》《孟子》等来辩驳"守道不如守官"之论。至于当时社会上对性命之学的探讨之风,如皇甫湜、杜牧、陆希声、皮日休等都有相关论述,以及人们对《孟子》一书的重视,如皮日休不仅建议让韩愈配享太学,甚至建议将孟子列入科举明经之目,这些也都反映了韩愈、李翱重视《孟子》、重视性命之学所产生的影响。

本上造就了文学的新变。具体说来，经学新风对文学的影响，乃至由之产生的新变主要表现在以下几个方面①：

一、在经学新风下，人们开始不满于章句之学而直求经典义理，并进而依经立义，这使得在文学创作和批评方面，要求以"六经"为典范，要求文以明道，要求诗以讽喻，突出强调文学对现实的干预作用。最典型的代表，就是韩愈、柳宗元等人为代表的"古文运动"和白居易、元稹为代表的讽喻诗风。韩愈提出了"文以明道"的主张，如他在《争臣论》中说："君子居其位，则思死其官；未得位，则思修其辞以明其道"，在《送陈秀才彤序》中也提到："读书以为学，缵言以为文，非以夸多而斗靡也；盖学所以为道，文所以为理耳。苟行事得其宜，出言适其要，虽不吾面，吾将信其富于文学也"，所谓"学所以为道，文所以为理"，乃互文并举，意即学习和作文都以道理为指归，其所言之道，即是《原道》中所说的先王仁义之道，亦即韩愈《上宰相书》中自称的"其业则读书作文，歌颂尧舜之道"。值此之故，韩愈主张作文时师法"六经"，以"六经"为典范。他自言所著"皆约六经之旨而成文"（《上宰相书》），又在《进学解》中自称："沉浸酞郁，含英咀华，作为文章，其书满家。上规姚姒，浑浑无涯；周诰殷盘，佶屈聱牙；《春秋》谨严，《左氏》浮夸，《易》奇而法，《诗》正而葩……"韩愈还明确指出作古文是为了通古辞和学古道，他说："愈之为古文，岂独取其句读不类于今者邪？思古文而不得见，学古道则欲兼通其辞；通其辞者，本志乎古道者也。"（《题（欧阳生）哀辞后》）而柳宗元亦多有类似的言论，如他论"文以明道"曰："圣人之言，期以明道，学者务求诸道而遗其辞。辞之传于世者，必由于书。道假辞而明，辞假书而传，要之之道而已耳。道之及，及乎物而已耳"（《报崔黯秀才论为文书》），又说："始吾幼且少，为文章，以辞为工。及长，乃知文者以明道，是固不苟为炳炳烺烺，务采色、夸声音而以为能也"（《答韦中立论师道书》）；论文宗"六经"则曰："本之《书》以求其质，本之《诗》以求其恒，本之《礼》以求其宜，本之《春秋》以求其断，本之《易》以求其动，此吾所以取道之原也"（《答韦中立论师道书》），又说："文有二道：辞令褒贬，本乎著述者也；导扬讽喻，本乎比兴者也。著述者流，盖出于《书》之《谟》《训》，《易》之《象》《系》，《春秋》之笔削……比兴者流，盖出于虞、夏之咏歌，殷、周之《风》《雅》……"另一方面，韩愈和柳宗元所提倡的圣贤之道，又不是空洞无物的，此"道"是与日常生活密切联系的，因而有着具体、丰富的内容，如韩愈所言仁义之道，即"博爱之为仁；行而宜之之为义；由是而之焉之谓道；足乎己，无待乎外之谓德"，又可具体表现为包括"其

① 当然，中唐以来文学的新变表现在多个方面，经学新风的影响也不是唯一的原因，此处所论乃是择其要者而言。

文”、“其法”、“其民”、“其位”、“其服”、“其居”、“其食”等日常人伦各个方面的“先王之教”，柳宗元所言之“道”亦是“道之及，及乎物而已耳”的“及物”之“道”。因此，他们的明道之文，多有丰富的现实内容，充满了干预现实的意味，如韩愈“五原”以及《进学解》《师说》《论佛骨表》等等，柳宗元的《封建论》《守道论》《贞符》等等，这也就是很自然的了。由于韩愈、柳宗元的大力倡导，掀起了声势浩大的“古文运动”，略如《新唐书·文艺传》所言：“大历、贞元间，美才辈出，擩哜道真，涵泳圣涯，于是韩愈倡之，柳宗元、李翱、皇甫湜等和之，排逐百家，法度森严，抵轹晋、魏，上轧汉、周，唐之文完然为一王法，此其极也”，而此“古文运动”，又都是韩愈等人的“文以明道”，发挥文学“明道”、干预现实的功用为导向的。

与韩愈、柳宗元强调“文以明道”相呼应，白居易、元稹突出强调了诗歌的讽喻作用，着重以《诗三百》为典范，其目的也在于发挥文学干预现实的作用。① 白居易重视“六经”，尤其重《诗》，并认为古代观风采诗是君王治国安邦之具，他在《与元九书》中说：“夫文尚矣！三才各有文，天之文，三光首之；地之文，五材首之；人之文，‘六经’首之。就‘六经’言，《诗》又首之。何者？圣人感人心而天下和平。”因而，他对五帝三皇以诗道立教，观风采诗的做法颇为向往，而对自身所处时代诗道的废缺痛心疾首，并欲扶助圣教，他说：“仆常痛诗道崩坏，忽忽愤发，或食辍哺，夜辍寝，不量才力，欲扶起之。”（《与元九书》）这种思想认识，早在白居易与元稹一起于元和初应制举而构制的《策林》中就已有所体现②，而白居易《与元九书》《新乐府序》中所论则是进一步的总结。在《新乐府序》中，白居易明确提出所作新乐府“系于意，不系于文。首句标其目，卒章显其志，《诗三百》之义也。其辞质而径，欲见之者易谕也；其言直而切，欲闻之者深诫也；其事核而实，使采之者传信也；其体顺而肆，可以播于乐章歌曲也。总而言之，为君、为臣、为民、为物、为事而作，不为文而作也”。在《与元九书》中亦倡言“文章合为时而著，歌诗合为事而作”。白居易的同道元稹亦持论相近，欣赏《风》《雅》之作，而无取于“流连光景之文”③，主张诗歌“刺美见事”（《乐府古题序》）。当然，有必要指出，在韩愈、柳宗

① 查屏球《唐学与唐诗——中晚唐诗风的一种文化考察》一书第二章“永贞前后经学导向与讽喻诗风”中的有关内容对白居易、元稹等强调讽喻诗与《春秋》新学的关系作了比较细致的考察，可参考，此不赘述。

② 陈寅恪先生在谈到元、白新乐府时曾指出：“元白二公作新乐府在元和四年，距构《策林》之时甚近。故其作新乐府之理论，与前数年揣摩之思想至有关系。观于《策林》中《议文章》及《采诗》二目所言，知二公于采诗观风之意，盖蕴之胸中久矣。然则二公新乐府之作，乃以古昔采诗观风之传统理论为抽象之鹄的……”（见陈寅恪《隋唐制度渊源略论稿（外二种）》，河北教育出版社 2002 年版，第 431 页。）

③ 元稹撰，冀勤点校《元稹集》卷五十六《唐故工部员外郎杜君墓系铭（并序）》，第 600 页。

元倡导“古文运动”之前，萧颖士、李华、独孤及、梁肃等人已经开始尊经明道，而这也是当时反拨章句之学而推求义理之学风气下的产物，如李华称萧颖士“谓‘六经’之后，有屈原、宋玉，文甚雄壮而不能经。厥后有贾谊，文词详正，近于理体。枚乘、司马相如，亦瓌丽才士，然而不近《风》《雅》……”①，可谓是崇“六经”、亲《风》《雅》，李华自身的创作亦是“本乎王道，大抵以‘五经’为泉源……非夫子之旨不书，故《风》《雅》之指归、刑政之根本、忠孝之大伦，皆见于词”②。再如独孤及，于学则“博究‘五经’，举其大略，而不为章句学”③，于文则“操道德为根本，总礼乐为冠带，以《易》之精义、《诗》之雅训、《春秋》之褒贬，属之于词”④。在白居易、元稹倡导的讽喻诗风之前，杜甫也已开始强调诗歌反映现实的价值，并创作了很多反映时事的作品，这类作品因其突出的纪实性而被人称为“诗史”。而白居易、元稹所作讽喻诗之代表，即新乐府，也确如陈寅恪先生所言，是“以唐代杜甫即事命题之乐府，如《兵车行》者，为其具体之模楷”⑤。通过比较可以发现，尽管韩柳的古文运动、元白的讽喻诗风，各有其渊源和先期积累，但前后两者差异很大，韩、柳、元、白等人已经提出了明确的口号，内涵丰富的主张，并形成了比较自觉的理论，而这都是萧颖士、李华、杜甫等人所不具备的，譬如萧颖士等古文家，孙昌武指出：“就‘明道’这一点来说，当时的‘古文家’还只是头脑中的一个概念，并没有明确提出这个口号。而所明之‘道’具体内涵是什么，有些人看法又很混乱。李华是信佛的，他说：‘五帝三王之道，皆如来六度之余也。’（《台州乾元国清寺碑》，《全唐文》卷三一八）独孤及信奉黄老之学。梁肃则是天台宗僧人元浩的门弟子，对天台止观学说的阐发有所贡献。他们都写了宣扬佛教的文章。这样，他们的‘道’就很不纯粹。”⑥而杜甫虽然写出了“三吏”、“三别”之类富于现实针砭意味的作品，但他并没有像白居易那样形成并提出鲜明、自觉的理论主张。所以，可以认为，正是在舍经求传、原经求道、依经立义这样的“新风”日趋广泛而深刻的影响下，韩、柳、元、白等人才在文学的理论和实践方面作出了超越前人并影响后世的卓越成就。

---

① 姚铉编《唐文粹》卷九十三李华《唐扬州功曹萧颖士文集序》。

② 姚铉编《唐文粹》卷九十二独孤及《唐司封员外郎李华中集序》。

③ 李昉等编《文苑英华》卷九百七十二梁肃《朝散大夫使持节常州诸军事守常州刺史赐紫金鱼袋独孤公行状》，中华书局 1966 年版，第 5115 页。

④ 姚铉编《唐文粹》卷九十三梁肃《毗陵集后序》。

⑤ 陈寅恪《隋唐制度渊源略论稿（外二种）》，第 431 页。

⑥ 孙昌武《唐代古文运动通论》，百花文艺出版社 1984 年版，第 89 – 90 页。

二、在经学新风的影响下，文学创作的内容与风格，都有了一些显著的变化。在文学创作内容上，除了上文提到的因强调文学干预现实的作用而在作品中出现的很多涉及国计民生的现实内容外，还有许多取自"六经"的东西，包括立意、用词等方面，有时为了论证某个问题，还直接引经据典，体现出鲜明的"依经立义"的特色。富有代表性的是韩愈，他取法"六经"，自称所著"皆约'六经'之旨而成文"（《上宰相书》），从其创作实际来看，所言并非虚语，如其《原道》引《大学》《诗》《春秋》，《获麟解》引《诗》《春秋》，《争臣论》引《易》《书》，《改葬服议》引《春秋》经传，《禘祫议》引《礼记》《春秋》经传，《省试颜子不贰过论》引《中庸》，等等，或引经以佐论，或援典以立意，即便是在《重答张籍书》《上宰相书》《与孟尚书书》等书信中也不忘征引《诗》《书》《礼记》《左传》《论语》《孟子》等儒家经典以证成己说，在《猫相乳》这样旨在称颂他人功德的稀松平常的文章中，通过叙述猫相乳一事以带出北平王的功德之后，还要引一句出自《周易》中的"信及豚鱼"来强调主旨。举个具体的例子来说。韩愈对《周易》是较为重视也是颇有研究的，他在《进士策问十三首》其一、其八、其九中三次提到，主张"施其词陈其义"，强调对《周易》义理的把握，在《进学解》一文中还指出《周易》"奇而法"的特点。值得注意的是，韩愈对《周易》的认识和研究在其创作中多有反映，将《周易》的词句和义理融贯于创作中，李保林《韩愈的易学思想与其诗文》①一文对此有具体分析，指出了韩愈《南山诗》《梁国惠康公主挽歌》《复志赋》《猫相乳》等诗文"引用《易》的话，使其文章增辉、鲜明、生动"。其实，对于韩愈为文取资"六经"的特点，古人早有认识，如宋人李涂《文章精义》指出："退之《平淮西碑》是学《舜典》，《画记》是学《顾命》。"明人王鏊认为："昌黎序如《书》，铭如《诗》，学《书》与《诗》也。其他文多从《孟子》，遂为后世文章家冠。"②宋人邵博则一言以蔽之曰："韩退之之文，自经中来。"③由这些评论，我们也当不难想见韩愈为文根源"六经"的特点。

除了影响文学的内容外，经学的新风也在很大程度上影响到了文学的风格。对于元和以来的文坛风气，李肇有段具体描述，他说："元和已后，为文笔则学奇诡于韩愈，学苦涩于樊宗师；歌行则学流荡于张籍；诗草则学矫激于孟郊，学浅切于白居易，学淫靡于元稹。俱名为'元和体'。大抵天宝之风尚党，大历之风尚浮，贞元之风尚荡，元和之风尚怪也。"④此论既指出了韩愈文风奇诡、白居易诗风浅切

---

① 李保林《韩愈的易学思想与其诗文》，《华夏文化》1999 年第 4 期。

② 王鏊《震泽长语》卷下《文章》，《丛书集成初编》本，第 27 页。

③ 邵博撰，刘德权、李剑雄点校《邵氏闻见后录》，中华书局 1983 年版，第 111 页。

④ 李肇《唐国史补》，上海古籍出版社 1979 年 1 月新 1 版，第 57 页。

等特点，又点明了这些特点在文坛上产生巨大影响。尽管韩愈、白居易等人诗文风格的形成有多方面的原因，但经学新风的影响是其中的一个重要因素。就拿韩愈来说，他不仅文风奇诡，诗风更是怪奇，韩愈自己对此即多有认识，他说自己为文“不专一能，怪怪奇奇”（《送穷文》），“文虽奇而不济于用”（《进学解》），“时有感激怨怼奇怪之辞”（《上宰相书》），“搜奇日有富，嗜善心无宁”（《答张彻》），所以可以认为，奇诡风格的形成，是韩愈自觉追求的结果，主要反映的是与“文以明道”相辅而成的“以文为戏”的一面，即《送穷文》所谓的“不可时施，秖以自嬉”。诸如《送穷文》《毛颖传》《柳州罗池庙碑》《刘生》《南山诗》《城南联句》《孟东野失子》《陆浑山火一首和皇甫湜用其韵》《月蚀诗效玉川子作》《石鼓歌》《石鼎联句诗》等等，或想象奇特，或用语生新，多表现出奇诡的特色。① 而这种风格的形成，与韩愈取法“六经”颇有关联。一方面，尽管韩愈主张对于圣贤之书当“师其意，不师其辞”（《答刘正父书》），但毫无疑问，其为学根底之一是“六经”，即所谓“口不绝吟于六艺之文”（《进学解》），研习久了，必然会产生潜移默化的影响，从而在文学创作中得到反映，如清人马位《秋窗随笔》即指出：“退之古诗，造语皆根柢经传，故读之犹陈列商、周彝鼎，古痕斑然，令人起敬。时而火齐木难，错落照眼，应接不暇，非徒作幽涩之语，如牛鬼蛇神。”②正如韩愈自己在《答陈生书》《题（欧阳生）哀辞后》等文中所说的，他不仅好古道，亦好古辞，主张学古道而兼通其辞，而“六经”之文，与当时流行的内容浮泛、辞采华美、声律谨严、句式工整的所谓“时文”相比，无疑是大异其趣的，韩愈所言的“古文”，所取法的“古文”，所拟作的“古文”，不仅有“古”的形式，更有“古”的内容，而所谓的“古”，其一大特征就是怪奇，如韩愈指出：“上规姚姒，浑浑无涯；周诰殷盘，佶屈聱牙；《春秋》谨严，《左氏》浮夸，《易》奇而法……”（《进学解》），在《上襄阳于相公书》中称赞对方的文章具有浑然天成、气势雄壮、繁简得当、事信理切等优点，可谓是孔子所说的有德者之言的同时，不忘引一句：“扬子云曰：‘《商书》灏灏尔，《周书》噩噩尔’，信乎其能灏灏而且噩噩也”，表现出对怪奇之文的格外赞赏，而在《上兵部李侍郎书》中更是坦言自己对怪奇之文的自觉追求：“凡自唐虞以来，简编所存，大之为河海，高之为山岳，明之为日月，幽之为鬼神，纤之为珠玑华实，实之为雷霆风雨，奇辞奥旨，靡不通达。”所以，我们认为，韩愈在文学创作中表现出的怪奇风格，与其取法“六经”，注

① 卞孝萱、张清华、阎琦《韩愈评传》第四章“韩愈文学成就”中对此有细致分析，可参考，此不赘述。

② 转引自卞孝萱、张清华、阎琦《韩愈评传》第435页。

重挖掘经典中怪奇的资源,包括语句和立意等方面,是有着密切的关系的。① 这也正说明了怪奇风格的出现与经学领域中弃章句而求义理、舍传而求经的新风的关联。至于白居易,他在倡导讽喻诗风时表现出来的浅切的风格,主要是想让诗歌更好地承担起化下讽上,“上以补察时政,下以泄导人情”的作用,正如白居易自己在《新乐府序》中所说:“其辞质而径,欲见之者易谕也;其言直而切,欲闻之者深诫也。”换句话说,白居易浅切诗风的形成,是在原经求道、依经立义的经学新风影响下的产物。

当然,经学新风尽管对文学产生了巨大的影响,但并不是绝对的,文学的发展毕竟也有其自身的逻辑。也就是说,文学的发展既受到共时、横向的影响,又离不开历时、纵向的制约。魏晋以来,人们对文学的本质和特性已经多有认识,即进入了鲁迅所说的“文学自觉”的时代,因此,无论是韩柳还是元白,他们在“明道”、“宗经”口号下所仿效的古文、古诗,都必然要受到前期的文学“经验”的影响,已不可能再创作出绝对的“古辞”了,从这个意义上讲,“复古”也就是革新。就韩、柳的古文运动而言,他们所取法的对象并非仅仅局限于“六经”,对诸子百家、史汉骚赋等也很重视,如韩愈在宗经的同时也提出:“手不停披于百家之编”(《进学解》),柳宗元在原道作文时也指出:“本之《书》以求其质,本之《诗》以求其恒,本之《礼》以求其宜,本之《春秋》以求其断,本之《易》以求其动,此吾所以取道之原也。参之谷梁氏以厉其气,参之《孟》《荀》以畅其支,参之《庄》《老》以肆其端,参之《国语》以博其趣,参之《离骚》以致其幽,参之《太史公》以著其洁,此吾所以旁推交通而以为之文也。”(《答韦中立论师道书》)更为值得注意的是,在提出、倡导“文以明道”的同时,韩愈、柳宗元都认同、强调“以文为戏”,并引经据典来为之论证;在撰作“五原”、《封建论》之类原道之文的同时,韩、柳还提出了一系列的文学理论主张,诸如“不平则鸣”、“气盛言宜”、“词必己出”、“文从字顺”等等;这些都表明,韩、柳对文学的本质和功能是有着清楚的、比较全面的认识的,而这也正是他们能够超越萧颖士、李华等前人的重要原因之一。但可惜的是,韩愈、柳宗元的后续者并没有将其开创的事业很好地继承下去,上文征引的李肇《唐国史补》中所说“元和已后,为文笔则学奇诡于韩愈,学苦涩于樊宗师”,就表明韩、柳辅时及物、不平则鸣等优良传统并没得到延续,而一味追求奇、涩,必然只能越走越偏狭以致

① 查屏球《唐学与唐诗——中晚唐诗风的一种文化考察》第三章第三节“以经为奇的经学观与以奇为美的文学观”指出,韩愈等人“不仅以好奇之心解经,而且还以尚奇的文化观念来评价儒家经典,以儒家经典作为他们尚奇求新的理论依据,并由解经中抽绎尚奇求异的诗学思想”,并对此作了具体探讨,可参考,此不赘述。

无路可走。至于元、白的讽喻诗风，虽然一度颇为兴盛，掀起了一个高潮，但前后持续的时间并不长①，逐渐由歌咏生民疾苦转向抒写闲适情趣，其实，“在白居易提倡写讽喻诗的同时，他也同时有浓厚的无为、闲适、自足的思想。”②所以，讽喻诗风也未能得到延续。虽然在后来的皮日休等人那里，一度强调文学干预现实的作用，但从整个晚唐五代来看，占据主流的是绮丽、奢靡、淡泊的文学风貌，而皮日休等人的文学连同其时的经学一起，则只能是“夕阳无限好，只是近黄昏”，他们“虽然仍以元次山、韩愈为榜样，但着眼点已不在于明古圣先王之道，挽救弊政，与朝廷合作；他们的主要倾向，是把什么都看透了，是一种冷眼旁观、与朝廷不合作的态度”③。之所以出现这种情况，很大程度上是时世使然。虽然“安史之乱”以后，士人们付出了种种努力，以求救亡图存，甚至想再造盛世局面，但无奈在藩镇割据、宦官专权、朋党相争等种种弊端的合力作用下，“元和中兴”以后的政治局势日益破败，经济、政治、教育、科举等领域的各种措施、改革也并无多大改观，已无法彻底扭转李唐王朝衰亡的命运，这是由整个中唐五代时期的转折、过渡特性所决定的，它也从根本上决定了古文运动、讽喻诗风的后继乏力。因此，全面地整顿乃至形成独特风貌，这个任务只能由宋人来完成，而中唐至五代在经学领域的新风和文学的新变，则为之作出了重要的奠基。

最后，有必要指出，文学领域的变化也对经学产生了一定的影响。韩愈、柳宗元倡导了古文运动，而运用古文这一体式来阐发经义、标立新说，这在韩愈等人笔下已见端倪。如韩愈的“五原”，多援引儒家经典以证成己说，而所立主张也多与儒学本旨相符。其《原道》篇，征引《大学》《春秋》《诗经》等经典，旨在倡立儒家道统而排斥佛老。其《原性》篇，反对孟子性善、荀子性恶、扬雄性善恶混诸家之说，援据孔子“上智与下愚不移”之论而提出“性三品说”，认为“性也者，与生俱来也”，“性之品有上中下三”，“上之性，就学而愈明；下之性，畏威而寡罪；是故上者可教，而下者可制也。其品则孔子谓不移也”。再如李翱的《复性书》三篇，主要取资《中庸》《周易》《大学》《孟子》《论语》等经典，主张性善情恶，号召忘情以复性。欧阳修所谓“此《中庸》之义疏尔”（《读李翱文》）的评论，正指出其依经立义的本质。而韩愈《省试颜子不贰过论》，则是对《论语》中孔子评颜回“不贰过”之论加以诠释，不仅援引《中庸》《论语》等经典为据，依经立义，而且旨在阐明经典义理，

① 罗宗强《隋唐五代文学思想史》第 264 页指出：“元、白重功利的诗歌理论的提出，始于元和初而到元和二十年不再提倡，历史只有十二年。在唐代整个文学思想的变迁史上，是一种文学思潮延续的时间较为短促的一次。”

② 罗宗强《隋唐五代文学思想史》，中华书局 1999 年版，第 267 页。

③ 罗宗强《隋唐五代文学思想史》，第 356 页。

可谓是附题诠义。应该说,这种做法相比章句注疏的破碎支离而言,更有利于儒学义理阐发的集中和完整,更能推进经学的传布和发展。尤可注意的是,此种做法影响到了后来的王安石、苏轼等人,渐成经学领域的一大景观。

# 第三章

## 北宋庆历以前的经学与文学

北宋(960—1127)一朝,前后持续了大约一百六十八年,是五代战乱频仍之后的又一统一时期。这一时期,延续、加剧了中晚唐在经济、政治领域的深刻变化。在经济领域,均田制彻底崩溃,土地私有制占有绝对优势,正如漆侠先生所说:“从唐中叶以来,均田、屯田、营田等国有【土】地日趋衰落,而土地私有制则日益发展,到北宋,私有土地远远超过了国有土地……自北宋以来土地私有制一直居于压倒性的优势地位。这是唐中叶以来土地占有关系中一个具有关键意义的变化。”①在此基础上,封建租佃制关系取代了农奴制,两税法取代租庸调制的措施也得以进一步巩固,这些都使得农民对地主的人身依附更趋松弛,从而在很大程度上调动了生产者的积极性,促使社会经济有了持续的发展,商品经济亦开始初具规模,而这些正是宋代发达的科技文化所得以造就的物质基础;另一方面,也正由于人身依附的松弛,使得不断加强在思想领域的控制,日益成为时代的需求,如“同风俗、一道德”的呼声是君臣一致而又非常强烈的,这在封建君主集权制日趋强化的制度层面也有所反映。譬如,在科举制度中由重诗赋而重策论,再到罢黜诗赋而以经义取士,并将中央颁布的经义作为科举取士的标准和学校教育的范本,这正是加强思想统治的需要。在政治领域,自隋唐以来的科举制度更趋完善,采取了“锁院”、“弥封”、“誊录”以及禁止“公荐”等措施以保证科考的公平,更向贫寒子弟倾斜而对官僚世家子弟应考作了诸如“别试”、“复试”等严格的限制,同时,统治者又大幅度地扩大录取名额,如王水照援引张希清《北宋贡举登科人数考》一文的有关统计指出:“据统计,北宋一代开科 69 次,共取正奏名进士 19281 人,诸科 16331 人,合计 35612 人,如果包括特奏名及史料缺载者,取士总数约为 61000 人,平均每年约 360 人。这不仅与唐代每次取士二三十人相比数差悬殊,而且也为元明清所不及,真可谓‘空前绝后’。”②加之,宋代举子考中后即可做官,而不必如唐

---

① 漆侠《宋学的发展和演变》,河北人民出版社 2002 年版,第 62 页。

② 王水照主编《宋代文学通论》,河南大学出版社 1997 年版,第 6 页。

代那样在贡举考中之后要再经吏部考试合格方能担任官职，于是，利禄之路更趋简便，士人向学之心亦炽矣。其结果，一方面使得贫寒庶族更进一步地取代士族而登上历史舞台，如“在《宋史》有传的北宋166年间的1533人中，以布衣入仕者占55.12%，比例甚高；北宋一至三品官中来自布衣者约占53.67%，且自宋初逐渐上升，至北宋末已达64.44%”①，从而使赵宋政治面貌呈现不同的特质，“与士大夫治天下”的局面逐渐形成，正如柳诒徵所说：“宋之政治，士大夫之政治也。政治之纯出于士大夫之手者，惟宋为然。故惟宋无女主、外戚、宗王、强藩之祸。宦寺虽为祸而亦不多，而政党政治之风，亦开于宋。”②另一方面，由于贫寒士人多是通过艰苦的科举考试而进入政府的，因而士风较为昂扬，纷纷以天下为己任，自范仲淹以来已成一时之风气。总之，在科举制度的影响下，加之印刷术的广泛应用、学校教育的日趋完善，就政府机构的成员而言，往往是集文人、学者、官僚于一身；就北宋政治的演进而言，又与党议、党争密不可分，“庆历新政”与“熙宁变法”，可以说是北宋政治进程中的两座里程碑。此外，鉴于中晚唐以来藩镇割据、内轻外重的经验教训，赵宋王朝实行了重内轻外、以文抑武的政策，如削弱藩镇而加强中央集权，“稍夺其权，制其钱谷，收其精兵”③，又如在官员选任方面、俸禄待遇方面都明显地偏向于文士，借倚重文士以抑制武人，这些也都是士大夫政治或者说是文官政治得以维系的有力保证。因而，无论是研究北宋的学术还是文学，都离不开对党争、科举等的考察，因为它们集于士人一身，学术或文学的演进既在党争、科举中有所反映，而党争、科举等又在很大程度上促进了学术或文学的变迁。而统治者采取的以儒为主，儒、释、道三教并用的政策，又从根本上决定了自中唐以来的儒学复兴运动进一步地蓬勃展开，并最终确立了程朱理学体系的统治地位。这些，都是北宋经学与文学演进的重要背景，其演进也经历了一个漫长的过程。基于此，再结合实际情况，我们以“庆历新政”和“熙宁变法”为分界点，将北宋的经学发展大致分为如下三期：庆历以前是过渡期，承中有变；庆历至熙宁前，是变革期，主要功绩是破汉学；熙宁以来直至北宋灭亡，是自立期，主要功绩是立宋学，出现了荆公新学、三苏蜀学、二程洛学等鼎足而立的学派。与此经学演变相关联，文学的进程也显示出相应的变迁。展示此间的关联，并揭示演变的规律，即是本文的主旨所在。

---

① 王水照主编《宋代文学通论》第6页，乃取资于陈义彦《从布衣入仕情形分析北宋布衣阶层的社会流动》一文的统计。

② 柳诒徵《中国文化史》，东方出版中心1988年版，第516页。

③ 李焘《续资治通鉴长编》卷二，“建隆二年七月戊辰”条，中华书局1979年起陆续出版，第49页。

## 第一节　北宋庆历以前的政风、士风与学风

北宋庆历(1041—1048)之际,是政风、士风、学风转变的一大关捩点。在政治上,为改变积贫积弱的局面而掀起了由范仲淹等人主持的“新政”,虽然仅是昙花一现,但涉及面广、影响深远;在士风上,也由卑弱转而高昂,代表人物如范仲淹、欧阳修等,正如《宋史·忠义传序》所言:“士大夫忠义之气,至于五季,变化殆尽。宋之初兴,范质、王溥犹有余憾,况其他哉!艺祖首表韩通,次表卫融,足示意向。厥后西北疆场之臣,勇于死敌,往往无惧。真、仁之世,田锡、王禹偁、范仲淹、欧阳修、唐介诸贤,以直言谠论倡于朝,于是中外搢绅知以名节相高,廉耻相尚,尽去五季之陋矣。”至于学风,则更是为之一变,“据王应麟说,是经学自汉至宋初未尝大变,至庆历始一大变也”①,即主要着眼于学风而言。但值得注意的是,虽然在赵宋立国到庆历间大约八十年的时间里,在政风、士风和学风上都表现出过渡的性质,较多地沿袭唐五代以来的鄙陋之习,但承继中亦有新变的因素在内,甚或可以说是为庆历的新变作了重要的积累。

赵宋王朝,是在唐末五代战乱频仍、军阀割据的局势下重新建立的统一帝国。有鉴于前朝兴亡的历史教训,宋朝立国的主导方针是强干弱枝,加强中央集权而削弱地方势力,宋太祖与赵普的一段对话,即体现了此条立国大计的深意。宋太祖问谋臣赵普道:“天下自唐季以来,数十年间,帝王凡易八姓,战斗不息,生民涂地,其何故也?吾欲息天下之兵,为国家长久计,其道何如?”赵普回答说:“此非他故,方镇太重,君弱臣强而已。今所以治之,亦无他奇巧,惟稍夺其权,制其钱谷,收其精兵,则天下自安矣。”②其后施行的一系列措施,都是此主导精神的体现,“诸如设置参知政事和枢密使以分相权,‘杯酒释兵权’以去肘腋之患,置通判以‘监州’,又各路设‘监司’以收揽地方之权,等等,其目的在于‘居中驭外’、‘强干弱枝’。”③结果导致“一兵之籍,一财之源,一地之守,皆人主自为之”④。此种强化中央集权的做法,固然存在有利的一面,可保地方势力无法与中央抗衡,以至“百年无心腹患”⑤,但也有着很大的弊端,譬如将不知兵,兵不知将,行军打仗又

---

① 皮锡瑞撰,周予同注释《经学历史》,第220页。

② 李焘《续资治通鉴长编》卷二,“建隆二年七月戊辰”条,第49页。

③ 刘复生《北宋中期儒学复兴运动》,台北文津出版社1991年版,第126页。

④ 叶适《水心集》卷四《始论二》,《四部丛刊》本。

⑤ 邵伯温撰,李剑雄、刘德权点校《邵氏闻见录》,中华书局1983年版,第196页。

要受到中央的节制，以致军队的战斗力大大减弱，并形成恶性循环，所谓的三冗问题即冗兵、冗官、冗费等成为困扰统治者的大难题。朱熹曾对赵宋统治策略及其利弊做过分析，他说："本朝鉴五代藩镇之弊，遂尽夺藩镇之权，兵也收了，财也收了，赏罚刑政一切收了，州郡遂日就困弱。靖康之祸，金骑所过，莫不溃散。"①所以，尽管"从王朝内部来说，两宋三百多年时间，始终没有一股政治势力膨胀到足以威胁赵宋皇位的稳固"，但我们也不得不承认，"赵宋王朝是被一而再、再而三的外族入侵势力所颠覆"②，而这种局面的形成，显然与赵宋统治者"强干弱枝"的主导思想和举措是分不开的。这些思想和措施，甚至被视为祖宗家法而严守勿失，如李焘《续资治通鉴长编》卷四十三"咸平元年十月乙未"条载宋真宗谕示宰相张贤齐、李沆曰："先朝皆有成宪，但与卿等遵守，期致和平尔。"因此，自宋初的太祖、太宗、真宗三朝以及仁宗朝初年以来，此种因循苟且之风日甚，终至积弊难改，即所谓"因循不革，弊坏日甚"③，以致形成积贫积弱的局面，从而使得变革弊政逐渐提上了议事日程，庆历新政和熙宁变法都是在此大背景下出现的。

值此之故，北宋庆历以前政风的主要特征是因循苟且，上自君王，下至百官，举凡用人、议事多如此，而这些又与统治者对黄老之学的好尚不无关系，正如刘复生所说："统治者竭力提倡黄老'清静无为'之术，把它作为治国的指导思想。七八十年间，因循守旧、不知变化的所谓'俗儒'之气弥漫整个官场，形成政治风尚的最大特色。"④对此，史料多有记载。如宋太祖，曾召见道士苏澄，问以养生之道，苏答道："臣养生，不过精思炼气耳。帝王养生，则异于是。老子曰：'我无为而民自化，我无欲而民自正。'无为无欲，凝神太和。昔黄帝、唐尧享国永年，用此道也。"宋太祖闻之大悦，并予以重赏。⑤ 可见，宋太祖对清静无为之术是颇为倾心的。而其时辅弼太祖的重臣赵普，也习尚无为，安于清静，如《邵氏闻见录》卷六记载："国初，赵普中令为相，于厅事坐屏后置二大瓮，凡有人投利害文字，皆置中，满即梃于通衢。"此种清静无为的治国策略，在太宗一朝的君臣那里得到了进一步的发挥，如太宗极力推崇《道德经》，并以之作为施政重要的指导思想，认为"伯阳五千

---

① 黎靖德编，王星贤点校《朱子语类》卷一百二十八《本朝二·法制》，中华书局 1986 年版，第 3070 页。

② 诸葛忆兵《宋代士大夫的境遇与士大夫精神》，收录于《宋代文史考论》，中华书局 2002 年版，第 259 页。

③ 李焘《续资治通鉴长编》卷一百三十七，"庆历二年闰九月壬午"条，第 3297 页。

④ 刘复生《北宋中期儒学复兴运动》，第 126 页。另，刘著第 126 - 131 页对宋初因循守旧的情状有详尽阐述，可参考。

⑤ 李焘《续资治通鉴长编》卷十，"开宝二年闰五月"条，第 226 页。

言，读之甚有益，治身治国之道，并在其内”①，主张“无为之道，朕当力行之”②。而宰相吕蒙正、吕端等人，更是附和乃至劝谕太宗奉行黄老“清静无为”之术，如《续资治通鉴长编》卷三十四所记载的太宗君臣的一段对话即很能说明问题：

（淳化四年闰十月）丙午，上曰：“清净致治，黄老之深旨也。夫万务自有为以至于无为，无为之道，朕当力行之。至如汲黯卧治淮阳，宓子贱弹琴治单父，此皆行黄老之道也。参知政事吕端等对曰：“国家若行黄老之道，以致升平，其效甚速。”宰臣吕蒙正曰：“老子称‘治大国若烹小鲜’，夫鱼，挠之则溃；民，挠之则乱。今之上封事议制置者甚多，陛下渐行清静之化以镇之。”

而到了真宗朝，则诚如有的学者所说，“主张因循无为的保守势力集团，在太宗时期已初步形成，到真宗时更有发展而盘结于朝。”③诸如宰执李沆、王旦等人，都可称得上是其中的代表，对真宗一朝乃至仁宗初年因循之风的盛行影响甚大。如李沆，《邵氏闻见录》卷六称其“为相，当太平之际，凡建议务更张喜激昂者，一切不用。曰：‘以报国耳。’”再如王旦，《宋史》本传载：“真宗以无事治天下，旦谓祖宗之法具在，务行故事，慎所变改，帝久益信之，言无不听。”而其引导、示范性作用，宋人即深有认识，如苏辙《龙川略志·别志》卷上指出：“自真宗之世至仁宗初年，多得重厚之士，由（李）沆力也”，吕中亦云：“自李文靖（沆）、王文正（旦）当国，抑浮华而尚质实，奖恬退而黜奔竞，是以同列有向敏中之清谨，政府有王曾之重厚，台谏有鲁宗道之质直，相与养成浑厚诚实之风。”④而据司马光《涑水纪闻》卷三所载：“吕相（夷简）在中书，奏令参知政事宋绶编例。又曰：‘自吾有此例，使一庸夫执之，皆可为相矣。’”如此照本宣科即可为宰相，则可知仁宗前期的因循之风是何等之盛了。总之，宋初三朝以至仁宗初年，因循守旧之风是欲演欲烈，“务行故事，慎所变改”，从君王到宰执大臣，均是如此。正所谓“上有所好，下必甚焉”，如此政风，必然影响到士风乃至学风。

就宋初的士风而言，亦是因循苟安，衰飒不振。宋人对此多有批评，如孙沔上奏：

自后因循，咸以磨勘为转官之阶梯，不复有尚功之志节，但居官三周，例迁一级，虽数有失，亦不退覆，故士大夫以无过犯为能。是使庸愚不肖之人，晏然自得，不十年间，坐致员外郎。是以居常则朱紫相随，应用则玉石难辨，苟不更张弊辙，

---

① 江少虞《宋朝事实类苑》卷二，上海古籍出版社1980年版，第21页。

② 李焘《续资治通鉴长编》卷三十四，“淳化四年闰十月丙午”条。

③ 刘复生《北宋中期儒学复兴运动》，第128页。

④ 吕中《宋大事记讲义》卷六，《四库全书》本。

必恐寖废政纲。①

欧阳修《上仁宗论包拯不当代宋祁为三司使》亦云：

国家自数十年来，士君子务以恭谨静重为贤，及其弊也，循默苟且，颓堕宽弛，习成风俗，不以为非。至于百职不修，纪纲废坏，时方无事，固未觉其害也。一旦强敌犯边，兵出无功，而财用空虚，公私困弊，盗贼并起，天下骚然。②

由此可见，宋初因循、卑弱的士风是非常盛行的，这也就不难理解，为什么范仲淹、欧阳修等人"开口揽时事，论议争煌煌"③之举会造成那么大的影响了。如范仲淹，《宋史》本传称其"每感激论天下事，奋不顾身，一时士大夫矫厉尚风节，自仲淹倡之"，朱熹更是对其给予了高度评价，认为"祖宗以来，名相如李文靖、王文正诸公，只恁地善，亦不得。至范文正时便大厉名节，振作士气，故振作士大夫之功为多"④。再如欧阳修，苏轼对其砥砺士气之功亦甚为推许："宋兴七十余年，民不知兵，富而教之，至天圣、景祐极矣，而斯文终有愧于古。士亦因陋守旧，论卑气弱。自欧阳子出，天下争自濯磨，以通经学古为高，以救时行道为贤，以犯颜纳谏为忠。长育成就，至嘉祐末，号称多士。欧阳子之功为多。"（《六一居士集序》）通过这些鲜明的对比，我们不难感受到，在范仲淹、欧阳修登上历史舞台之前，也即宋太祖开国到仁宗初年一段时期内，其士风是何等的因循守旧、卑弱不振。

再从宋初的学风来看，与其时的科举关系甚大。北宋科举名目众多，"设进士、九经、五经、开元礼（后改《开宝通礼》，简称'通礼'）、三史、三礼、三传、学究（自九经至学究常合称明经）、明法等科，嘉祐二年（1057）设立明经科，进士科以外的其他各科，合称'诸科'。"⑤其中，进士科最受人重视，欧阳修曾有"焚香答进士，撤幕待经生"⑥的诗句，而进士科考试中最注重的是诗赋，因而士子热衷于时文，讲求文辞、对偶、声律之美，这就使得他们在与时事相关的策论和蕴含先王之道的经义方面有所忽略，从而导致学风的浮泛浇薄，如陈襄"常患近世之士，溺于章句之学，而不知先王礼义之大。上自王公，下逮士人，其取人也，莫不以善辞章者为能，守经行者为迂阔，而士之荣辱，亦从而应之。以是天下之士习非舍是，固

---

① 李焘《续资治通鉴长编》卷一百三十二，"庆历元年五月壬戌"条，第3124页。

② 赵汝愚编《宋名臣奏议》卷十四《君道门·用人二》，《四库全书》本。

③ 欧阳修《欧阳修全集》，中国书店1986年版，第14页。

④ 黎靖德编，王星贤点校《朱子语类》卷一百二十九《本朝三·自国初至熙宁人物》，第3086页。

⑤ 陈振《宋史》，上海人民出版社2003年版，第645－646页。

⑥ 北京大学古文献研究所编《全宋诗》卷三〇三，北京大学出版社1991年起陆续出版。沈括《梦溪笔谈》卷一"贡举礼数轻重"条引作"焚香礼进士，徹幕待经生"。

已涂瞶其耳目，而莫之能正矣"①。欧阳修《论更改贡举事件札子》亦指出："今贡举之失者，患在有司取人先诗赋而后策论，使学者不根经术，不本道理，但能诵诗赋，节抄《六帖》《初学记》之类者，便可剽盗偶俪，以应试格，而童年新学全不晓事之人，往往幸而中选，此举子之弊也。"而在科举考试，无论是进士科还是诸科中考试儒家经典注疏时，都要求严格遵守已经颁布的通行的注疏，若有乖戾，即予以斥逐，如孙复《寄范天章书二》即指出："国家以王弼、韩康伯之《易》、左氏、公羊、谷梁、杜预、何休、范宁之《春秋》、毛苌、郑康成之《诗》、孔安国之《尚书》镂板，藏于太学，颁于天下。又每岁礼闱设科取士，执为准的。多士较艺之际，一有违戾于注说者，即皆驳放而斥逐之。"而《续资治通鉴长编》所记载的一起发生在真宗景德二年的科场事件，则很有典型性：

先是，迪与贾边皆有声场屋，及礼部奏名，而两人皆不与。考官取其文观之，迪赋落韵，边论"当仁不让于师"，以"师"为"众"，与注疏异，特奏令就御试。参知政事王旦议落韵者，失于不详审耳；舍注疏而立异论，辄不可许，恐士子从今放荡无所准的。遂取迪而黜边。当时朝论，大率如此。②

无论是王旦持论的理由，即所谓"落韵者，失于不详审耳；舍注疏而立异论，辄不可许，恐士子从今放荡无所准的"，还是此事件的结果，即"取迪而黜边"，都充分强调并要求举子严守颁布的注疏而禁止自出议论。在这样的大环境下，出现"庆历以前，学者尚文辞，多守章句注疏之学"③的局面也就实在是不足为奇的了。

刘咸炘先生指出："真宗以前及仁宗初年，士大夫论治则主旧章，论人则循资格，观人则主禄命，貌以丰肥为福，行以宽厚为尚，言以平易为长，文以缛丽为美，修重厚笃谨之行而贱振奇跅驰之才。"④此论较为全面地概括了宋初的政风、士风以及学风，就其总体面貌来说，是比较准确的，我们上面所做的论述，正可与之相发明。但有必要指出，在因循、卑弱之风笼罩之下的庆历以前的一段时期里，也还存在着诸多变革、昂扬的潜质，这些潜质正是庆历、熙宁大事更张、足成燎原之势的"星星之火"。

---

① 陈襄《古灵集》卷十五《常州请顾临秘校主学书》，《四库全书》本。

② 李焘《续资治通鉴长编》卷五十九，"景德二年三月甲寅"条，第1322页。

③ 吴曾《能改斋漫录》卷二《事始·注疏之学》，上海古籍出版社1960年版，28页。

④ 见刘咸炘《推十书·史学述林·北宋政变考》，转引自刘复生《北宋中期儒学复兴运动》第131页。

## 第二节　北宋庆历以前的经学与文学

北宋庆历以前的经学与文学，是在上文所述的政风、士风、学风下演进、发展的；在经学与文学两者之间，也呈现出诸多相应的面貌，其主要的特征，即是均表现为守旧与革新的并存。

### 一、庆历以前的经学

历来的论者多以为，庆历前后是宋代经学的一个转变时期；对于庆历以前的经学，论者又多认为是谨守章句之学而不出己意、不取新奇。如宋朝史臣即指出："庆历以前，学者尚文辞，多守章句注疏之学……"①，陆游也有这样的评论："唐及国初，学者不敢议孔安国、郑康成，况圣人乎！自庆历后，诸儒发明经旨，非前人所及"②，王应麟亦认为："自汉儒至于庆历间，谈经者守训故而不凿。"③受其影响，清人皮锡瑞、近人马宗霍先生等亦持论相近，如皮氏认为："经学自唐以至宋初，已陵夷衰微矣。然笃守古义，无取新奇；各承师传，不凭胸臆；犹汉、唐注疏之遗也。"④马氏指出："宋初经学，大都遵唐人之旧。……因循雷同，既不出唐人《正义》之范，则宋初经学，犹是唐学，不得谓之宋学。迄乎庆历之间，诸儒渐思立异。"⑤我们认为，这一论断，就其总体面貌来说是大致不错的。但是，在谨守注疏之学的背后，也不乏学者开始对之予以反思并努力突破，因此，在一些学者身上，无论是在官方组织编著或认可的，还是私人性的经学著述中，都较为鲜明地体现出守旧与革新的二重性。

首先，谈一下官方组织编著或认可的经学著述。

赵宋立国后，统一的政权需要在思想领域也达到高度的一致，为此，统治者开始着力于文化建设。虽然，唐代以来儒、释、道三教并用的政策在宋朝仍然得到贯彻，但相对而言，赵宋统治者更加强调的是儒家学术，认为儒术兴衰关乎国运，而佛、道两教对于统治亦有所裨益，崇佞道教出了名的宋真宗言之甚明："儒术污隆，

① 吴曾《能改斋漫录》卷二《事始·注疏之学》，第28页。

② 王应麟撰，翁元圻等注，栾保群、田松青、吕宗力校点《困学纪闻》卷八《经说》，上海古籍出版社2008年版，第1095页。

③ 王应麟撰，翁元圻等注，栾保群、田松青、吕宗力校点《困学纪闻》卷八《经说》，第1094页。

④ 皮锡瑞撰，周予同注释《经学历史》，第220页。

⑤ 马宗霍《中国经学史》，第109－110页。

其应实大,国家崇替,何莫由斯。……太祖、太宗丕变敝俗,崇尚斯文。朕获绍先业,谨遵圣训,礼乐交举,儒术化成……"①,而"道释二门,有助世教"②。南宋孝宗在淳熙八年所撰《原道辩》中提出的"以佛修心,以道养生,以儒治世"③,亦当可视为统治者对三教关系的一贯认识。基于此,宋代统治者不遗余力地推进儒家学术事业的建设,校订、编纂经学注疏,并板刻颁布,作为学校教育的教材和科举之标准。如上文已提到孙复之言论:"国家以王弼、韩康伯之《易》、左氏、公羊、谷梁、杜预、何休、范宁之《春秋》、毛苌、郑康成之《诗》、孔安国之《尚书》镂板,藏于太学,颁于天下。又每岁礼闱设科取士,执为准的。"④而其主要的成绩,略如冯晓庭所说:"在典籍的编修方面,中央政府先后完成了《三礼图集注》与'三经《注疏》'、《孟子音义》五部经学作品;在经书经说文字的统一方面,当时儒官不但重新校勘十二部于五代时期完成校勘板刻工程的经书,结束了《经典释文》的审定工作,也检核刊定了十二部经书的'《疏》'。"⑤对此,学者已有专门的讨论⑥,此处不拟赘述,我们只想着重指出以下两点:

(一)无论是编纂经学注疏还是校刊经书经说,都体现出明显的因袭色彩。

一方面,从其动机、目的来看,这些工作都是为了学校教育和科举考试的需要,从根本上说,也是适应了统治者强化思想控制的需要。如李至在建言太宗整理"七经疏义"时强调的即是"仁君垂训之意":"'五经'书疏已板行,惟二《传》二《礼》《孝经》《论语》《尔雅》七经疏未备,岂副仁君垂训之意。今直讲崔颐正、孙奭、崔偓佺皆励精强学,博通经义,望令重加雠校,以备刊刻。"⑦而要达到"同风俗、一道德"的目的,前朝是有现成的经验可以借鉴的,譬如明经取士的措施,《五经正义》《九经正义》之类的教材,等等。其实,就实质而言,宋初编纂经学注疏和校刊经书经说,与唐太宗诏颜师古考定"五经"文字和孔颖达等撰定"五经"义疏,是基本一致的,甚或可以认为,前者只是后者的延续和补充而已。因而,从动机到措施,其因袭色彩的浓厚就不足为奇了。章权才认为宋初"由于建政不久,百废待兴,还来不及更大规模地开展这方面的工作。他们考虑的首先还是继承问题,即继承流传已久的唐代的经学,继承唐代已经颁行、已经成为定式的《五经正义》和

① 李焘《续资治通鉴长编》卷七十九,"大中祥符五年冬十月辛酉"条,第1798-1799页。
② 李焘《续资治通鉴长编》卷六十三,"景德三年八月乙酉"条。
③ 王应麟《玉海》卷三十二《淳熙原道辩》,《四库全书》本。
④ 孙复《孙明复小集·寄范天章书二》,《四库全书》本。
⑤ 冯晓庭《宋初经学发展述论》,第26页。
⑥ 如冯晓庭《宋初经学发展述论》上编第一章第二节和下编第一章言之甚详,可参考。
⑦ 见脱脱等《宋史·李至传》。

《九经正义》，……唐代经学，教本是现成的。唐代的明经取士，也已形成相对稳定的格局。想要在建政之初，控制知识分子以至整个社会的思想，除了继承历史传统以外，实在没有更好的选择。”①这一看法无疑是有道理的，它多少也说出了宋初官方经学之所以因袭色彩浓厚的无奈之处。

另一方面，从其内容来看，因袭的色彩也是很明显的。譬如，关于“七经疏义”，王应麟指出：

> 至道二年，判监李至请命李沆、杜镐等校定《周礼》《仪礼》《谷梁》传疏及别纂《孝经》《论语》正义，从之。咸平三年三月癸巳，命祭酒邢昺代领其事，杜镐、舒雅、李维、孙奭、李慕清、王焕、崔偓佺、刘士元预其事，凡贾公彦《周礼、仪礼疏》各五十卷，《公羊疏》三十卷，杨士勋《谷梁疏》十二卷，皆校旧本而成之。《孝经》取元行冲《疏》，《论语》取梁皇侃《疏》，《尔雅》取孙炎、高琏《疏》，约而修之，又二十三卷。②

由此可知，“七经疏义”中的贾公彦所撰《周礼疏》《仪礼疏》，徐彦所撰《公羊疏》，杨士勋所撰《谷梁疏》，都是“校旧本而成之”，所作的仅仅是文字校勘工作，于经说未有发明；而邢昺主事的《孝经》《论语》《尔雅》三经义疏，也皆有所本，“约而修之”，对此，其他典籍也多有说明，如陈振孙《直斋书录解题》卷三称《孝经正义》乃邢昺与直秘阁杜镐等“据元氏本增损，定为《正义》”，《郡斋读书志》卷四著录云：“《论语正义》十卷，右皇朝邢昺等撰。先是梁皇侃采卫瓘、蔡谟等十三家说为《疏》，昺等因之成此书。”《直斋书录解题》卷三亦载：“《尔雅疏》十卷，邢昺等撰。其叙云：‘为注者刘歆、樊光、李巡、孙炎，虽各名家，犹未详备，惟郭景纯最为称首。其为义疏者，惟俗间有孙炎、高琏，皆浅近。今奉敕校定，以景纯为主。’共其事者杜镐而下八人。”可见，即便是《孝经》《论语》《尔雅》三经义疏，也多依据前人的注疏，创新的成分不会太多。冯晓庭就此指出：“参与纂修‘三经《注疏》’的官方学者似乎在经书解释的形式、内容与精神上仍然是完全因袭着传统规范，没能突破‘汉唐注疏之学’旧藩篱。”③所论是较为切合实际的。

（二）在因袭的面貌中也存在着一些革新的因素。

就其要者而言，突出表现在两个方面：一是在解经方面开始出现讲求义理的趋向；二是对《孟子》的重视。

先说第一项。在邢昺主撰的《孝经》《论语》《尔雅》三经义疏中，固然有较多

---

① 章权才《宋明经学史》，第 62 页。

② 王应麟《玉海》卷四十一《咸平孝经论语正义》。

③ 冯晓庭《宋初经学发展述论》，第 30 页。

谨守章句之学的成分,体现出注疏之学的特色,但也开始讲究对经书义理的探研。较有代表性的,如邢昺主撰的《论语正义》(或题作《论语注疏》)。诚如《郡斋读书志》所称,此书是依据皇侃所采诸儒之说而撰成的;就其内容而言,重点也确实在于训解《论语》的章句字词以及有关的典章、器物制度,四库馆臣即引《中兴书目》称其"于章句训诂名物之际详矣"。所有这些,都未能摆脱汉唐注疏之学的藩篱。但是,值得注意的是,该书有许多地方体现出以义理说经的一面。如《论语·学而》中有这样一段:有子曰:"礼之用,和为贵。先王之道,斯为美。小大由之,有所不行。知和而和,不以礼节之,亦不可行也。"邢《疏》指出:"此章言礼乐为用相须乃美。'礼之用,和为贵'者,和,谓乐也。乐主和同,故谓乐为和。夫礼胜则离,谓所居不和也,故礼贵用和,使不至于离也。'先王之道,斯为美'者,斯,此也。言先王治民之道,以此礼贵和美,礼节民心,乐和民声。乐至则无怨,礼至则不争,揖让而治天下者,礼乐之谓也,是先王之美道也。'小大由之,有所不行'者,由,用也。言每事小大皆用礼,而不以乐和之,则其政有所不行也。'知和而和,不以礼节之,亦不可行也'者,言人知礼贵和而每事从和,不以礼为节,亦不可行也。"①其中固然多属对章句的说解,但"礼胜则离,谓所居不和也,故礼贵用和,使不至于离也"云云,以及认为"先王治民之道,以此礼贵和美,礼节民心,乐和民声。乐至则无怨,礼至则不争,揖让而治天下者,礼乐之谓也,是先王之美道也"等等,分明体现出了对义理的阐扬。再如下面这段:

子贡曰:"夫子之文章,可得而闻也。"注:章,明也,文彩形质著见,可以耳目循。"夫子之言性与天道,不可得而闻也。"注:性者,人之所受以生也。天道者,元亨日新之道。深微,故不可得而闻也。疏:"子贡"至"闻也"。〇正义曰:此章言夫子之道深微难知也。子贡曰"夫子之文章,可得而闻也"者,章,明也。子贡言夫子之述作威仪礼法,有文彩形质著明,可以耳听目视,依循学习,故可得而闻也。"夫子之言性与天道,不可得而闻也"者,天之所命,人所受以生,是性也;自然化育,元亨日新,是天道也。与,及也。子贡言,若夫子言天命之性,及元亨日新之道,其理深微,故不可得而闻也。〇注:"性者"至"闻也"。〇正义曰:云"性者,人之所受以生也"者,《中庸》云:"天命之谓性。"注云:"天命,谓天所命生人者也,是谓性命。木神则仁,金神则义,火神则礼,水神则知,土神则信,《孝经说》曰:'性者,生之质命,人所禀受度也。'"言人感自然而生,有贤愚吉凶,或仁或义,若天之付命遣使之然,其实自然天性,故云"性者,人之所受以生也"。云"天道者,元亨日

① 何晏注,邢昺疏《论语注疏》,《十三经注疏》整理委员会整理、李学勤主编《十三经注疏》(标点本),第10页。

新之道”者,案《易·乾卦》云:“乾,元亨利贞。”《文言》曰:“元者,善之长也。亨者,嘉之会也。利者,义之和也。贞者,事之干也。”谓天之体性,生养万物,善之大者,莫善施生,元为施生之宗,故言元者,善之长也。嘉,美也,言天能通畅万物,使物嘉美而会聚,故云嘉之会也。“利者,义之和也”者,言天能利益庶物,使物各得其宜而和同也。“贞者,事之干也”者,言天能以中正之气成就万物,使物皆得干济,此明天之德也。天本无心,岂造元亨利贞之德也?天本无心,岂造元亨利贞之名也?但圣人以人事托之,谓此自然之功,为天之四德也。此但言元亨者,略言之也。天之为道,生生相续,新新不停,故曰日新也。以其自然而然,故谓之道。云“深微,故不可得而闻也”者,言人禀自然之性,及天之自然之道,皆不知所以然而然,是其理深微,故不可得而闻也。①

我们从中不难看出,邢《疏》在解释章句的同时,也融入了对义理的思考,其中关于性与天道的阐释,可以说是达到了一定的理论深度,对后人的解释也不无影响,正如章权才所言,如果我们拿邢《疏》与朱熹在《论语注》中对子贡这段话所作的解释加以对照的话,两者“不完全相同,但也不是迥然有别。两者在理论体系上的相承,仍然有蛛丝马迹可寻”②。而四库馆臣也早已指出:“昺复因皇侃所采诸儒之说为之疏,于章句训诂名器事物之际详矣。朱子《集注》出,义理更为精深,亦实始基于此。”③

因此,就邢昺主撰的《论语正义》而言,既较多地保留了汉唐注疏之学的特色,又在一定程度上体现出讲求义理的努力。四库馆臣有如下评价:“今观其书,大抵翦皇氏之枝蔓而稍傅以义理,汉学宋学,兹其转关。是《疏》出而皇《疏》微,迨伊洛之说出而是《疏》又微。故《中兴书目》曰:‘其书于章句训诂名物之际详矣。’盖微言其未造精微也。然先有是疏,而后讲学诸儒得沿溯以窥其奥。祭先河而后海,亦何可以后来居上,遂尽废其功乎?”④应该指出,此论是较为公允的,颇有见地地指出了邢《疏》是汉学宋学转关之际的一部开风气之作,在经学史上具有承前启后的地位,这自然是值得我们注意的。另外,值得一提的是,邢昺除了校定、编纂诸经“义疏”外,还做了一件重要的事,那就是为统治者说解经义,而其特色则在于能够征引时事以为譬喻,并注重对经典大义的阐发,《宋史》本传对此多有记载,

① 何晏注,邢昺疏《论语注疏》,第61-62页。

② 章权才《宋明经学史》,第65页。

③ 何晏集解,陆德明音义,邢昺疏《论语注疏》卷首附四库馆臣“解题”,《四库全书》本。

④ 永瑢等《四库全书总目》卷三十五,“《论语正义》二十卷”条,中华书局1965年版,第291页。

如其中有云:“昺在东宫及内庭,侍上讲《孝经》《礼记》《论语》《书》《易》《诗》《左氏传》,据传疏敷引之外,多引时事为喻,深被嘉奖。”又称:“雍熙中,昺撰《礼选》二十卷献之,太宗探其帙,得《文王世子篇》,观之甚悦,因问卫绍钦曰:‘昺为诸王讲说,曾及此乎?’绍钦曰:‘诸王常时访昺经义,昺每至发明君臣父子之道,必重复陈之。’太宗益喜”;“昺视壁间《尚书》《礼记图》,指《中庸篇》曰,凡为天下国家有九经,因陈其大义,上嘉纳之”。当然,邢昺不论是引时事为喻,还是强调君臣大义,都体现出为统治者、为治国安邦服务的宗旨,因此,其对经典义理的注重与解释都是有现实层面的选择性的,但这无碍于其突破汉唐章句注疏之学的藩篱,四库馆臣所谓的“汉学宋学,兹其转关”,于此也能得到一定的反映。

再看第二项。关于《孟子》一书,自唐韩愈极力推崇、皮日休请立学科以来,逐渐为人们所重视,但并未形成一股声势浩大的潮流。进入赵宋,一些学者如柳开、王禹偁、穆休等人继承韩愈等人的遗志而重新倡扬《孟子》,而种放更是撰《述孟志》上下二篇来阐明孟子之志,并高度评价了孟子的王道思想,表现出崇王道黜霸道的倾向。这在当时是有现实意义的。宋朝统治者对五代群雄争霸、战乱纷纭、政权更替频繁、礼义廉耻丧尽的局面是记忆犹新并深以为鉴的,他们认识到,只有敦行王道、重振纲纪,才能巩固新政权,才是保持长治久安之良方。马上得天下,焉能马上治天下?儒家孔孟王道学说的价值于此得以凸显。因此,《孟子》一书受到士人的重视,同时也为统治者所利用,是有其现实根源的。孙奭撰《〈孟子音义〉原序》云:

夫总群圣之道者,莫大乎“六经”;诏“六经”之教者,莫尚乎《孟子》。……其书(指《孟子》)由炎汉之后,盛传于世。为之注者,则有赵岐、陆善经;为之音者,则有张镒、丁公著。自陆善经已降,其所训说,虽小有异同,而共宗赵氏。今既奉敕校定,仍据赵注为本。惟是音释,宜在讨论。臣今详二家撰录,俱未精当,张氏则徒分章句,漏略颇多;丁氏则稍识指归,讹谬时有,若非刊正,讵可通行?谨与尚书虞部员外郎、同判国子监臣王旭,诸王府侍讲、太常博士、国子监直讲臣马龟符,镇宁军节度推官、国子学说书臣吴易直,前江阴军江阴县尉、国子学说书臣冯元等,推究本文,参考旧注,采诸儒之善,削异说之烦,证以字书,质诸经训,疏其疑滞,备其阙遗,集成《音义》二卷。①

从中可知:一是所谓“诏‘六经’之教者,莫尚乎《孟子》”云云,指明了《孟子》一书在传承儒道方面不可替代的作用,这在代表官方立场的孙奭口中道出,表明

① 孙奭《孟子音义》卷首,《四库全书》本。

统治者和士人都逐渐认同了韩愈以来对《孟子》传道之功的推崇。而《孟子音义》一书，本就是孙奭等人奉命校定《孟子》经文和赵岐《注》时的一项工作，乃统治者授意而为之，此举本身就可充分说明，统治者开始对《孟子》一书益加重视起来了。二是《孟子音义》一书的撰著，远有所本，大抵依据张镒、丁公著二人之说删定而成，亦即如四库馆臣所称孙奭“奉敕校定赵岐《注》，因刊正唐张镒《孟子音义》及丁公著《孟子手音》二书，兼引陆善经《孟子注》以成此书”。应该指出，《孟子》一书由子部入经部，是宋代学术的重要走向，也是宋代“四书”学得以形成的重要一环，意义重大。所以，尽管《孟子音义》仅只两卷，重点也只在于说解字音，实在算不上是《孟子》学史上的厚重之作，但它至少表明统治者开始重视《孟子》，其引领之功是值得高度肯定的，四库馆臣曾对之加以特别的强调，辩之甚详：

> 案：宋《礼部韵略》所附条式，自元祐中即以《论语》《孟子》试士。是当时已尊为经。而晁氏《读书志》，《孟子》仍列儒家。至陈氏《书录解题》，始与《论语》同入经部。盖宋尊《孟子》，始王安石。元祐诸人务与作难，故司马光《疑孟》，晁说之《诋孟》作焉。非攻《孟子》，攻安石也。白珽《湛渊静语》所记，言之颇详。晁公武不列于经，犹说之之家学耳。陈振孙虽改晁氏之例，列之于经，然其立说，乃以程子为词，则亦非尊《孟子》，仍尊程子而已矣。考赵岐《孟子题词》，汉文帝时已以《论语》《孝经》《孟子》同置博士。而孙奭是编，实大中祥符间奉敕校刊《孟子》所修。然则表章之功，在汉为文帝，在宋为真宗。训释之功，在汉为赵岐，在宋为孙奭，固不始于王安石，亦不始于程子。纷纷门户之爱憎，皆逐其末也。①

其次，再来看一些私人的经学著述。诚如史官所言，“庆历以前，学者尚文辞，多守章句注疏之学”②，在此风气之下，宋初私人性的经学著述，数量既少，发明亦乏。但这也仅仅是整体面貌而言，在一些特出之士如柳开、王禹偁等人那里，经学研究还是呈现出了一些新的变化，预示了新的研究趋向、研究面貌正在逐渐形成，而这些，也正是宋初私人性经学著述的主要价值所在。

上文已经提到，中唐以来，经学“新风”逐渐兴起，主要在舍传求经、以己意解经和原经求道、依经立义两大方面展开。经过晚唐五代的洗礼，此股经学新风日渐衰微，基本上处于苟延残喘的地步，直至入宋以来，才在一部分学者那里又得到了进一步的阐扬。一方面，是对注疏之学多有批判，既批驳注疏之学的具体篇章，又不满注疏之学过于烦琐的分章析句、名物训诂而直寻义理，注重舍传求经、以己

---

① 永瑢等《四库全书总目》卷三十五，“《孟子音义》二卷”条，第 292 页。

② 吴曾《能改斋漫录》卷二《事始 · 注疏之学》，第 28 页。

意解经。另一方面,由不满传注而直面经典,进而超越经典而直寻先王之道、周孔之义,于是出现依据经典来立义、求道的状况,甚至为了阐明、传承心中所认同的先王周孔之道而疑经、改经。其中,成绩较大且影响较广的,可以柳开、王禹偁等人为代表。以下试稍作阐述。

1. 柳开(947—1000),字仲涂,大名(今属河北)人,开宝六年(973)进士。年少时喜慕韩愈、柳宗元古文,遂自名"肩愈",字"绍先"(指绍续其先祖柳宗元),后倾慕文中子王通,效其续经之举而为经书修补亡篇,"遂易名曰开,字曰仲涂,其意将谓开古圣贤之道于时也,将开今人之耳目使聪且明也,必欲开之为其涂矣,使古今由于吾也,故以仲涂字之,表其德焉。"①有《河东先生集》十五卷传世,另有"博采世之逸事"而成的《野史》和补缀经书亡篇章句的《补亡篇》,惜二书均已亡佚。柳开受韩愈影响很深,对韩愈的"道统说"和古文都极力推崇,并有意承续之,其门人张景即指出:"韩之道大行于今,自公(指柳开)始也。"②值此之故,柳开在经学研究中的着力点,也即其主要的贡献,一方面是批驳注疏之学而讲求义理,另一方面则在于为经书修补亡篇而原经明道。具体而言,他对传注之学多有批驳,讲求经书大义而不拘泥于章句注疏,张景称之曰:"公凡诵经籍,不从讲学,不由疏义,悉晓其大旨,注解之流,多为其指摘"③,柳开自己也在《补亡先生传》中用夫子自道的口吻说道:

> 先生又于诸家传解笺注于经者,多未穷达其义理,常曰:"吾他日终悉别为注解矣。"大以郑氏笺《诗》为不可,曰:"吾见玄之为心,务以异其毛公也,徒欲强己一时之名,非能通先师之旨。且《诗》之立言,不执其体,几与《易》象同奥,若玄之是《笺》,皆可削去之耳。"又以《论语集解》阙注者过半,曰:"古之人何若是。吾闻韩文公昔重注之,今吾不得见。吾将下笔,又虑与韩犯。使吾有斯艰也,天乎哉!"④

这段话中,柳开表明了对经传注疏的态度,认为这些注疏大多没有"穷达义理",因而拟重新为经书做注解,并点名批评了郑玄笺注《毛诗》和何晏《论语集解》的严重不足。在《补亡先生传》中,还记载了这样一则事例,基本可以反映出柳开批驳注疏之学的态度和做法,其云:

---

① 柳开《河东先生集》卷十六附张景《故如京使金紫光禄大夫检校使司空知沧州军州事兵马钤辖兼御史大夫上柱国河东县开国伯食邑九百户柳公行状》,《四部丛刊》本。

② 同上。

③ 同上。

④ 柳开《河东先生集》卷二《补亡先生传》。

有讲书以教后学者，先生或诣其精庐，适当至《虞书·尧典篇》曰“日中星鸟，以正仲春”，说云：“春分之昏，南方朱鸟之星毕见，观之以正仲春之气也。”先生乃问曰：“然夫云‘日中星鸟，以正仲春’者，是仲春观朱鸟之星以正其候也。且云朱鸟者，南方之宿以主于夏也，既观其星以正其候，即龙星乃春之星也，春主于东，可观以正其候也。今何不云是而反观朱鸟之星，何谓也?”说者乃不能对，惟云：“传疏若是，无他解矣。”先生挥其座者曰：“起前，吾语汝。夫岁，周其序，春居其始，四星各复其方，圣人南面而坐以观天下，故春之时，朱鸟之星当其前，故云观之以正仲春矣。”四座无不拜而言曰：“先生真达于经者也。”所以于补亡不谬矣。先生于诸经若此者，不可遍纪。

可见，对于《虞书·尧典篇》中“日中星鸟，以正仲春”一句，柳开认为通常的注疏并未穷达其义理，故为之申说，但他却是按照自己所体认的义理来解说的，较多地体现出以己意解经的色彩，故而从学理上讲，其解说亦不尽然，冯晓庭即指出：“这样的解释，可以说是忽略了星座的运行，如果采用这个解释，则其他三个季节的天象观测就无法解说了。”①要之，尽管柳开的义理解经容或还有可以商榷的地方，但它一反注疏之学一统天下的局面，开始批驳、修正注疏之学，并突出强调经书义理，这对于冲破注疏之学的牢笼，向义理之学迈进，实有不可磨灭的开拓之功。

与批驳注疏之学相比，为经书修补亡篇可以视为柳开更重要的贡献。尽管他撰著的《补亡篇》今已不存，我们无从具体考察其情状，但钩稽相关材料可知，柳开补亡的目的在于效法王通“续经”而承传孔孟之道。一方面，他认为经书遭秦焚毁以来多有亡佚：“读夫子文章，恨《诗》《书》《礼》《乐》下至《经》，遭秦焚毁，各有亡逸，到今求一字语要加于存者，无复可有，况其尽得之乎！又念汉获壁间科斗书，以编简断裂，巫蛊事起，不能比类寻究，深为痛惜。圣人没，其言无得而更闻，譬犹登丘望天远不见者，其何能尽，亦何能知游秦止陇宁穷京邑之壮观哉！至于他美余珍，半存半失，心目有爱，曾是无思”②；“始尽心于《诗》《书》，以精其奥，每当卷，叹曰：‘呜呼！吾以是识先师之大者也。不幸其有亡逸者哉！吾不得见也，未知圣人之言复加如何耳’”。另一方面，柳开又自觉地倡导了韩愈提出的“道统”说，效法孟子等人著书传道，如他明言孟轲氏、扬雄氏、王通氏、韩愈氏“数子之书，皆明先师夫子之道者也，岂徒虚言哉！自韩愈氏没，无人焉。今我之所以成章者，

① 冯晓庭《宋初经学发展述论》，第156页。

② 柳开《河东先生集》卷十一《五峰集序》。

亦将绍复先师夫子之道也"①,"吾进其力于道而迁其名于己耳,庶几吾欲达于孔子者也"②,而其为经书补缀亡篇之举措,则主要是踵武王通之"续经"。他对王通的著述与学问极为推崇,如他在《补亡先生传》中夫子自道:"先生每读《中说》,叹曰:'后之夫子续"六经"矣。世敝道否,吾家不克有之,甚乎年之始成也,逝矣。天适与其时,行之为事业,尧舜不能尚也。苟不死,天下何有于唐哉?'"故而柳开"乐为文中子王仲淹齐其述作"③,张景亦称其"慕文中子王通,读经且不得见,故经籍之篇有亡其辞者,辄补之"④。至于柳开补亡的具体做法,则是按照经书传记所述或者柳开自己所认定的经书义理来修补经书亡篇,他在《补亡先生传》中言之甚明,即:"凡传有义者,即据而作之;无之者,复以出辞义焉。……既而辞义有俱亡不知其可者,虑人之惑,先生即皆先立论以定其是非,用质其旨要。"从中我们不难看出,柳开在为经书修补亡篇时亦含有较多的以己意说经的成分。要之,柳开对于为经书补亡之举自视甚高,认为可以藉之传承先师孔子之道;在补亡时虽然也依据了经书传记,但在相当程度上是以自己所认定的经书义理为出发点的。因此,从某种意义上讲,柳开补亡的贡献倒不在于提供了多少新的经书篇章,而是开了一种以己意说经的风气,历史地看,则可以说是中唐以来韩愈等人以己意解经精神的继承和发扬;而柳开之所以补经,倒也不在于怀疑经典的神圣价值,而是为了更完满地体现经典的价值,为了更好地传授孔孟道统,这与庆历以后兴起疑经、改经之风,其主导精神是一致的。冯晓庭在谈到这个问题时指出:"柳开解经,由经学史的角度看,可以说是精神意义大于实质意义,他为多少经书修补篇章,为多少经文增添义理,因为并无可以依赖的标准,其实并不重要,重要的是修补经书的意义。会为神圣崇高、居典范地位的经书做修补工作,在基本上已经蕴藏着对现行经书的不信任,虽然柳开觉得现行经书有所不足,但是并不表示他对经典不尊崇,相反地,就是因为他极度尊经,才会以补经的方式解决经书中矛盾讹误的问题。这样的精神,与后世因尊经而疑传疑经的概念实无二致,两者都想要厘清经书中的问题,只是柳开补经,后世删经改经,表现的方式不一样罢了。"⑤我们认为是颇中肯綮的。

---

① 柳开《河东先生集》卷六《答臧丙第一书》。

② 柳开《河东先生集》卷二《补亡先生传》。

③ 同②。

④ 柳开《河东先生集》卷十六附张景《故如京使金紫光禄大夫检校使司空知沧州军州事兵马钤辖兼御史大夫上柱国河东县开国伯食邑九百户柳公行状》。

⑤ 冯晓庭《宋初经学发展述论》,第157页。

2. 王禹偁(954—1001),字元之,钜野(今属山东)人,太平兴国八年(983)进士。一生著述颇多,有《小畜集》《小畜外集》《奏议集》《承明集》《五代史阙文》等,长于文学和史学。王禹偁并没有专门的经学著述,我们在此之所以要提出来讨论,主要是基于他在拓展经学研究新风气方面的贡献。这种贡献,主要表现为用议论的方式来解说有关的经书义理,也即所谓的"议论解经"。冯晓庭对此作了专门研究①,我们据以扼要叙述,并作出补充。根据冯晓庭的研究,王禹偁关于经学议题讨论的,即"议论解经"的文章有五篇,"分别是《明夷九三爻象论》《既往不咎论》《死丧速贫朽论》《省试四科取士何先论》《五福先后论》",并认为这五篇文章"充分地表明了王禹偁的经学方法和经学观"②。确实,从这五篇议论解经的文字中,我们可以了解王禹偁对注疏之学的态度以及他对义理之学的追求。他非常看重经书义理,以至于他在为文的主张方面也强调要不违背、体现出经书的义旨,如他在《答张扶书》中提到:"夫文,传道而明心也","文不背经旨,甚可嘉也。姑能远师'六经',近师吏部,使句之易道,义之易晓……","子又谓'六经'之文,语艰而义奥者十二三,易道而易晓者十七八,其艰奥者,非故为之语,当然矣。"③这种主张,与他不重视注疏之学是一致的。他没有专门的经典注疏之作,也并未采用注疏之学的形式,而是采用议论解经的方式来阐发有关经典的义理,这些都可以说明王禹偁不重视注疏之学;不仅如此,从《明夷九三爻象论》等篇章中,我们还可以看出他或批驳注疏,如《明夷九三爻象论》"主要是王禹偁针对王弼《周易注》解释经文的错误而发"④,或不满足于注疏而对经书义理作进一步挖掘,如《既往不咎论》《死丧速贫朽论》《省试四科取士何先论》《五福先后论》等篇皆有此意味,表现出对义理的强烈追求,同时也凸显了王禹偁以己意解经的色彩。兹举《既往不咎论》以明之。为叙述的方便,引全文如下:

仲尼之教,应机而设,语于一时,流于千载。千载之下,君子学之乃可以为事业,小人学之亦可以资奸佞,明圣得之谓之稽古,庸主得之因而饰非。胡以言之?所谓"成事不说,遂事不谏,既往不咎"是也。原其斯言之始,则鲁君问社于宰我,对曰:"夏后氏以松,殷人以柏,周人以栗",因曰"使民战栗"。夫子疾其无稽,故云。欲其深慎之也。后之人由儒术位于朝,睹国家昏乱、政教缺失,不能扶救者,

① 冯晓庭《宋初经学发展述论》下篇第二章第二节"王禹偁'议论解经'所开拓的经学方法"。

② 冯晓庭《宋初经学发展述论》,第162页。

③ 王禹偁《小畜集》卷十八《与张扶书》,《四部丛刊》本。

④ 同②。

率曰:“事已成矣,吾不说矣;事已遂矣,吾不谏矣;且既往不咎,圣人之旨也。”万一有匪躬之士奋命而言者,庸主又引以为拒,亦如上之云云,以至上安其危,下稔其祸,事卒不言,言卒不听,覆亡而后已也。呜呼!世之鄙夫,驾大车实重物,又不息其力,疾驰乎九折之坂,旁观者知其必覆也,而不之告,及轮摧辕折,人坠而伤,物倾而坏,然后曰:“向若下其人,损其物,轻而进之,无是苦也。”闻之者怒而笞之可也,谓其无益于事矣。苟治其车,升其人,复其物,又辇而驰,复遇乎险如向之所谓九折者,人有疾呼曰:“不下其人,损其物,车必如前之覆也。”闻之者谢而从之可也,若又怒且笞曰“子焉能言吾既往之事邪”,虽庸人不至是,而为君臣有国家者反若是欤?且圣人立教,于君臣之道最大,其为诫诰,固亦多矣,不可毕数,将引其尤著者以明之。夫训于君者,不曰“能自得师者王,谓人莫己若者亡”?又不曰“有言逆于汝心,必求诸道;有言逊于汝志,必求诸非道”?为君者胡不奉而行之,独曰“既往不咎”哉?训于臣者,不曰“进思尽忠,退思补过”?又不曰“有犯无隐,见危致命”?为臣者胡不践而行之,独曰“既往不咎”哉?是知圣人能立言,不能使人从其言。施之明君,则为政之师也;施之庸主,则饰非之资也;用之君子,则嘉言之本也;用之小人,则巧言之助也。教之存亡,在人而已。予见汉成帝师张禹,拜于床下,问以灾异,而对以“罕言命,不语怪力”,是非盗圣人之语为巧言之助邪?王莽窃大位,据威斗,南阳之师入矣,犹曰“天生德于予,汉兵其如予何”,是非盗圣人之语为饰非之资邪?班固谓莽诵“六经”,以文奸言;权德舆谓亡西汉者张禹,斯得之矣。永惟“成事不说,遂事不谏,既往不咎”,夫子诫宰我一时之言也,为君者为臣者深志之。①

此文开宗明义即提出中心论点:“仲尼之教,应机而设,语于一时,流于千载。千载之下,君子学之乃可以为事业,小人学之亦可以资奸佞,明圣得之谓之稽古,庸主得之因而饰非。”而其立论的主要依据或材料,则是出自《论语·八佾》的孔子回答宰我的“成事不说,遂事不谏,既往不咎”之语。作者认为这是孔子针对宰我言论的无稽可考而言的,其目的在于“欲其深慎之”。接着,作者对此反复申论,再三致意,强调对孔子的话要深刻领会,而不能随意滥用,否则会有“上安其危,下稔其祸,事卒不言,言卒不听,覆亡而后已”的严重后果,并由此上升到一般的层面,指出对孔子之教要深入把握其精神实质,这关乎政教的存亡:“施之明君,则为政之师也;施之庸主,则饰非之资也;用之君子,则嘉言之本也;用之小人,则巧言之助也。教之存亡,在人而已。”最后,再举张禹、王莽两个事例来强调主旨,要求君

---

① 王禹偁《小畜集》卷十五《既往不咎论》。

臣对于包括“成事不说,遂事不谏,既往不咎”在内的孔子言论“深志之”。从整篇文章来看,我们不难发现,王禹偁对于“既往不咎”意义的阐发可谓是再三致意的,其采用议论解经的形式,也有助于旁征博引、深入细致地阐发义理。如果我们拿它和《论语》注本如何晏《论语集解》、皇侃《论语义疏》等的有关此章的注解来比较的话,两者对义理的重视和阐发,显然是有着天壤之别的。当然,我们还应该指出,王禹偁强调对孔子之教要深入把握其精神实质,其意旨已经超越了对“成事不说,遂事不谏,既往不咎”的解说,已不再为具体的经文所局限了,而这,也正充分地体现出了以己意说经的色彩。总之,王禹偁《既往不咎论》等篇章,不满于注疏之学而强调对义理的推求,以议论解经的形式来阐释经书义理,在开拓经学新风气方面是较为突出,也是颇有贡献的。

在另一方面,我们还要指出,王禹偁以议论解经,也是有其根源的。上文我们已经提到,自中唐以来,韩愈、柳宗元等人就开始注重原经求道、依经立义,当然,他们引经据典的主旨还在于说明事理或表达某种主张,但有的篇章已经表现出运用单篇议论的形式来解说经文的特点,如柳宗元的《六逆论》就是对《春秋左氏》中的六逆之说,即“贱妨贵,少陵长,远间亲,新间旧,小加大,淫破义,六者,乱之本也”所作出的解释、阐发,可谓是议论解经而出以己意。更值得注意的是,在科举考试中,通常要考经文大义,很多考试题目是来自经书当中,这也为议论解经提供了巨大的动力和市场。譬如,韩愈在主持科考所出的试题中即有这样一道:“问:《易》之说曰:‘乾,健也。’今考《乾》之爻在初者曰‘潜龙勿用’,在三者曰‘夕惕若厉无咎’,在四者亦曰‘无咎’,在上曰‘有悔’。卦六位:一‘勿用’,二‘苟得无咎有一悔’,安在其为健乎?又曰:‘乾以易知,坤以简能。’《乾》之四位既不为易矣,《坤》之爻又曰‘龙战于野’,战之于事,其足为简乎?《易》‘六经’也。学者之所宜用心,愿施其词陈其义焉。”(《进士策问十三首》其九)分明就是要求考生议论以解经。而韩愈自己的应试篇章《省试颜子不贰过论》,亦是一篇不折不扣的议论解经文字。再来看王禹偁,其《省试四科取士何先论》亦是一篇应试文章,徐规《王禹偁事迹著作编年》将之系于太平兴国八年,并称王禹偁是年为“省试第一人,试题为《四科取士何先论》”。① 由此,我们就可以明白,王禹偁的议论解经,既是对韩愈等人的继承,又与科举考试有着密切的关系,而且随着人们对科举考试中经书义理的强调而逐渐抛弃“帖经”、“墨义”等专考记诵之法,议论解经势必会更加流行,这也正是宋代议论解经之作大量涌现的一大原因,而这一流行趋势,在王禹偁的身上,就已经可以预见了。

---

① 徐规《王禹偁事迹著作编年》,商务印书馆2003年版,第46和51页。

除了柳开、王禹偁之外，其他一些人在经学研究方面也体现出了突破章句注疏之学的努力，如王昭素，著有《易论》三十三卷，“其书以注、疏异同，互相诘难，蔽以己意”①；再如胡旦，著有《演圣通论》②，“以《易》《诗》《书》《论语》先儒传注得失参糅，故作论而辨正之”③，“论‘六经’传、注得失，《易》十六卷、《书》七卷、《诗》

① 晁公武撰，孙猛校证《郡斋读书志校证》卷一，“《易论》三十三卷”条，上海古籍出版社1990年版，27页。

② 关于《演圣通论》的所指与卷数，文献记载不尽一致。较早的《崇文总目》卷一记载：“《演圣通论》三十六卷，皇朝秘书监致仕胡旦撰，以《易》《诗》《书》《论语》先儒传注得失参糅，故作论而辨正之。《易》百篇，《书》五十六篇，《诗》七十八篇，《论语》十八篇，凡二百五十二，天圣中献之。”则是有关《易》《诗》《书》《论语》四种，卷数为三十六卷，天圣中献于朝。而其后的《郡斋读书志》卷四作四十九卷，并云：“论六经传、注得失。《易》十六卷、《书》七卷、《诗》十卷、《礼记》十六卷，而《春秋论》别行。天圣中，尝献于朝，博辨精详，学者宗焉。”《直斋书录解题》卷三作六十卷，并载：“知制诰渤海胡旦周父撰。《易》十七、《书》七、《诗》十、《礼记》十六、《春秋》十，其第一卷为目录。旦，太平兴国三年进士第一人，恃才轻躁，累坐摈斥，晚尤黩货，持吏短长，为时论所薄，然其学亦博矣。”此二种所记载的《演圣通论》在所指和篇目上是一致的，《郡斋读书志》所言的“《易》十六卷、《书》七卷、《诗》十卷、《礼记》十六卷”，再加上《春秋论》十卷和目录一卷，正好是六十卷，其具体细目与总卷数都与《直斋书录解题》所言一致。这种情况与《崇文总目》所载《演圣通论》在篇目和卷数上都有出入。对于此歧义之处，王应麟《玉海》卷六十二“天圣演圣通论”条云：“天圣《演圣通论》，天圣五年十二月二十二日秘书监胡旦上，七十二卷。（驳正《五经》）景祐元年七月壬辰，又上《续演圣通论》。（《崇文目》云三十六卷）胡旦《演圣通论》，论六经传注、得失，《易》十六卷、《书》七卷、《诗》十卷、《礼记》十六卷，而《春秋论》别行，博辨精详，学者宗焉。”《玉海》卷四十七“唐乘五代史略”条亦云：“天圣五年十二月二十一日辛卯，秘书监致仕胡旦上《唐乘》七十卷、《五代史略》四十三卷、《演圣通论》七十二卷、《将帅要略》五十三卷，诏以旦子彤为监簿。景祐元年七月壬辰又上《续演圣论》。”则指明胡旦曾两度献书，故而造成了有关文献记载的差异；然其在景祐元年所上的《续演圣通论》后注明是指《崇文目》所云三十六卷，而上面引述的《崇文总目》分明说是“天圣中献之”，殊不可解。值得注意的是，《玉海》“胡旦《演圣通论》，论六经传、注得失，《易》十六卷、《书》七卷、《诗》十卷、《礼记》十六卷，而《春秋论》别行，博辨精详，学者宗焉”云云，与《郡斋读书志》所载基本一致，很可能就是抄自《郡斋读书志》，观《玉海》卷四十二所载亦可知，其云：“胡旦《演圣通论》七十二卷，论六经传、注得失，《易》十六、《书》七、《诗》十、《礼记》十六，《春秋论》别行。（《晁氏志》四十九卷，‘博辩精详，学者宗焉’。）”这条材料还提供一个信息，那就是王应麟所言的这个七十二卷本，与《郡斋读书志》所言四十九卷本、《直斋书录解题》所言六十卷本，所指篇目是一致的，都是指《易》《书》《诗》《礼记》《春秋》五种（《郡斋读书志》未计入《春秋论》）；再就其细目而言，均是《易》十六卷、《书》七卷、《诗》十卷、《礼记》十六卷，而《春秋论》别行。故而，王应麟此处所记之七十二卷本，与四十九卷本、六十卷本的差异当在于《春秋论》卷数的不一致。另外值得注意的是，《玉海》卷三十八著录有“胡旦《毛诗演圣通论》二十卷”，与王氏他处所言以及晁氏、陈氏所言《诗》十卷亦都有出入。

③ 王尧臣等编次，钱东垣等辑释《崇文总目》卷一，“《演圣通论》三十六卷”条，《丛书集成初编》本，第33页。

十卷、《礼记》十六卷，而《春秋论》别行。天圣中，尝献于朝，博辨精详，学者宗焉”①，对于其中别行的《春秋论》，《崇文总目》卷一也指出其“多摭杜氏之失，有裨经旨”。而范谔昌，则可以视为“疑经改经”的代表，所著有《易证坠简》，虽已亡佚，但通过有关记载，我们仍可以窥其一斑。《郡斋读书志》卷一云：“《证坠简》一卷，右皇朝天禧中毗陵从事建溪范谔昌撰。其书酷似郭京《举正》，如《震卦·象辞》内云脱‘不丧匕鬯’四字，程正叔取之；《渐卦》‘上六’，疑‘陆’字误，胡翼之取之。”《直斋书录解题》卷一亦载：“《易证坠简》二卷，毗陵从事建溪范谔昌撰。……其上卷如郭京《举正》，下卷辨《系辞》非孔子命名，止可谓之《赞》，系今爻辞乃可谓之《系辞》。又重定其次序。又有《补注》一篇，辨周、孔述作，与诸儒异，为《乾》《坤》二传。末有《四辞畧刻图》一篇。《馆阁书目》止一卷。”其中都提到了《易证坠简》“疑经改经”的情况，非常明显，自无须多论。而据冯晓庭的研究，“疑经”的还有王昭素、乐史等人，“改经”的亦有王昭素、胡旦等人。②

综上所述，庆历以前的经学，尽管在总体上表现出谨守注疏之学的面貌，但其中也体现出了很多新的质素，在代表官方的学者和私人性的学者方面都是如此。他们或批驳注疏之学，或疑经改经甚至补经，或以议论的方式来解经，凡此种种，既是对中唐以来经学新风的继承和发扬，又是庆历以后经学面貌新变的重要积累。这种既谨守旧学，又呈现新质的情况，也相应地影响着文学的演进。

## 二、庆历以前的文学演进与经学因革

北宋庆历以前，文学的总体面貌是因循守旧多于创新变革，举凡诗、文、词、赋莫不如此。就诗而言，《蔡宽夫诗话》指出：“国初沿袭五代之余，士大夫皆宗白乐天诗，故王黄州主盟一时。祥符、天禧之间，杨文公、刘中山、钱思公专喜李义山，故昆体之作，翕然一变；而文公尤酷嗜唐彦谦诗，至亲书以自随。”③至于文章，则略如《宋史》欧阳修本传所云：“宋兴且百年，而文章体裁，犹仍五季余习。锼刻骈偶，淟涊弗振，士因陋守旧，论卑气弱。”但在因袭的进程中，也不乏变革的因素。这种变革因素积累到一定程度，甚至也足以令人瞩目。譬如柳开及其门人，即原道宗经，师法韩、柳，兴起古文之风，正如范仲淹所说：“唐贞元、元和之间，韩退之主盟于文，而古道最盛。懿、僖以降，寖及五代，其体薄弱。皇朝柳仲涂起而麾之，

---

① 晁公武撰，孙猛校证《郡斋读书志校证》卷四，“《演圣通论》四十九卷”条，第143页。

② 冯晓庭《宋初经学发展述论》，第84－92页。

③ 胡仔撰，廖德明校点《苕溪渔隐丛话》（前集）卷二十二，“西昆体”条引，人民文学出版社1962年版，第144－145页。

髦俊率从焉。仲淹门人能师经探道,有文于天下者多矣。"①当然,正所谓"文变染乎世情,兴废系乎时序"②,因为时代变了,环境变了,即便是在那些因袭色彩浓厚的作家作品那里,其实质肯定也会有些差异。即如整饬典丽的"西昆体",先不说有它产生的土壤和存在的需要,其所叙写的内容和抒发的情感乃至表现出来的整体风貌,与五代浮艳绮靡之作也不可同日而语。从这个意义上来说,我们认为南宋人周必大在为《宋文鉴》所撰写的序文中所指出的宋初文章的特点,还是有见地的。他说:

天启艺祖(赵匡胤),生知文武,取五代破碎之天下而混一之,崇雅黜浮,汲汲乎以垂世立教为事。列圣相承,治出于一,援毫者知尊周孔,游谈者羞称杨墨,是以二百年间,英豪踵武,其大者固已羽翼"六经",藻饰治具;而小者犹足以吟咏情性,自名一家。盖建隆、雍熙之间其文伟,咸平、景德之际其文博;天圣、明道之辞古,熙宁、元祐之辞达。虽体制互兴,源流间出,而气全理正,其归则同。嗟乎! 此非唐之文也,非汉之文也,实我宋之文也。不其盛哉!③

其中"建隆、雍熙之间其文伟,咸平、景德之际其文博;天圣、明道之辞古"云云,也多少说出了宋代庆历以前文学的一些新质。

具体说来,庆历以前的诗歌演进,先后有所谓的白体、晚唐体和西昆体;散文变迁,则表现为骈俪之文与古淡之文的交互错杂。试叙述如下:

(一)诗歌演进

庆历以前的诗坛,基本上为晚唐五代诗风所笼罩,白居易、贾岛、李商隐等先后成为宋人仿效模拟的对象,出现了所谓的"宋初三体",即白体、晚唐体和西昆体。元人方回对此作了具体的说明,他指出:

宋刬五代旧习,诗有白体、昆体、晚唐体。白体如李文正(昉)、徐常侍昆仲(徐铉、徐锴)、王元之(禹偁)、王汉谋(奇);昆体则有杨、刘《西昆集》传世,二宋(庠、祁)、张乖崖(咏)、钱僖公(惟演)、丁崖州(谓)皆是;晚唐体则九僧(据司马光《续诗话》,"九僧"为希昼、保暹、文兆、行肇、简长、惟凤、惠崇、宇昭、怀古。)最逼真,寇莱公(准)、鲁三交(交)、林和靖(逋)、魏仲先父子(野、闲)、潘逍遥(阆)、赵清献之父【祖】(湘)。凡数十家,深涵茂育,气极势盛。④

---

① 范仲淹撰,李勇先、王蓉贵校点《范仲淹全集》,四川大学出版社 2002 年版,第 183 页。

② 刘勰撰,詹瑛义证《文心雕龙义证》,第 1713 页。

③ 周必大《文忠集》卷一百四《皇朝文鉴序》,《四部丛刊》本。

④ 方回《桐江续集》卷三十二《送罗寿可诗序》,《四库全书》本。

应该说，方回在此所归纳的三种诗体及其代表人物，是基本符合宋初诗歌发展实际的，易言之，方回已经把宋初诗坛的基本面貌给我们展示出来了。至于“宋初三体”出现的具体时间，有学者指出：“以时代先后而论，则白体为先导，风行于太祖、太宗朝(960—997)；自太宗后期至真宗时，出现了晚唐派；真宗景德年间(1004—1007)，西昆体开始兴起，其声势达于仁宗朝。”①虽然，对于“宋初三体”的产生时间不宜作太具体的划分，而且“宋初三体”也不是截然不可以共存，但就其主要盛行的时间来看，上述分期还是可以接受的。

(二)散文变迁

《宋史·文苑传序》云：“国初，杨亿、刘筠犹袭唐人声律之体，柳开、穆修志欲变古而力弗逮。庐陵欧阳修出，以古文倡，临川王安石、眉山苏轼、南丰曾巩起而和之，宋文日趋于古矣。”这是从骈、散两个方面指明了宋文发展的历程，就宋代庆历以前的情况而言，则是以杨亿、刘筠为骈文之代表，柳开、穆修为古文之代表，可谓是得其大概矣。周必大也曾指出：“一代文章必有宗，惟名世者得其传。……若稽本朝，太祖以神武基王业，文治兴斯文，一传为太宗，翰林王公元之出焉；再传为真宗，杨文公大年出焉。”②分别以王禹偁、杨亿为宋初文坛前后相续的两大宗主。从转移一时风气来说，柳开、杨亿堪为代表；从文学实绩来看，则无疑要推尊王禹偁和杨亿，上述两则材料，正可看作是对这一情况的说明。

对于北宋庆历以前的文学与经学，我们要着重指出如下两点：

1. 正如上文所指出的，在赵宋立国到庆历间大约八十年的时间里，在政风、士风和学风上都表现出了过渡的性质，较多地沿袭唐五代以来鄙陋之习，在承继中也出现了一些新的质素。这种情况从根本上决定了此一时期的文学和学术无法自立面目，主导风貌还是因循守旧，仅仅在局部表现出一些新的因素。由于经学自身的这种谨守章句的面貌，加之科举考试中以进士为尊，以辞章相尚，明经又只强调记诵之功，这些都使得这一时期的经学难以对文学产生重大的影响，而这又恰恰可与庆历以后经学新变，从而使文学也逐渐自立格调形成鲜明的对照。所以，对于庆历以前的经学和文学而言，从表面上看，其关系并不是太大，或者说，经学并未对文学产生很大的影响，而君王的好尚带来的影响似乎更值得注意和强调。《宋史·文苑传序》指出：

自古创业垂统之君，即其一时之好尚，而一代之规橅，可以豫知矣。艺祖革命，首用文吏而夺武臣之权，宋之尚文，端本乎此。太宗、真宗其在藩邸，已有好学

---

① 程千帆、吴新雷《两宋文学史》，第2页。

② 周必大《文忠集》卷五十三《初寮先生前后集序》。

之名，及其即位，弥文日增。自时厥后，子孙相承，上之为人君者，无不典学；下之为人臣者，自宰相以至令录，无不擢科，海内文士，彬彬辈出焉。

赵宋立国以来，统治者大力推行文治，一方面，重用文人，优遇文人，促使文人士夫群体迅速壮大以及宴饮之风盛行；另一方面，又身体力行地倡导诗酒唱和，以诗文润饰鸿业。宋太祖曾劝谕石守信等人道："人生如白驹过隙，所以好富贵者，不过于多积金钱，厚自娱乐，使子孙无贫乏尔。卿等何不释去兵权，出守大藩，择便好田宅市之，为子孙立永远不可动之业；多置歌儿舞女，日夕饮酒相欢，以终天年。"①对待武将尚且如此，对于宋廷倚重的文臣则更有甚焉，以至"清人赵翼有'宋制禄之厚'、'恩逮于百官惟恐其不足'之说"②。由此，宋朝士人宴饮之风的盛行就是可以想见的了，这在宋初初步平定天下、景德元年(1004)又与辽国定下"澶渊之盟"取得相安局面后的真宗朝已非常显著，"时天下无事，许臣寮择胜燕饮。当时侍从文馆士大夫为燕集，以至市楼酒肆，往往皆供帐为游息之地"③，有论者就此分析指出："宋真宗一改太祖的尚俭品质和太宗对朝廷支费的审慎态度，开始铺张礼乐之事，尤其是景德后期以来，屡求祥瑞，大兴土木，效法汉唐盛世之举，东封西祀，频频酺饮群臣"，"宋真宗频频'诏许群臣，士庶选胜宴乐'，松弛禁限，宽给修沐，纵民游乐，一时间文恬武嬉，吏偷民欢"。④ 不仅如此，宋朝君主还自觉地提倡文教，诗酒唱和，润饰鸿业。如宋太祖认为"宰相须用读书人"，曾劝谕宰辅赵普多读书，又欲令武将读书以通治道；而宋太宗于太平兴国年间诏令李昉等编辑《太平御览》《太平广记》《文苑英华》，宋真宗于景德年间诏令王钦若、杨亿等编辑《历代君臣事迹》(后名《册府元龟》)，先后完成了"四大类书"的编纂。与之同时，宋代君王还身先士卒，大力倡导诗歌唱和，如太宗，"于朝政之余，游心翰墨，雅好吟咏，每逢庆尚赏、宴会，常宣示御制，令侍臣唱和"⑤，有关的唱和之作曾经编集，是为《君臣赓载集》，多达三十卷。⑥ 再如真宗，与太宗相比，更是有过之而无不及，程杰指出：真宗"所游必有御作，并颁示属和。咸平二年(999)，真宗'作《社日》五言诗赐紧臣属和，宰执求免次韵，上曰"君唱臣和，亦旧制也，无烦多让"'，似有以己所好强人所难之嫌。宋真宗风雅之好、篇制之富过于太宗，'每著歌诗，间命宰辅、宗室、两制、三馆、秘阁官属继和，而资政殿、龙图阁学士所和尤多，……

① 陈邦瞻《宋史纪事本末》，中华书局1977年版，第8页。
② 诸葛忆兵《宋代文史考论》，第263页。
③ 沈括撰，张富祥译注《梦溪笔谈》，中华书局2009年版，第121页。
④ 程杰《北宋诗文革新研究》，内蒙古教育出版社2000年版，第28页。
⑤ 程杰《北宋诗文革新研究》，第24页。
⑥ 王应麟《玉海》卷二十八，"祥符太宗御制御书目录"条。

若大礼庆成及酺会,则百僚并赋'。这使得真宗朝的唱和风气较太宗朝更为昌炽。天禧二年(1018),李虚已奉诏编群臣所和御作《明良集》,竟至五百卷之多,足见一时唱和之盛、篇翰之富"①。"上有所好,下必甚焉",正是在统治者自觉的倡导下,在宴饮之风盛行、诗酒唱和风靡的环境里,引发了广大士人们自觉或不自觉的回应。一方面,宴饮、唱和之风逐渐由宫廷向民间延伸,这是唱和诗作大量出现的土壤,也是文人结社越发普及的的根源,更是宋词这样一种被称为"一代之文学"的文学样式得以成熟的土壤;另一方面,士人们开始自觉地响应统治者的"号召",以文学来润饰丰功伟业。我们不难发现,在他们用以指导创作的文学观念中,已经形成"用诗文润饰鸿业"的意识,如"白体"重要诗人、文学侍臣徐铉,他说:"君子之道发于身而被于物,由于中而极于外。其所以行之者言也;行之所以远者文也。然则文之贵于世也,尚矣。虽复古今异体,南北殊风,其要在乎敷王泽,达下情,不悖圣人之道,以成天下之务,如斯而已矣",因而他赞许王侍郎"奋厉羽仪,抑扬声实,振清芬于台阁,浃仁政于藩垣,润饰典谟,铨衡人物,主恩时望,终始不渝,载籍所高,何以过此。"他甚至认为,只要能够做到"敷王泽,达下情",那么"格高气逸,词约义微,音韵调畅,华采繁缛"之类则可以视为"余力",即有力则为之,若无力为之亦无伤大雅。② 再如"昆体"代表杨亿,在《广平公唱和集序》中谈到唱和之举时也是高其义,古其理:"昔者,郑国名卿赋诗者七子,郢中高唱属和者数人。善歌者,必能继其声;不学者,何以言其志?故雅颂之隆替,本教化之盛衰,傥王泽之下流,必作者之间出,君臣唱和赓载而成文,公卿宴集答赋而为礼。……盖风化之所系焉,岂徒缘情绮靡而已。"③值此之故,杨亿所欣赏的作品,也多是那些"恬愉优柔,无有怨谤,吟咏情性,宣导王泽"④之作。值得注意的是,在这样一种"以文辞润饰鸿业"的观念背后,潜藏的是士人面对君王恩宠、优遇而产生的浓厚的感激之情,如徐铉曾希望自己的赋颂能一报君主的殊遇:"上分一人之忧,以成天下之务。俾中外之禔福,与宗祧而永固。伊下臣之不佞,蒙国士之殊遇。实含和而吐颂,岂登高之能赋?愿降鉴于刍荛,庶效诚于尘雾。"⑤而田锡的表白则更加直露,他在《进文集表》中既冠冕堂皇地歌功颂德,又感恩戴德地表露心迹:

臣闻美盛德之形容谓之颂,抒深情于讽刺莫若诗,赋则敷布于皇风,歌亦揄扬

---

① 程杰《北宋诗文革新研究》,第 24 页。

② 徐铉《徐骑省集》,商务印书馆 1937 年版,第 230 页。

③ 杨亿《武夷新集》卷七《广平公唱和集序》,《四库全书》本。

④ 杨亿《武夷新集》卷七《温州聂从事云堂集序》。

⑤ 徐铉《徐骑省集》,第 2 页。

于王化。下情上达,《周礼》所以建采诗之官,君唱臣酬,《舜典》于是载赓歌之事。既逢清世,何让古人?木铎求规讽之词,弥光圣德;金门献刍荛之说,式表忠怀……陛下既以文学知臣,臣敢不以文字报答陛下。①

正是在这样一种宴饮、唱和之风大行其道的大环境里,诗文的演进也呈现出了相应的面貌。就拿诗歌来说②,"宋初三体"即白体、晚唐体、西昆体的依次出现,正好是作出了生动的演绎。"白体"最早流行,值得注意的是,人们所取法的"白体"并不是所谓的讽喻诗,而是聊以闲适的唱和诗,其之所以在宋初很快流行,原因也正在于这种诗酒唱和之作适合当时君臣之间、臣僚之间诗酒文会的需要,其语言浅切、格调清雅的特点既适于即兴酬唱,又合乎咏叹闲适。如代表人物李昉,《宋史》本传称其"为文章慕白居易,尤浅近易晓",据《青箱杂记》卷一记载:"昉诗务浅切,效白乐天体。晚年与参政李公至为唱和友,而李公诗格亦相类,今世传《二李唱和集》是也。"譬如,李昉有应制之篇《御书飞白"玉堂之署"四字,颁赐禁苑,今悬挂已毕,辄述恶诗一章,用歌盛事》云:"玉堂四字重千金,宸翰亲挥赐禁林。地望转从今日贵,君恩无似此时深。宴回上苑花初发,麻就中宵月未沉。衣惹御香拖瑞锦,笔宣皇泽洒春霖。院门不许闲人入,仙境宁教外事侵。我直承明踰二纪,临川实动羡鱼心"③,属辞浅切而格调闲雅;又有《自过节辰,又逢连假,既闭关而不出,但欹枕以闲眠,交朋顿少见过,杯酒又难独饮,若无吟咏,何适性情?一唱一酬,亦足以解端忧而散滞思也。吾弟则调高思逸,诚为百胜之师;劣兄则年老气羸,甘取数奔之诮。恭依来韵,更次五章,以"自喜身无事"为首》组诗五首,引述如下:

自喜身无事,闲吟适性情。欲依芳树歇,更傍小栏行。地僻疏还往,年高倦送迎。临轩瞑目坐,神思当时清。

自喜身无事,因行过寺墙。闲题僧舍壁,静爇佛家香。竹户蜘蛛挂,莎阶蟋蟀藏。唱酬聊取乐,不觉又盈箱。

自喜身无事,论才拙复疏。五年陪稷离,二纪接严徐。本是渔樵客,终惭邹鲁

---

① 田锡《咸平集》卷二十三《进文集表》,《四部丛刊》本。

② 应该指出,其时文风与诗风的演进是较为接近的,如李昉是"白体"代表诗人,其实,他不仅写诗,作文亦同样效法白居易,《宋史》本传称其"为文章慕白居易,尤浅近易晓"。再如"西昆体",实际上也应该是兼指诗文的,从它一再成为古文家复兴古文的批判焦点即可想见,杨庆存指出:"'西昆'代表的是一种创作思潮、审美趋向及艺术风格,于诗于文皆有体现,故《中山诗话》称西昆作家'以文章立朝'而不单言其'诗'"(见杨庆存《宋代散文研究》,人民文学出版社 2002 年版,第 102 页),可谓先得吾心。

③ 北京大学古文献研究所编《全宋诗》卷一三,第 187 页。

儒。温衣饱食外,何必待盈余。

自喜身无事,门庭草色连。前轩满床月,后院一林烟。策杖困还歇,枕书慵更眠。称家随分过,何用苦忙然。

自喜身无事,乘春但种花。时时游野墅,往往宿僧家。入竹新寻笋,燃铛旋煮茶。趋朝十里路,来往不嫌赊。①

字里行间,流露出无限的悠闲自得之意,而用词又是如此的浅切,与诗境浑然一体。这样的作品,较之白居易与元稹的唱和之作,如《尝黄醅新酎忆微之》:"世间好物黄醅酒,天下闲人白侍郎。爱向卯时谋洽乐,亦曾酉日放粗狂。醉来枕曲贫如富,身后堆金有若亡。元九计程殊未到,瓮头一盏共谁尝"②,从词句到格调,都几乎已经没什么分别。

当宫廷的唱和之风向民间蔓延之后,社会上就开始普遍地为诗酒文会所笼罩了。然而并非人人都如徐铉、李昉那样学富五车、才高八斗,要提升诗文的水平必须靠精雕细琢,而且民间文人的唱和,相对君臣唱和来说,又有着相对宽松的环境,也有足够的时间来慢慢思量、琢磨。于是,晚唐五代的"贾岛格"③开始被人们重视,成为模仿的对象,潘阆即在《叙吟》一诗中写道:"高吟见太平,不耻老无成。发任茎茎白,诗须字字清。搜疑沧海竭,得恐鬼神惊。此外非关念,人间万事轻",明确提倡苦吟,又不以人间世事为念,与贾岛作诗并无二致。所以,由之而形成的"晚唐体",自然也正如贾岛诗歌那样讲究字斟句酌,境界狭小。最典型的是"九僧",欧阳修《六一诗话》提到:

国朝浮图以诗名于世者九人,故时有集号《九僧诗》,今不复传矣。余少时闻人多称。其一曰惠崇,余八人者,忘其名字也。余亦略记其诗,有云:"马放降来地,雕盘战后云。"又云:"春生桂岭外,人在海门西。"其佳句多类此。其集已亡,今人多不知有所谓九僧者矣,是可叹也!当时有进士许洞者,善为辞章,俊逸之士也。因会诸诗僧分题,出一纸,约曰:"不得犯此一字。"其字乃山、水、风、云、竹、石、花、草、雪、霜、星、月、禽、鸟之类,于是诸僧皆阁笔。

这一记载生动又形象地说明了"九僧"诗作内容不外山水风云之类,用词也过于雕刻而捉襟见肘,境界当然也不免流于偏狭了。就拿堪作为"九僧"代表的惠崇

① 北京大学古文献研究所编《全宋诗》卷一三,第182页。

② 白居易撰,金开诚笺校《白居易集笺校》,上海古籍出版社1988年版,第1931页。

③ 胡仔《苕溪渔隐丛话》(前集)卷五十五引《蔡宽夫诗话》云:"唐末五代,俗流以诗自名者,多好妄立格法,取前人诗句为例,议论锋出,甚有师子跳掷、毒龙顾尾之势。览之,每使人拊掌不已。大抵皆宗贾岛辈,谓之'贾岛格',而于杜诗不少假借。"

来说，其诗作更是多见雕琢之功而境界过于狭窄，《湘山野录》中有一段记载，以惠崇的实际创作对此作出了很好的说明，其云：

寇莱公(准)一日延诗僧惠崇于池亭，探阄分题，丞相得《池上柳》青字韵，崇得《池上鹭》明字韵。崇默绕池径，驰心于杳冥以搜之，自午及晡，忽以二指点空，微笑曰："已得之，已得之。此篇功在明字，凡五押之俱不倒，方今得之。"丞相曰："试请口举。"崇曰："照水千寻迥，栖烟一点明。"公笑曰："吾之柳，功在青字，已四押之，终未惬，不若且罢。"崇诗全篇曰："雨绝方塘溢，迟徊不复惊。曝翎沙日暖，引步岛风清"，及断句云："主人池上凤，见尔忆蓬瀛。"①

惠崇作诗冥思苦想，宁为一字之韵而耗费心神，继而又对苦思得来之句自鸣得意，足见其旨趣所在，诗歌风格当亦不难想见。

但是，若没有才学的积累，苦思冥想之所得终究有限，而境界狭窄、风貌枯淡，也不适宜宣扬王泽，同时，模拟白居易的浅切之作，亦无法满足进一步粉饰太平、润饰鸿业的需要，这些都促使人们开始另觅蹊径。正是在这样一个合变时节，时任《历代君臣事迹》修书大臣的杨亿、刘筠等人，力倡建立在博览群书基础上的辞采华美、对偶精巧、用典贴切、音韵协婉的"西昆体"，这从根本上改变了文辞浅切、枯寂的弊病。"西昆体"以杨亿编辑的《西昆酬唱集》而得名，杨亿为该书作了一篇序言，可以视为"行动纲领"，同时也点明了所谓"西昆体"的主要特色：

余景德中，忝佐修书之任，得接群公之游。时今紫微钱君希圣，秘阁刘君子仪，并负懿文，尤精雅道，雕章丽句，脍炙人口。予得以游其墙藩而咨其模楷。二君成人之美，不我遐弃，博约诱掖，置之同声。因以历览遗编，研味前作，挹其芳润，发于希慕，更迭唱和，互相切劘。而予以固陋之姿，参酬继之末，入兰游雾，虽获益以居多，观海学山，叹知量而中止。既恨其不至，又犯乎不韪，虽荣于托骥，亦愧乎续貂，间然于兹，颜厚而已。凡五七言律诗二百有五十章，其属而和者，计十有五人。析为二卷，取玉山策府之名，命之曰《西昆酬唱集》云尔。②

所谓"历览遗编，研味前作，挹其芳润，发于希慕"，即是向故纸堆里找"生活"，已经初步显露出宋人"以学问为诗"的倾向；所谓"并负懿文，尤精雅道，雕章丽句，脍炙人口"云云，则无疑是以精工、富丽、典雅之作相好尚。翻阅《西昆酬唱集》，我们不难发现，多数作品内容较为空乏，境界也比较狭窄，主要的特色还是在于诸如辞采、对偶、声律、用典之类的形式方面。但是，正因为"西昆体"有着这些

---

① 文莹《湘山野录》，中华书局 1984 年版，第 34 页。

② 杨亿编，王仲荦注《西昆酬唱集注》卷首《〈西昆酬唱集〉序》，中华书局 1980 年版。

富丽精工的特色，既适应了润饰鸿业的需要，又使得“后进学者争效之，风雅一变”，以至于后来欧阳修还感叹：“先朝杨、刘，风采耸动天下，至今使人倾想。”①另一方面，又由于其雕琢、模拟太甚，不免受到讥刺②；更重要的是，它还有流于浮艳的弊病，因而成为了振古道、兴古文者如石介之流一直以来极力批判的焦点。

以上所论，是诗歌在宴饮、唱和之风盛行，以润饰鸿业为主导目的的环境中的发展情况。但是，就统治者来说，他们希望国家能够长治久安，永享太平，所以，不仅需要润饰鸿业的文学，更需要有利于培养德行兼备的治国人才的文学，而宴饮、唱和之风的盛行，以及科举考试中只重文辞的指挥棒，都决定了士风的浇薄躁进日益成为突出的问题。再就诗歌创作的主体——士夫文人而言，他们在诗酒唱和中，除了有润饰鸿业这样冠冕堂皇的目的外，还有发抒情感的需要，而这种需要，被日益地加以强调，从李昉到晏殊，都对诗酒唱和愉情悦性的功能给予了相当的强调，并身体力行，尤其是晏殊，以赋诗饮酒为乐，几无虚日，有论者指出：“晏殊的诗歌创作代表了真宗朝后期以来诗歌功能由宣导王泽和风格实验向娱乐性方向的转变”③，可以说是符合晏殊的实际情况的。所以，无论是统治者还是臣僚，已开始就科举以及文风方面的问题提出意见，要求去除弊端。关于科举，如戚纶与礼部贡院于景德二年上言：“近年进士多务浇浮，不敦实学，惟抄略古今文赋，怀挟入试，昨者廷试以正经命题，多懵所出”，“请戒励专习经史”，④得到真宗的采纳。关于文风方面，则可以大中祥符二年颁发的诏书为代表，石介在《祥符诏书记》一文中备载其文，叙其原委，并极力褒赞。其云：

祥符二年，翰林学士杨亿、知制诰钱惟演、秘阁校理刘筠唱和《宣曲》诗，述前代掖庭事，辞多浮艳。真宗训之曰：“辞臣，学者宗师也，安可不戒于流宕？”乃下诏曰：国家道莅天下，化成域中，敦百行于人伦，阐“六经”于教本，冀斯文之复古，期末俗之还淳。而近代以来，属辞多弊，侈靡滋甚，浮艳相高，忘祖述之大猷，竞雕刻之小巧。爰从物议，俾正源流。咨尔服儒之人，示乃为学之道。夫博闻强识，岂可读非圣之书；修辞立诚，安可乖作者之制。必思教化为主，典训是师，无尚空言，当遵体要。仍闻别集众制，刻镂已多，倘许攻乎异端，则是误于后学。式资诲诱，宜有甄明。今后，属文之士有辞涉浮华、玷于名教者，必加朝典，庶复古风。其古今

① 刘克庄撰，王秀梅点校《后村诗话》，中华书局 1983 年版，第 22 页。

② 胡鸣玉《订讹杂录》卷九“西昆体“条引《古今诗话》云：“宋初，杨大年亿、钱文僖惟演、晏元献殊、刘子仪筠，为诗皆宗义山，号西昆体，后进效之，多窃取义山诗句。尝内宴，优人有为义山者，衣服败裂，告人曰：‘我为诸馆职挦撦至此。’闻者大噱。”

③ 程杰《北宋诗文革新研究》，第 43 页。

④ 李焘《续资治通鉴长编》卷六十，“景德二年秋七月丙子”条，第 1352 页。

文集可少垂范、欲雕印者，委本路转运使，选部内文士详其可否，即具本以闻。……介读祥符二年诏书，知真宗皇帝真英主矣。闻刘待制之说，知文懿真贤相矣。《易》曰："观乎人文化成天下。"为天子能知乎文之本而思复于古，非英主欤？为宰相能悼乎风之变而思救其弊，非贤相欤？介窃惧圣君贤相之事异日泯落，因私记之。①

观诏书中"敦百行于人伦，阐'六经'于教本"、"博闻强识，岂可读非圣之书；修辞立诚，安可乖作者之制。必思教化为主，典训是师，无尚空言，当遵体要"云云，以及"属文之士有辞涉浮华、玷于名教者，必加朝典，庶复古风"之举措，分明是要以儒家政教之理念来指导文风，敦实习俗，并以行政手段来革除浮靡之风习。这与石介为了兴复古道而针砭杨亿之流"以文辞破碎大道"是一致的，也就无怪乎石介要专门作记以颂之。尽管，据石介所述，此诏书的颁布是因为杨、刘唱和《宣曲》诗"述前代掖庭事，辞多浮艳"，但它的客观效果，无疑是指向当时整个文风的。以君王诏令的形式，并辅以行政手段来扭转文风，必然会对文坛风气起到振聋发聩的作用。甚至，从某种意义上讲，真宗君臣对文风及科举的针砭与干涉，正是石介等人以复兴儒道为己任而攻击昆体之文、佛老之教的有力先导；在整个宋代由柳开首倡而时断时续的复古道、兴古文之历史长河中，也可说是起到了推波助澜的作用。

2. 君王的好尚和时代的风习，固然对文学演进有着很大的影响，但与之同时，我们也不应忽略作为统治思想的经学在其中发挥的作用。主要而言，我们认为有以下两个方面特别值得注意：

(1)宋朝统治者采用的是以儒为主、三教并用的政策，所以，经学对社会生活和思想领域的重大影响依然存在，尤其在真宗朝以来，随着统治者更加不遗余力地推崇儒学，诸如教育方面掀起兴学运动，科举方面号召以经义为尚、以道德为归，等等，②这些都使得儒家经学的影响更趋明显。因此，在经学领域所谓的"诗教"一如既往地在发挥着作用，要求诗文本于教化、润饰鸿业的主张，也正是其发挥作用的必然反映。因而，我们可以看到，士人们在倡导诗文润饰鸿业的主张时，也总是借重于经典，取资于往圣。如田锡《谢御制和祝圣寿诗表》云：

今月十七日，宰臣琼赴中书，伏蒙圣慈，宣赐御和臣所进干明节祝圣寿诗二十韵者，俯拜皇恩，仰窥睿藻，骇凡目而怔忪失次，阅圣文而荣抃交并。(中谢。)伏以

① 石介《徂徕集》卷十九《祥符诏书记》，《四库全书》本。

② 程杰《北宋诗文革新研究》第32－35页有具体分析，可参考。

华封庆祝之辰，里社呈祥之节，颂声合贡，忠恳冀伸，岂谓皇帝陛下降御制而颁宣，命台阶以锡赐。始欢呼而跪受，终惕厉以退思。且《书》曰赓歌，《诗》称大雅，但美升平之际会，或扬德业之形容，未闻臣下献葑菲之辞，君上答英华之什，斯实皇朝新事，玄贶殊恩。用纪瑶编六义，常彰于睿思；式光宝运千龄，永固于昌期。臣无任感恩，荷圣荣耀，兢惶激切，屏营之至！①

在受到皇帝御赐和诗的恩宠之际感到诚惶诚恐的同时，征引《诗》《书》来突出、强调以诗文颂美圣德鸿业的合理性和当然性。杨亿在《温州聂从事云堂集序》中也这样指出："恬愉优柔，无有怨谤，吟咏情性，宣导王泽，其所谓越《风》《骚》而追二《雅》，若西汉《中和》《乐职》之作者乎"，取法的典范也还在于《风》《骚》《雅》《颂》之类经典，从中也可显见儒家诗教的影响；只是，杨亿"恬愉优柔，无有怨谤，吟咏情性，宣导王泽"云云，过于强调了儒家"诗教"中颂美的一面，而对讽谏的一面有所忽略而已。而徐铉所谓"文之贵于世也，尚矣。虽复古今异体，南北殊风，其要在乎敷主泽，达下情，不悖圣人之道，以成天下之务，如斯而已矣"②，也无非是儒家"诗教"中"上以风化下"之论的另一种表述而已，上引杨亿所论，也正是与之一脉相承的。

（2）更为重要的是，经学中的新变因素，诸如批驳注疏之学、注重经文大义、舍传求经、原经求道、以议论解经，等等，使得人们开始致力于复兴儒道的努力，从而在很大程度上也影响到了文学的面貌及进程；尤其是柳开、王禹偁等人，将经学方面的新变带进了文学，从而在扭转文学风气或改变文学面貌方面产生了重要影响，并开创了文学复古革新的局面，又由穆修等人承其余绪，直到欧阳修时蔚为大观，所以，可以说是直接影响到了文学的进程。以下即对柳开、王禹偁的文学及其与经学的关联稍作阐述。

先说柳开。上文已经提到，柳开在经学方面的主要贡献，一是批驳注疏之学而讲求义理，二是为经书修补亡篇而原经明道。这些都是服从和服务于以儒家道统继承人自居，致力于振兴儒道的理念和志向的，而这样的理念和志向，对柳开的文学观念也产生了重大影响。因而，他在文学主张方面，强调的是文道合一，文以明道，文以治世，将文学作为阐明、传承儒道，并能辅助教化的工具，因而对当时骈俪文风大加贬斥而力倡古文。他极为推崇韩愈的文章，称其"讽颂规戒，答论问说，淳然一归于夫子之旨"，"皆用于世者"（《昌黎集后序》），认为"文取于古，则实而有华；文取于今，则华而无实。实有其华，则曰经纬之文，政在其中矣。华无其

① 田锡《咸平集》卷二十三《谢御制和祝圣寿诗表》。

② 徐铉《徐骑省集》，第230页。

实，则非经纬之文也，政亡其中矣”（《答臧丙第二书》），又批评历来的文章多是“华而不实，取其刻削为工，声律为能。刻削伤于朴，声律薄于德。无朴与德，于仁义礼知信也何？……文章为载道之筌也，筌可妄作乎？……文辞恶辞之华于理，不恶理之华于辞也”（《上王学士第三书》），于是，柳开自觉地倡导古文，其指向则在于复兴古道，垂教于民。他说：“吾之道，孔子孟轲扬雄韩愈之道；吾之文，孔子孟轲扬雄韩愈之文”，“吾若从今世之文，安可垂教于民”（《应责》），又自我评价其文道：“书以喻其道也，序以列其志也，疏以刺其事也，箴以约其行也，论以陈其义也。言疏而理简，气质而体卑。”（《上王学士第四书》）更值得注意的是，柳开对于何谓“古文”也有说明，他说：“古文者，非在辞涩言苦，使人难读诵之，在于古其理，高其意，随言短长，应变作制，同古人之行事，是谓古文也。”（《应责》）应该指出，柳开指出古文非在辞涩言苦，倡导平易之风，与韩愈倡导的“文从字顺”相近，而避免了其奇崛晦涩的一面；“古其理，高其意”有助于提升文章的思想内涵，从而也有利于改变浮靡纤弱的文风；“随言短长，应变作制，同古人之行事”，则与韩愈所谓“气盛则言之短长与声之高下者皆宜”（《答李翊书》）相类似。这些主张，自有其合理性，在当时也有积极的意义，它们与柳开所主张的君子之文“简而深，淳而精”（《上王学士第四书》），以及他对自身创作的评语如“言疏而理简，气质而体卑”，都是相切合的。然而，由于柳开重在以文传道经世，甚至最根本的用心不在于文而在于“道”，所以，他对文辞不甚讲究，表现出超越韩愈为文而直承道统的倾向；而且他取法“六经”却排斥其他，如他曾指出：“若欲用经史百家之言，则杂也”（《上王学士第四书》），这也决定了他不可能广搜博取以富于辞章；加之他自觉地提倡简朴、质实之文，有时甚至流于鄙拙、艰涩；所有这些，都限制了柳开的文学造诣，也影响了他在文学方面的贡献。但是，柳开在当时率先发起写作古文的号召并身体力行之，开创风气之功实不可没，四库馆臣有这样一段评语：“就其文而论，则宋朝变偶俪为古文，实自开始。惟体近艰涩，是其所短耳。盛如梓《恕斋丛谈》载开论文之语曰：‘古文非在词涩言苦，令人难读，在于古其理，高其意。’王士祯《池北偶谈》讥开能言而不能行，非过论也。……要其转移风气，于文格实为有功，谓之明而未融则可”①，可以说是较为公允地指出了柳开的文学成就及其在文学史上的贡献和地位。②

---

① 永瑢等《四库全书总目》卷一百五十二，“《河东先生集》十五卷附录一卷”条，第1305页。

② 杨庆存对柳开文风的艰涩曾提出辩驳，认为“柳文风格以自然平易为尚，而不事雕琢，朴实流畅”（详见《宋代散文研究》第93－94页）。我们认为，柳文的辞藻过于质朴，行文有时又简而不约，在一定程度上存在着鄙拙、艰涩的弊病。所以，四库馆臣的评价，从总体上来说，是站得住脚的。

再谈王禹偁。他同样不重视注疏之学而讲求经文义理,注重“议论解经”。因而,王禹偁也同柳开一样,尊经重道,在文学创作方面则主张文以“传道明心”。而要达到“传道明心”的目的,就需要文章“取于理之当也”,要“远师‘六经’,近师吏部”而不能仅仅模拟其语,要做到“句之易道,言之易晓”。具体说来,一方面,王禹偁极力主张文章要宗经传道,他说:

夫文,传道而明心也。古圣人不得已而为之也。且人能一乎心,至乎道,修身则无咎,事君则有立。及其无位也,惧乎心之所有不得明乎外,道之所畜不得传乎后,于是乎有言焉。又惧乎言之易泯也,于是乎有文焉。……文不背经旨,甚可嘉也。姑能远师“六经”,近师吏部,使句之易道,义之易晓;又辅之以学,助之以气,吾将见子以文显于时也。①

天之文,日月五星;地之文,百谷草木;人之文,六籍五常:舍是而称文者,吾未之其可也。……服勤古道,钻仰古道,造次颠沛,不违仁义,拳拳然以立言为己任,盖亦鲜矣。富春孙生有是夫!②

另一方面,王禹偁又一再强调为文要“句之易道,言之易晓”,如他指出司马相如、刘向、扬雄等人“谓用功深者,取其理之当尔,非语迂义暗,而谓之功用也”,希望张扶作文能够“句易道,义易晓”(《再答张扶书》),而这一认识和主张,实来源于王禹偁对圣人著书以传道以及“六经”、韩文之特点的认识,他在《答张扶书》中有详细说明:

夫文,传道而明心也。古圣人不得已而为之也。……信哉!不得已而为之也。既不得已而为之,又欲乎句之难道邪?又欲乎义之难晓邪?必不然矣!请以“六经”明之。《诗》三百篇,皆俪其句,谐其音,可以播管弦,荐宗庙,子之所熟也。《书》者,上古之书,二帝三王之世之文也,言古文者,无出于此,则曰:“惠迪吉,从逆凶。”又曰:“德日新,万邦惟怀;志自满,九族乃离。”在《礼·儒行》者,夫子之文也,则曰:“衣冠中,动作慎,大让如慢,小让如伪”云云者。在《乐》则曰:“鼓无当于五声,五声不得不和;水无当于五色,五色不得不彰。”在《春秋》则全以属辞比事为教,不可备引焉。在《易》则曰:“乾道成男,坤道成女。日月运行,一寒一暑。”夫岂句之难道邪?夫岂义之难晓邪?今为文而舍“六经”,又何法焉?若第取其《书》之所谓“吊由灵”,《易》之所谓“朋合簪”者,模其语而谓之古,亦文之弊也。近世为古文之主者,韩吏部而已。吾观吏部之文,未始句之难道也,未始义之难晓

① 王禹偁《小畜集》卷十八《答张扶书》。

② 王禹偁《小畜集》卷十九《送孙何序》。

也。其间称樊宗师之文必出于己,不袭蹈前人一言一句。又称薛逢为文,以不同俗为主。然樊薛之文不行于世;吏部之文与六籍共尽。此盖吏部诲人不倦,进二子以劝学者。故吏部曰:"吾不师今,不师古,不师难,不师易,不师多,不师少,惟师是尔。"①

正是在这样一种创作观念的明确指引下,而且王禹偁是把"六经"和韩文同时作为取法的典范,并兼采百家之言,即如苏颂所称"根源于'六经',枝派于百氏"②,而不像柳开那样轻文重道、逐渐以圣人之道及"六经"来取代韩文,并排斥百家诸子,这就使得王禹偁在诗文创作方面都取得了高于柳开的突出的成就,其文章以"古雅简淡"(四库馆臣语)而独树一帜,其诗歌也逐渐摆脱了"白体"浅切的不足而讽喻时事,甚至取法杜甫,所谓"本与乐天为后进,敢期子美是前身"(《前赋春居杂兴诗二首,间半岁不复省视。因长男嘉祐读杜工部集,见语意颇有相类者,咨于予,且意予窃之也。予喜而作诗,聊以自贺》),逐渐使其诗歌呈现出明快而富于骨力的特色。正由于这些成就,王禹偁甚至被周必大推许为太宗一朝的文坛领袖③。但遗憾的是,在当时文坛上,紧接着出现的是杨亿、刘筠等人的西昆体的甚嚣尘上、风靡一时。柳开、王禹偁等人开创的复兴古道、古文的运动虽然有穆休、石介等人的接续,但限于才力,彻底地扭转局面,以古文取代骈俪之文,这样的任务只能由欧阳修等人来完成了。

---

① 王禹偁《小畜集》卷十八《答张扶书》。

② 苏颂撰,王同策等点校《苏魏公文集》,中华书局 1988 年版,第 1011 页。

③ 周必大《文忠集》卷五十三《初寮先生前后集序》云:"一代文章必有宗,惟名世者得其传。……若稽本朝,太祖以神武基王业,文治兴斯文,一传为太宗,翰林王公元之出焉;再传为真宗,杨文公大年出焉。"

# 第四章

# 庆历、熙宁间的经学与文学

## 第一节　庆历、熙宁间的经学

周予同先生指出："欧阳修等人是在'破'汉唐经学，而北宋五子（指周敦颐、邵雍、张载、程颢、程颐）的成就是'立'的方面，其中以程颐的影响最大。南宋朱熹是集大成者，最重要的著作是《四书章句集注》"，并认为宋学是"从欧阳修、王安石等开始"的，进而把宋学学派分成了程朱学派、陆王学派和浙东学派三大派别。① 此论明显受到朱熹以来的传统看法的影响，以"理学"为学术主流，而对自熙、丰以来"独行于世者六十年"的"荆公新学"强调不够，也未注意到二程理学是等到南宋以后由其弟子的大力倡导以及统治者扶持才逐渐大行其道的，而在当时却只不过是学术界的一派而已，其影响也难与作为官学的"荆公新学"相提并论。漆侠先生注意到了这一史实，指出"把刚刚形成、在社会上还没有多大影响的理学，置于得到政府大力支持、在学术上起着决定作用的荆公学派之上，是无甚根据的，因而也是不恰当的"②，并进而将荆公学派、温公学派、苏蜀学派、关、洛道学派一并视为宋学发展阶段出现的学术流派，而将二程理学在南宋的大行其道视为宋学演变阶段的重要组成部分。我们认为，周氏和漆氏所说都有其合理成分，自北宋庆历以来，欧阳修、刘敞等人大兴疑传惑经，其主要功绩在于"破"汉学，而自熙宁八年《三经新义》颁行天下之后，就标志着以《五经正义》为代表的"汉学"被推倒而代之以"宋学"，温公学派、苏蜀学派、关、洛道学派等也能够自立面目，成为其有力的辅助，至于二程理学在南宋以来的大发展乃至唯我独尊，则只能看作是学术的重要演变。所以，就学术特点和历史定位而言，庆历、熙宁间的经学，其特点

---

① 朱维铮编《周予同经学史论著选集》[增订版]，第 897 页。

② 漆侠《宋学的发展和演变》，第 6 页。

在较为彻底地“破”汉学，而熙宁以来的经学，则主要在于挺立“宋学”。当然，破中亦有立，立时更需要破，两者并不能截然区分，但在前后两个时期的侧重点还是很明显的。

自真宗大中祥符元年(1008)以来，君臣唯务因循、苟且偷安，在一片歌舞升平的表象下，已潜藏着严重的社会危机。到北宋仁宗天圣(1023—1031)年间，社会弊政更趋暴露，冗官、冗兵、冗费等问题也日趋严重，积贫积弱的局面已初步形成，使得因循苟安、粉饰太平的国策难以为继，改弦更张也就势在必行。庆历新政就是在这样的情况下拉开序幕的。而新政的执行者范仲淹(989—1052)，早在天圣五年(1027)的《上执政书》中就针对当时的社会危机提出了改革方案，内容包括强调以儒家政教为治国之策，以儒学来教育士人、敦实习俗，重视以“策论”和“明经”来选拔官吏，通过考核的方式来决定官吏的升迁，以及“固邦本，厚民力，重名器，备戎狄，杜奸雄，明国听”等等。显然，范仲淹在文中对于振兴儒道是再三强调的，认为治国以及养士都需要借重儒学。而当时的实际情况却是，章句注疏之学笼罩着学术界，而统治者在推崇儒术的同时，又不禁佛老，实行三教并用。所以，在现实的呼吁和刺激下，一些有识之士纷纷以复兴儒学为己任，力图将儒学的振兴与政治变革的需要结合起来，于是，有人以经术为变革的理论武器，有人为振兴儒学而排佛老、斥异端，而胡瑗等人倡导的所谓“明体达用”之学，则更是应运而生的产物。历史地看，庆历以来经学的新变，正是以天圣以来的经学新风为近源的，其突出代表即是有“宋初三先生”之称的胡瑗、孙复、石介三人所身体力行并通过教学而广为传布的“明体达用”之学。由于胡瑗等人倡导“明体达用”之学的主要活动时间在庆历前后，他们在庆历以前即讲学于地方，又都生活到庆历以后，在庆历新政期间以及其后的时间里还一度执教于太学，所以，他们的学术影响在庆历前后都是显著的，其学既可以看作是庆历期间学术过渡的代表，同样也可以视为庆历以来经学的组成部分。另一方面，庆历以来经学的新变，其主要方面在于疑传惑经的盛行和通经致用的取向。相对而言，前者较为注重经学本身，后者则强调经学致用的一面；而无论前者还是后者，实际上都体现出胡瑗等人倡导的“明体达用”之学的渗透。

## 一、“宋初三先生”与“明体达用”

胡瑗(993—1059)、孙复(992—1057)、石介(1005—1045)，人称“宋初三先生”，主要生活于仁宗庆历以前，但胡瑗、孙复则在庆历以后仍生活了十余年时间，因此可以视作过渡期的人物，而其学术也确实带有明显的过渡性质。

“宋初三先生”在教育和学术方面都取得了重大成就，可谓桃李满天下，著述亦等身，在重振师道尊严、长育适用人才，力倡儒家道统、弘扬儒家学术等方面都着力甚多，效果明显，堪为后人楷模。而教育与学术两个方面，在他们身上又是极有关联的，他们的著作多是讲学时的讲义，其教学方法和理念也可看作是学术思想的某种反映。所以，有必要先谈一下他们的教育。

胡瑗、孙复、石介三人都曾在地方和太学教学，影响较大，门徒众多，尤其是胡瑗，独创了所谓的“湖学教法”，设“经义”和“治事”两个学斋：

经义则选择其心性疏通、有器局、可任大事者，使之讲明“六经”。治事则一人各治一事，又兼摄一事，如治民以安其生，讲武以御其寇，堰水以利田，算历以明数是也。①

其实质，即胡瑗高足刘彝在回答宋神宗问胡瑗与王安石孰优时所指出的“明体达用”之学：

臣师胡瑗以道德仁义教东南诸生时，王安石方在场屋中修进士业。臣闻圣人之道，有体、有用、有文。君臣父子，仁义礼乐，历世不可变者，其体也。《诗》《书》史传子集，垂法后世者，其文也。举而措之天下，能润泽斯民，归于皇极者，其用也。国家累朝取士，不以体用为本，而尚声律浮华之词，是以风俗偷薄。臣师当宝元、明道之间，尤病其失，遂以明体达用之学教授诸生。夙夜勤瘁，二十余年，专切学校，始于苏、湖，终于太学，出其门者无虑数千余人。故今学者明夫圣人体用，以为政教之本，皆臣师之功，非安石比也。②

这种教学方法有助于为统治者培养富于学行，又有技能的适用人才，同时，也正好适应了庆历新政的实施者要求教育部门革除弊端，长育人才的需要，因而被取为法式，在太学推广；同时，胡瑗还采用了群居讨论、个别辅导等多种教学方法，收效甚好，《宋元学案》卷一《安定学案》“附录”即记载：“先生（指胡瑗）初为直讲，有旨专掌一学之政，遂推诚教育多士。亦甄别人物，故好尚经术者，好谈兵战者，好文艺者，好尚节义者，使之以类群居讲习。先生亦时时召之，使论其所学，为定其理。或自出一义，使人人以对，为可否之。或即当时政事，俾之折衷。故人人皆乐从而有成效。朝廷名臣，往往皆先生之徒也。”而孙复、石介，虽然影响略小于胡瑗，但同样是以明体达用之学相倡，如石介即这样评价他的老师孙复：

---

① 黄宗羲原著，全祖望补修，陈金生、梁运华点校《宋元学案》卷一《安定学案》，中华书局1986年版，第24页。

② 黄宗羲原著，全祖望补修，陈金生、梁运华点校《宋元学案》卷一《安定学案》，第25页。

孙明复先生，学周公孔子之道而明之者也。周孔之道，非独一身而兼利天下者也。先生畜周孔之道，于其身，苟畜而不施，徒自膏润肥硕而已，万物则悴枯瘠病，而自膏润肥硕，岂周公孔子之道也欤？是以先生凡四举进士，则是先生非苟畜其道以膏润肥硕于其身，将以利天下也，润万物也。四举而不得一官，鬓发皆皓白，乃退而筑居于泰山之阳，聚徒著书，种竹树果，盖有所待也。①

正是由于胡瑗等人在教育方面的突出成就，才赢得了欧阳修的高度评价："师道废久矣！自景祐、明道以来，学者有师，惟先生（指胡瑗）暨泰山孙明复（复）、石守道（介）三人，而先生之徒最盛。"②此论可谓公允。

下面再来谈一下他们的学术成就。主要有以下几个方面特别值得注意：

（一）倡导儒家道统，批判佛老异端，指斥科举时文，以传承儒道为已任。如胡瑗，"十三通'五经'，即以圣贤自期许"，神宗题赞胡瑗画像时亦称其"敦尚本实，还隆古之淳风；倡明正道，开来学之颛蒙"③。而上引刘彝所云"国家累朝取士，不以体用为本，而尚声律浮华之词，是以风俗偷薄。臣师当宝元、明道之间，尤病其失，遂以明体达用之学教授诸生"，则不难看出胡瑗对科举时文的针砭态度。

再如孙复，明确倡导孔孟道统，其《信道堂记》云："圣贤之迹，无进也，无退也，无毁也，无誉也，唯道所在而已。……吾之所为道者，尧、舜、禹、汤、文、武、周公、孔子之道也，孟轲、荀卿、扬雄、王通、韩愈之道也。吾学尧、舜、禹、汤、文、武、周公、孔子、孟轲、荀卿、扬雄、王通、韩愈之道三十年，处于今之世，故不知进之所以为进也，退之所以为退也，毁之所以为毁也，誉之所以为誉也。"在《董仲舒论》中则极力表彰董仲舒的传道之功，以为可与孟子、荀子、扬雄并列于儒家传道统序。④而在《上孔给事书》中，孙复对尧舜孔孟之道统作了更详尽的表述，并称颂其传道继统、排斥异端之功：

所谓夫子之道者，治天下经国家大中之道也。其道基于伏羲，渐于神农，著于

① 石介《徂徕集》卷九《明隐》。

② 欧阳修《欧阳修全集》，第178页。

③ 黄宗羲原著，全祖望补修，陈金生、梁运华点校《宋元学案》卷一《安定学案》，第29页。

④ 孙复在《董仲舒论》中说道："孔子而下至西汉间，世称大儒者，或曰孟轲氏、荀卿氏、扬雄氏而已。以其立言垂范，明道救时，功丰德钜也。至于董仲舒则忽而不举，此非明有所未至、识有所未周乎？……噫！暴秦之后，圣人之道晦矣，晦而复明者，仲舒之力也。彼孟轲、荀卿，当战国之际，虽则诸子纷乱，然去圣未远，先王之典经尽在。扬雄处新室之间，虽则大祸是惧，然汉有天下滋久，讲求典礼，抑亦云备，故其微言大法，盛于闻见，揭而行之，张以为教，易尔。若仲舒，燔灭之余，典经已坏，其微言大法，希于闻见，探而索之，驾以为说，不其难哉？况乎暴秦之祸，甚于战国之乱与新室之惧耶？然四子之道一也，使易地而处，则皆然矣。"

黄帝、尧、舜，章于禹、汤、文、武、周公。然伏羲而下，创制立度，或略或繁，我圣师夫子从而益之损之，俾协厥中，笔为“六经”，由是治天下经国家大中之道焕然而备。此夫子所谓大也，其出乎伏羲、神农、黄帝、尧、舜、禹、汤、文、武、周公也远矣。噫！自夫子殁，诸儒学其道，得其门而入者，鲜矣。惟孟轲氏、荀卿氏、扬雄氏、王通氏、韩愈氏而已。彼五贤者，天俾夹辅于夫子者也。天又以代有空阔、诞谩、奇崄、淫丽、谲怪之说乱我夫子之道，故不并生之，一贤殁，一贤出，羽之翼之，垂诸无穷，此天之意也，亦甚明矣。不然，则战国迨于李唐，空阔、诞谩、奇崄、淫丽、谲怪之说，乱我夫子之道者数矣，非一贤殁，一贤出，羽之翼之，则晦且坠矣。既晦且坠，则天下夷狄矣，斯民鸟兽矣。由是言之，则五贤之烈大矣。后之人不以夫子之道为心则已，若以为心，则五贤之烈其可忽乎哉！①

在此书信中，孙复还坦言自己：“学夫子之道三十年，虽不为世之所知，未尝以此摇其心，敢一日而叛去”，并表示希望孔给事（孔道辅）像孟轲、荀卿、扬雄、王通、韩愈那样振兴儒道，接续道统。此外，孙复还撰有《儒辱》一篇，将杨墨、佛老异端之说盛行而儒家仁义礼乐不兴视为“儒者之辱”，并盛赞孟子、荀子、韩愈排击异端学说的功绩，但扼腕叹惜其未竟全功，以至于今天仍然是佛老横行，并感慨“不得其位，不剪其类，其将奈何！其将奈何！”对不能驱除佛老而忧心忡忡。而对于当时的科举时文，孙复也以为有害圣道，他在《寄范天章书一》中说：“复窃尝观于今之士人，能尽知舜、禹、文、武、周公、孔子之道者鲜矣。何哉？国家踵隋唐之制，专以辞赋取人，故天下之士皆奔走致力于声病对偶之间，探索圣贤之阃奥者百无一二，向非挺然持古，不徇世俗之士，则孰克舍于彼而取于此乎？”因而，他提出取法“六经”，效法董仲舒、扬雄、王通、韩愈等人作“始终仁义、不叛不杂”的“载道”之文：

夫文者，道之用也。道者，教之本也。故文之作也，必得之于心而成之于言。得之于心者，明诸内者也；成之于言者，见诸外者也。明诸内者，故可以适其用；见诸外者，故可以张其教。是故《诗》《书》《礼》《乐》大《易》《春秋》之文也，总而谓之经者，以其终于孔子之手，尊而异之尔。斯圣人之文也，后人力薄不克以嗣，但当左右名教，夹辅圣人而已，或则列圣人之微旨，或则擿诸子之异端，或则发千古之未寤，或则正一时之所失，或则陈仁政之大经，或则斥功利之末术，或则扬圣人之声烈，或则写下民之愤叹，或则陈大人之去就，或则述国家之安危，必皆临事摭实，有感而作。为论、为议、为书、疏、歌、诗、赞、颂、箴、辞、铭、说之类，虽其目甚

① 孙复《孙明复小集·上孔给事书》。

多,同归于道,皆谓之文也。若肆意构虚,无状而作,非文也,乃无用之瞽言尔,徒污简册,何所贵哉?明远无志于文则已,若有志也,必在潜其心而索其道。潜其心而索其道,则其所得也必深。其所得也既深,则其所言也必远。既深且远,则庶乎可望于斯文也。不然,则浅且近矣,曷可望于斯文哉!噫!斯文之难至也久矣。自西汉至李唐,其间鸿生硕儒摩肩而起,以文章垂世者,众矣。然多杨墨佛老虚无报应之事、沈谢徐庾妖艳邪哆之言杂乎其中,至有盈编满集,发而视之,无一言及于教化者。此非无用瞽言,徒污简册者乎?至于始终仁义、不叛不杂者,惟董仲舒、扬雄、王通、韩愈而已。由是言之,则可容易至之哉?若欲容易而至,则非吾之所闻也。①

以上这些都表明,孙复确然是信奉儒家道统,力诋佛老,排斥时文,以复兴夫子之道为己任的。

其实,在"宋初三先生"中倡儒道、排佛老、诋时文最突出的,还是石介。他字守道,其意即是标榜以孔孟儒道相守。《宋史》本传载:"介为文有气,尝患文章之弊、佛老为蠹,著《怪说》《中国论》,言去此三者,乃可以有为。"可见,石介确实是以排佛老、树儒道为己任的。他所倡导的是尧舜孔孟之道,即《怪说》下篇所云:"孔子,大圣人也,手取唐、虞、禹、汤、文王、武王、周公之道定以为经,垂于万世矣。尧、舜、禹、汤、文王、武王、周公之道,万世常行不可易之道也。"《怪说》中篇在批驳杨亿破碎圣人之道时也提出了儒家道统,即:"昔杨翰林欲以文章为宗于天下,忧天下未尽信已之道,于是盲天下人目,聋天下人耳,使天下目盲,不见周公、孔子、孟轲、扬雄、文中子、吏部之道;使天下耳聋,不闻有周公、孔子、孟轲、扬雄、文中子、吏部之道。周公、孔子、孟轲、扬雄、文中子、吏部之道,尧、舜、禹、汤、文、武之道也,三才、九畴、五常之道也。"为了弘扬儒家道统的需要,石介对当时佛老之说盛行大为不满,著《中国论》严夷夏之辨,又著《怪说》上篇极力诋之,其中有云:"夫中国道德之所治也,礼乐之所施也,五常之所被也,而汗漫不经之教行焉,妖诞幻惑之说满焉,可怪也","释老之为怪也,千有余年矣,中国蠹坏亦千有余年矣,不知更千余年释老之为怪也如何?中国之蠹坏也如何?尧、舜、禹、湯、文、武、周公、孔子不生吁!"石介排佛的主张在实践中也有体现,如据其自撰《去二画本记》可知,他在刘随幕下以幕僚兼任应天府学官时,曾利用职权,抽去书库所藏《三教画本》中佛老二氏之教的画像,只留孔子儒教的画像,"朝夕令学者拜事,庶几知吾师之尊,吾教之一,吾道之正"。此外,石介对以杨亿为代表的西昆时文破碎圣人之

① 孙复《孙明复小集·答张洞书》。

道亦大肆批判，其《怪说》中篇云："今杨亿穷研极态，缀风月，弄花草，淫巧侈丽，浮华纂组，刓锼圣人之经，破碎圣人之言，离析圣人之意，蠹伤圣人之道。……其为怪大矣！是人欲去其怪而就于无怪，今天下反谓之怪而怪之，呜呼！"当然，在当时统治者提倡三教并用，信佛崇道之风依然盛行，以及科举以文辞为尚的时代里，要禁毁佛老之说和杨亿时文，其阻力的巨大是可以想见的。石介在《怪说》下篇中借"或者"之口指出："然今举中国而从佛老，举天下而学杨亿之徒，亦云众矣，虽子之说长，又岂能果胜乎？子不唯不能胜万亿千人之众，以万亿千人之众反攻子，且恐子不得自脱，将走于蛮夷险僻深山中而不知避也。子亦诚自取祸矣。"尽管形势如此严峻，但石介崇儒意旨极为坚定，为了卫道宁可死而后已，其云："吾学圣人之道，有攻我圣人之道者，吾不可不反攻彼也。……吾亦有死而已，虽万亿千人之众，又安能惧我也。"（《怪说》下篇）这与韩愈为了传儒道、斥佛老而"虽灭死万万无恨"并无二致。

（二）批判章句注疏之学，注重以义理说经。

一方面，胡瑗等人都批判注疏之学。就他们对章句注疏之学的态度来看，孙复在《寄范天章书二》中指出：

孔子既殁，七十子之徒继往，"六经"之旨郁而不章也久矣。加以秦火之后，破碎残缺，多所亡散。汉魏而下，诸儒纷然四出，争为批注，俾我"六经"之旨益乱，而学者莫得其门而入。……噫！专主王弼、韩康伯之说而求于大《易》，吾未见其能尽于大《易》者也；专守左氏、公羊、谷梁、杜预、何休、范宁之说而求于《春秋》，吾未见其能尽于《春秋》者也；专守毛苌、郑康成之说而求于《诗》，吾未见其能尽于《诗》者也；专守孔安国之说而求于《书》，吾未见其能尽于书者也。彼数子之说，既不能尽于圣人之经，而可藏于太学，行于天下哉？又后之作疏者，无所发明，但委曲踵于旧之注说而已。

并希望范仲淹奏请皇帝"广诏天下鸿儒硕老，置于太学，俾之讲求微义，殚精极神，参之古今，覆其归趣，取诸卓识绝见大出王、韩、左、谷、公、杜、何、毛、范、郑、孔之右者，重为批注，俾我'六经'廓然莹然，如揭日月于上，而学者庶乎得其门而入也"。

石介批评注疏之学的言论更多，如：

《春秋》者，孔氏经而已，今则有左氏、公羊、谷梁氏三家之传焉；《周易》者，伏羲、文王、周公、孔子而已，今则说者有二十余家焉；《诗》者，仲尼删之而已，今则有齐、韩、毛、郑之杂焉；《书》者，出于孔壁而已，今则有古今之异焉；《礼》则周公制之、孔子定之而已，今则有大戴、小戴之记焉。是非相扰，黑白相渝，学者茫然恍惚，如盲者求诸幽室之中，恶睹夫道之所适从也？①

再如在《录蠹书鱼辞》中，石介将传记注疏和杨墨佛老、诗文辞赋一并视为经书圣道之“蠹”：

文中子曰：“九师兴而《易》道微，三《传》作而《春秋》散，齐、韩、毛、郑，《诗》之末也，大戴、小戴，《礼》之弃也。”又杨墨之言出，而孔子之道塞；佛老之教行，而尧舜之道潜。斯则《易》，其九师为蠹乎？《春秋》，其三《传》为蠹乎？《诗》，其齐、韩、毛、郑为蠹乎？《礼》，其大戴、小戴为蠹乎？孔子道，其杨墨为蠹乎？尧舜道，其佛老为蠹乎？魏晋以降迄于今，又有声律、对偶之道，雕锼文理，刓刻典经，浮华相淫，工伪相衒，劘削圣人之道，离析“六经”之旨，道日以刻薄而不修，“六经”之旨日以解散而不合。斯文，其蠹也。

至于胡瑗，我们今天虽然无从看到他对整个注疏之学的基本评价，但他在经学研究中无疑是不满注疏之学的，以至于薛季宣认为“安定（指胡瑗）之传，盖不出于章句诵说”②。

此外，他们在经学研究著述中还就具体问题对章句注疏之学作了批驳。

如胡瑗有《周易口义》，在卷首《周易口义发题》中即对《乾凿度》以及孔颖达《周易正义》等关于“易”“一名三义”之说作了批驳，认为只有“变易”之义，其云：“谓之‘易’者，按《乾凿度》云：‘易一名而含三义，简易也，不易也，变易也。’故颖达作《疏》洎崔觐、刘正简，皆取其说。然谓不易、简易者，于圣人之经缪妄殆甚！且仲尼曰：‘名不正则言不顺，言不顺则事不成。’是言凡兴作之事，先须正名，名正则事方可成，况圣人作《易》为万世之大法，岂复有二三之义乎？……故大《易》之作，专取变易之义。”胡瑗又有《洪范口义》，对以往注疏中的谶纬之说多有驳正，四库馆臣即指出：“谓天锡《洪范》为锡自帝尧，不取神龟负文之瑞；谓五行次第为箕子所陈，不辨洛书本文之多寡；谓五福六极之应通于四海，不当指一身而言：俱驳正注疏，自抒心得。”③

再如孙复，以《春秋》学著称，撰有《春秋尊王发微》十二卷和《春秋总论》三卷，以舍传求经、发明义理为特色，《郡斋读书志》卷三“《春秋尊王发微》十二卷”条即提到：“史臣言明复治《春秋》，不取传、注，其言简而义详，著诸大夫功罪，以考时之盛衰，而推见治乱之迹，故得《经》之意为多。”

---

① 石介《徂徕集》卷十五《上孙少傅书》。

② 黄宗羲原著，全祖望补修，陈金生、梁运华点校《宋元学案》卷一《安定学案》，第29页。

③ 永瑢等《四库全书总目》卷十一，“《洪范口义》二卷”条，第90页。

至于石介的经学著述，则有《周易解义》①和《春秋说》二种，现都已经亡佚②，虽然前者"止解六十四卦，亦无大发明"③，"说本王弼旨"④，而后者，根据《宋元学案》卷二《泰山学案》所录《春秋说》来看，与孙复有关《春秋》的解说是基本一致的，如关于《春秋》为何而作的问题，石介认为"《春秋》为无王而作，孰谓隐为贤且让而始之哉"，与孙复所言"孔子之作《春秋》也，以天下无王而作也，非为隐公而

---

① 关于该书的书名和卷数，各种文献记载颇不一致：《郡斋读书志》卷一著录作"《徂徕先生周易》五卷"，《遂初堂书目》作"石介《口义》"，不著卷数，《直斋书录解题》卷一作"《周易解义》十卷"，《文献通考・经籍考》作"《石徂徕易解》五卷"，《宋史・艺文志》作"石介《口义》十卷"，《经义考》卷十八作"石氏(介)《周易解》(《宋志》作《口义》，建本作《解义》)，《宋志》十卷(《绍兴书目》卷同，题曰《易义》，《通考》作五卷)"。我们在此采用《直斋书录解题》所著录的书名。特别值得提到的是，徐洪兴《思想的转型——理学发生过程研究》第 377 页对石介的著作有考证，认为石介有关《周易》的研究著作有《易口义》十卷和《易解》五卷两种，分别依据了上面提到的《宋史・艺文志》《遂初堂书目》《直斋录解题》和《郡斋读书志》《文献通考》。我们认为，朱彝尊《经义考》的考述是值得信从的，有关文献中所记书名和卷数的差异只是同一种书而已，其情形当与胡瑗《周易口义》相类似，《经义考》卷十七"胡氏(瑗)《易传》"条引李振裕曰："《宋史・艺文志》既列胡瑗《易解》，复列《口义》十卷、《系辞说卦》三卷，而《扬州志》亦仍其目，误也。盖安定讲授之余，欲著述而未逮，倪天隐述之，以其非师之亲笔，故不敢称《传》，而名之曰《口义》。传诸后世，或称《传》，或称《口义》，各从其所见，无二书也。"而且，就徐洪兴认为有两种书所分别依据的《直斋录解题》和《郡斋读书志》来说，《郡斋读书志》卷一云："《徂徕先生周易》五卷，右皇朝石介守道撰。景迂云：'《易》古文十二篇，先儒谓费直专以《彖》《象》《文言》参解《易》爻，以《彖》《象》《文言》杂入卦中者，自费直始。孔颖达云："王辅嗣又分爻之《象辞》，各附当爻。"则费氏初变古制时，犹如今《乾》卦《彖》《象》系卦之末欤？古经始变于费氏，卒大乱于王弼，惜哉！今学者曾不之知也。石守道亦曰："孔子作《彖》《象》于六爻之前，《小象》系逐爻之下，惟《乾》悉属之于后者，让也。"呜呼，他人尚何责哉！'家本不见此文，岂介后觉其误而改之欤？"《直斋书录解题》卷一载："《周易解义》十卷，直讲徂徕石介守道撰。止解六十四卦，亦无大发明。晁景迂尝谓：'守道说："孔子作《彖》《象》于六爻之前，《小象》系逐爻之下，惟《乾》悉属之于后者，让也。他人尚何责哉！"'今观此《解义》言王弼注《易》，欲人易见，使相附近，他卦皆然，惟《乾》不同者，欲存旧本而矣，更无他说。不知景迂何以云尔也。案：宋咸《补注》首章，颇有此意，晁殆误记也耶？"两者的记述极其相近，当是就同一种书而言的。另外，在宋人的官私书目那里，并未有一种书同时记载了上列两种石介有关《周易》的著述，这也可为各家书目所记实际上是同一种书提供旁证。

② 在他人著述中还保留了一些，如董真卿《周易会通》征引了石介有关说解《周易》的文字，《宋元学案》则收录了石介《春秋说》的片断。冯晓庭《宋初经学发展述论》第 186－194 页对此有所讨论，可参考。

③ 陈振孙撰，徐小蛮、顾美华点校《直斋书录解题》卷一，"《周易解义》十卷"条，上海古籍出版社 1987 年版，第 11 页。

④ 董真卿《周易会通》卷首《姓氏》，"石氏"条，《四库全书》本。

作也。……春秋自隐公而始者,天下无复有王也”①,可谓是如出一辙的;而这样的解说,与孔颖达在《春秋左传正义》中所言“隐公让位贤君,故为《春秋》之首”②显然是大相径庭的。另外,据冯晓庭研究,石介还撰有《释汝坟卒章》和《忧勤非损寿论》两篇“议论解经”的文字,对前人注疏作了批驳,《释汝坟卒章》乃是“讨论郑玄笺《诗》错误的文章”,《忧勤非损寿论》则是“讨论郑玄注《礼记·文王世子篇》失误的文字”。③ 这都可以说明,石介在经学研究方面虽对注疏之学还有一定依赖,但也表现出了批驳的一面。

另一方面,胡瑗等人在经学研究中注重对义理的阐发。如胡瑗有《周易口义》,为《四库全书》所收录,四库馆臣在“提要”中称其“在宋时,固以义理说《易》之宗也”。该书接续王弼,罢黜象数而说以义理,但又改变王弼掺杂老、庄之学的弊病而一归于儒理,可谓是程颐以纲常名教、性命道德说解《周易》的先声,四库馆臣在谈到《易》学史上“两派六宗”时即指明了胡瑗《易》学特色和地位,其云:

《易》之为书,推天道以明人事者也。《左传》所记诸占,盖犹太卜之遗法。汉儒言象数,去古未远也。一变而为京、焦,入于禨祥。再变而为陈、邵,务穷造化。《易》遂不切于民用。王弼尽黜象数,说以老、庄。一变而胡瑗、程子,始阐明儒理。再变而李光、杨万里,又参证史事。《易》遂日启其论端。④

胡瑗留存至今的经学著作尚有《洪范口义》二卷,亦以义理为指归,四库馆臣评论道:“其说惟发明天人合一之旨,不务新奇。……虽平近而深得圣人立训之要,非谶纬术数者流所可同日语也”⑤,由此可见一斑。再如孙复,其代表性著述是《春秋尊王发微》,主旨在于发挥“尊王”之意,认为《春秋》“以天下无王而作”;为了阐发这一义旨,孙复认为《春秋》所记之事都含有贬斥之意,而孔子正是通过这些贬斥“乱臣贼子”的所作所为来达到强调“尊王”之目的。因过于深文锻炼,遭到了四库馆臣的苛责,其云:

(孙)复之论,上祖陆淳,而下开胡安国,谓《春秋》有贬无褒,大抵以深刻为主。晁公武《读书志》载常秩之言曰:“明复为《春秋》,犹商鞅之法,弃灰于道者有刑,步过六尺者有诛。”盖笃论也。而宋代诸儒,喜为苛议。顾相与推之,沿波不返,遂使孔庭笔削变为罗织之经。夫知《春秋》者莫如孟子,不过曰“《春秋》成而

---

① 孙复《春秋尊王发微》卷一,“元年春王正月”条,《四库全书》本。
② 左丘明著、杜预注、孔颖达正义《春秋左传正义》,第49页。
③ 参见冯晓庭《宋初经学发展述论》第99-100页和183-185页。
④ 永瑢等《四库全书总目》卷一《易类小叙》,第1页。
⑤ 永瑢等《四库全书总目》卷十一,“《洪范口义》二卷”条,第90页。

乱臣贼子惧"耳。使二百四十二年中无人非乱臣贼子，则复之说当矣。如不尽乱臣贼子，则圣人亦必有所节取，亦何至由天王以及诸侯、大夫无一人一事不加诛绝者乎？过于深求而反失《春秋》之本旨者，实自复始。虽其间辨名分，别嫌疑，于兴亡治乱之机亦时有所发明。①

但这也正可以说明，孙复所重在于经文"大义"，而不以章句训诂为意。至于石介，其《春秋》学与孙复相近，自然也是于"微言大义"再三致意的。

（三）讲求明体达用，致力于内圣外王。

"宋初三先生"既以明体达用教人，又以明体达用治学。以胡瑗为例，其明体达用的教学法，上文提到的刘挚已做了精准的概括，所谓"君臣父子，道德仁义，历世不可变者"，即是"体"；所谓"举而措之天下，能润泽斯民，归于皇极者"，即是"用"，其实也就是通常所谓的"内圣外王"。易言之，就是使之既有符合纲常名教的品行，又有治国安邦的才能，亦即"修己以安人"之术。基于此，胡瑗在教学中有两个方面是特别突出的，一是尊严师道，二是注重才能。关于后者，在"治事"斋中有所谓"治民以安其生，讲武以御其寇，堰水以利田，算历以明数"，就是为了培养治世才能的；而关于师道尊严的问题，胡瑗更是一丝不苟，如《宋元学案》称其"虽盛暑，必公服坐堂上，严师弟子之礼。视诸生如子弟，诸生亦爱敬如父兄"。其实，胡瑗不仅严于律己，也要求学生端正品行、挺立人格，如以下一则事例："徐积初见先生（胡瑗），头容稍偏。先生厉声云：'头容直！'积猛然自省，不特头容要直，心亦要直，自是不敢有邪心。"②由此即可见一斑。

至于胡瑗的学术，诚如宋人黄震所说，乃是"明体用之学"。③ 据石介记载，孙复有这样一种看法："尽孔子之心者，大《易》；尽孔子之用者，《春秋》，是二大经，圣人之极笔也，治世之大法也。"④应该指出，首先，这一看法反映出了孙复对经典的认识和选择，强调的是两个方面，即"尽心"和"尽用"，其实质也就是所谓的"体"和"用"。其次，这一看法在"宋初三先生"那儿是一致的。就其经学著述来说，孙复有《易说》六十四篇、《春秋尊王发微》十二卷、《春秋总论》三卷，师事孙复的石介亦有《周易解义》和《春秋说》，而胡瑗，尽管涉猎的经典要比孙复和石介来得多，但对《周易》和《春秋》二书亦用力甚勤，据徐洪兴考订，胡瑗的著作有《周易口义》十二卷（存）、《洪范口义》二卷（存）、《皇祐新乐图记》三卷（存）、《尚书全

---

① 永瑢等《四库全书总目》卷二十六，"《春秋尊王发微》十二卷"条，第 214 页。

② 黄宗羲原著，全祖望补修，陈金生、梁运华点校《宋元学案》卷一《安定学案》，第 29 页。

③ 黄震《黄氏日抄》卷五十《读史》，《四库全书》本。

④ 石介《徂徕集》卷十九《泰山书院记》。

解》二十八卷(佚)、《中庸义》一卷(佚)、《春秋要义》三十卷(佚)、《春秋口义》五卷(佚)、《春秋辩要》(不知卷数,佚)、《吉凶书仪》二卷(佚)、《景祐乐府奏议》一卷(佚)、《皇祐乐府奏议》一卷(佚)、《资圣集》十五卷(佚)、《武学规矩》一卷(佚)、《学政条约》一卷(佚)以及《宋元学案》卷一《安定学案》辑《论语说》片断七则、朱熹辑《善教名臣安定先生言行录》一卷、许正绶辑《安定言行录》二卷。① 这种对《周易》和《春秋》的认识和选择,已经能够表明,孙复、胡瑗等人是以明体达用为治学指归的。此外,在胡瑗众多的著述中,我们也不难发现,他一方面对君臣父子、道德仁义之类的"体"再三致意,另一方面又格外强调经世以致用。兹举其《论语说》数则以明之:

命者禀之于天,性者命之在我。在我者修之,禀于天者顺之。愚、鲁、辟、喭,皆道其所短而使之修者也。(愚、鲁、辟、喭)

公叔文子与大夫僎同升诸公,孔子曰"可以为'文'";臧文仲知柳下惠之贤而不举,孔子谓之"窃位"。由此观之,君子以荐贤为己任。(臧文仲窃位)②

显然,胡瑗的解说是富有明体达用的特色的。下面的一则记载当更能说明问题:

安定胡翼之,皇祐、至和间,国子直讲,朝廷命主太学。时千余士日讲《易》,余执经在诸生列,先生每引当世之事明之。至《小畜》,以谓:"畜,止也,以刚止君也。"已乃言及中令赵公相艺祖日,上令择一谏臣,中令具名以闻,上却之弗用。异日又问,中令复上前札子,亦却之。如此者三,仍碎其奏,掷于地,中令辄怀归。他日复问,中令仍补所碎札子呈于上,上乃大悟,卒用其人。③

胡瑗引赵普在选择谏臣问题上坚持己见,最终令宋太祖幡然醒悟之事来说明《小畜》卦"以刚止君"之意,既达到了解说经义的目的,又具有关照现实的意味。

事实上,儒家经典被视为"载道之具",人们有可能在每一部经典中都挖掘出微言大义来,而这些所谓的微言大义又常常指向经世致用,正可谓是"体用一源"。所以,不论是"尽心"的《周易》,还是"尽用"的《春秋》,都是既有"体"又有"用"的,只不过有所偏重。胡瑗在谈到《周易》的主旨时指出:

---

① 见徐洪兴《思想的转型——理学发生过程研究》,上海人民出版社 1996 年版,第 322 – 325 页。需要指出的是,《宋元学案》辑《论语说》片断应为八则,另外,《宋元学案》卷一《安定学案》还辑有《春秋说》七则。

② 黄宗羲原著,全祖望补修,陈金生、梁运华点校《宋元学案》卷一《安定学案》,第 26 页。

③ 王得臣《麈史》卷上《忠说》,《丛书集成初编》本,第 11 – 12 页。

大《易》之作，专取变易之义，盖变易之道，天人之理也。以天道言之，则阴阳变易而成万物，寒暑变易而成四时，日月变易而成昼夜；以人事言之，则得失变易而成吉凶，情伪变易而成利害，君子小人变易而成治乱。故天之变易，则归乎生成而自为常道；若人事变易，则固在上位者裁制之如何耳。何则？在位之人，苟知其君子小人相易而为治乱，则当常进用君子而摈斥小人，则天下常治而无乱矣；知其情伪相易而成利害，当纯用情实而黜去诈伪，则所为常利而无害矣；知其得失相易而成吉凶，当就事之得而去事之失，则其行事常吉而无凶矣。是皆人事变易，不可不慎也。故大《易》之作，专取变易之义。①

显然，胡瑗认为《周易》专讲变易之义，而这又关乎天道人事。正是这样讲"体"又及"用"，即如胡瑗所说"变易之道，天人之理"，使得他在解说《周易》时多如上文所引解《小畜》卦"以刚止君"之意那样，由"体"而达"用"了。

虽然孙复《易说》六十四篇已经失传，我们无从考察他对"尽孔子之心"的《周易》是如何研究的，而石介《周易解义》则是"说本王弼旨"、"无大发明"，成就甚微，但胡瑗的《周易解义》却开了宋儒以"义理"解义的先河，对程颐的《易传》亦有影响。尤其值得注意的是，胡瑗对性命之理多有关注，其《周易解义》中即谈到性、情，《论语说》中亦有涉及，而《中庸义》一卷则专论性、情，其高足徐积即指出："安定说《中庸》始于情性。"②择要而言，胡瑗认为"性者，天所禀之性也。天地之性，寂然不动，不知所以然而然者，天地之性也。然而元善之气，受之于人，皆有善性，至明而不昏，至正而不邪，至公而不私"③。又指出性乃"天生之质"，"仁、义、礼、智、信五常之道无不具备，故禀之为正性"④，这些都与孟子的"性善论"相近。但胡瑗在《论语说》中又指出："命者禀之于天，性者命之在我。在我者修之，禀于天者顺之。愚、鲁、辟、喭，皆道其所短而使之修者也。"⑤则又认为性亦有待修治。实际上，胡瑗所说性的两种情况，亦即张载所谓的"天地之性"与"气质之性"、二程所谓的"天命之性"与"生之谓性"，只是远不如张氏、程氏他们说得那么清晰，所以反而给人一种似乎自相矛盾的感觉。胡媛又认为，人会由于受到外界事物的干扰而起"喜、怒、哀、乐、爱、恶、欲"七情，若不以性治之，则会流于"邪情"，而圣人正是以正性治情才不致以情乱性：

---

① 胡瑗《周易口义》卷首《周义口义发题》，《四库全书》本。
② 黄宗羲原著，全祖望补修，陈金生、梁运华点校《宋元学案》卷一《安定学案》，第39页。
③ 胡瑗《周易口义》卷十一《系辞上》。
④ 胡瑗《周易口义》卷一《乾》。
⑤ 黄宗羲原著，全祖望补修，陈金生、梁运华点校《宋元学案》卷一《安定学案》，第26页。

性者，天生之质，仁、义、礼、智、信五常之道无不备具，故禀之为正性。喜、怒、哀、乐、爱、恶、欲七者之来，皆由物诱于外则情见于内，故流之为邪情。唯圣人则能使万物得其利而不失其正者，是能性其情，不使外物迁之也。然则圣人之情固有也，所以不为之邪者，但能以正性制之耳。不私于己，而与天下同也。圣人莫不有喜之情，若夫举贤赏善，兴利于天下，是与天下同其喜也；圣人莫不有怒之情，若夫大奸大恶、反道败德者从而诛之，是与天下同其怒也；圣人莫不有哀之情，若夫鳏寡孤独则拯恤之，凶荒札厉则赒贷之，是与天下同其哀也；圣人莫不有乐之情，若夫人情欲寿则生而不伤，人情欲安则扶而不危，若此之类，是与天下同其乐也。是皆圣人有其情则制之以正性，故发于外则为中和之教，而天下得其利也。小人则反是，故以情而乱其性，以至流恶之深则一身不保，况欲天下之利正乎？①

而程颐在《颜子所好何学论》一文中认为：

天地储精，得无形之秀者为人。其本也真而静，其未发也五性具焉，曰仁义礼智信。形既生矣，外物触其形而动其中矣。其中动而七情出焉，曰喜怒哀乐爱恶欲。情既炽而益荡，其性凿矣。是故觉者约其情使合于中，正其心，养其性，故曰性其情。愚者则不知制之，纵其情而至于邪僻，梏其性而亡之，故曰情其性。凡学之道，正其心，养其性而已。中正而诚，则圣矣。②

两相比较，持论是相当接近的。这就无怪乎胡瑗见到此文后“大惊异之，即请相见，遂以先生（指程颐）为学职”；而那个时候，程颐才刚到“始冠”之年。③ 这就表明，胡瑗的性情之论，有导夫先路之功，或者可以说与所谓的“濂洛”之学在一定程度上是契合的。④ 当然，胡瑗在性情方面的理论远不如程颐等人那么成熟，在某些方面也不尽一致，譬如关于情或欲的善恶问题，胡瑗认为情和欲都是有善恶之别的，其徒弟徐积述其说云：

安定说《中庸》始于性情。盖情有正与不正，若欲亦有正与不正，德有凶有吉，道有君子有小人也。若“天地之情可见”，“圣人之情见乎辞”，岂得为情之不正

---

① 胡瑗《周易口义》卷一《乾》。

② 程颢、程颐撰，王孝鱼点校《二程集》，第577页。

③ 据程颢、程颐撰，王孝鱼点校《二程集》第577页《颜子所好何学论》题下注释。

④ 值得注意的是，根据朱熹所编《伊川先生年谱》的记载，程颐十四五岁的时候就和其兄程颢一同受学于周敦颐，“每令寻颜子、仲尼乐处，所乐何事”（见《二程集》第16页）。周敦颐认为圣人可学，其要点则在“一”，“一者，无欲也，无欲则静虚动直，静虚则明，明则通；动直则公，公则溥，明通公溥，庶矣乎”（《圣学第二十章》）。程颐在《颜子所好何学论》中也认为圣人可学，其道在“正其心，养其性”，亦即以性制情，当是源自周敦颐；程颐主张的“灭私欲，明天理”（《二程集》第312页），其精神实质，也与周敦颐所言的“无欲”相一致。

乎？若“我欲仁，斯仁至矣”，岂为不正之欲乎？故以凡言情为不正者，非也；言圣人无情者，又非也。圣人岂若土木哉！①

而胡瑗在谈论以性制情时也已提到：“圣人之情固有也，所以不为之邪者，但能以正性制之耳。不私于己，而与天下同也”②，指明了情的正与不正，其区别在于“私于己”抑或“与天下同”。而程颐等人虽也承认情有善恶，但又倾向于将情与性或曰人欲与天理截然对立，认为要穷理尽性，就必须去除情欲，所以，他们在开示“成圣成贤”的路径时指出要“去欲”，要“灭人欲，存天理”。如周敦颐《养心亭说》论“去欲”：

孟子曰：“养心莫善于寡欲。其为人也寡欲，虽有不存焉者寡矣；其为人也多欲，虽有存焉者寡矣。”予谓养心不止于寡焉而存耳。盖寡焉以至于无，无则诚立，明通。诚立，贤也；明通，圣也。是圣贤非性生，必养心而致之，养心之善有大焉，如此存乎其人而已。

而“二程”虽然有时也区分“公欲”与“私欲”，如云：“‘养心莫善于寡欲。’多欲皆自外来，公欲亦寡矣”③，又说：“合而听之则圣，公则自同。若有私心便不同，同即是天心”④，但更多的是只提私欲、人欲，将之视为与天理不可共容之物，因而就有了“去人欲，存天理”，“灭私欲，明天理”之类的主张：

人心私欲，故危殆。道心天理，故精微。灭私欲则天理明矣。⑤

视听言动，非理不为，即是礼，礼即是理也。不是天理，便是私欲。人虽有意于为善，亦是非礼。无人欲即皆天理。⑥

这是一种在“天理”的原则下，将私欲、人欲统统去掉的做法，哪怕是有意为善，只要不合“理”，即是“非礼”，即是“私欲”，便要去除。这与胡瑗将情欲分为正与不正来区别对待，显然是存在差异的。

总之，胡瑗、孙复、石介三人的影响是巨大的，他们治学注重“明体达用”，同时又以其学教育广大门徒，因而对于养育人才，促进学风新变，都有着不容忽视的影响，起到了积极的先导和推波助澜的作用。全祖望称：“宋世学术之盛，安定、泰山

---

① 黄宗羲原著，全祖望补修，陈金生、梁运华点校《宋元学案》卷一《安定学案》，第 39－40 页。

② 胡瑗《周易口义》卷一《乾》。

③ 程颢、程颐撰，王孝鱼点校《二程集》，第 366 页。

④ 程颢、程颐撰，王孝鱼点校《二程集》，第 145 页。

⑤ 程颢、程颐撰，王孝鱼点校《二程集》，第 312 页。

⑥ 程颢、程颐撰，王孝鱼点校《二程集》，第 144 页。

为之先河,程、朱二先生皆以为然"①,而南宋理学家黄震的一段话,更是对"宋初三先生"的功绩给予了具体分析和高度评价,也谈及了伊洛之学与"宋初三先生"之关系,其云:

师道之废、正学之不明久矣!宋兴八十年,安定胡先生,泰山孙先生,徂徕石先生,始以其学教授,而安定之徒最盛,继而伊洛之学兴矣。故本朝理学虽至伊洛而精,实自三先生而始,故晦庵有"伊川不敢忘三先生"之语。震既读伊洛书,抄其要,继及其流之或同或异,而终之以徂徕、安定笃实之学,以推发源之自,以示归根复命之意,使为吾子孙毋蹈或者末流谈虚之失,而反之笃行之实。②

结合我们在上文中所作分析来看,黄氏此论洵非虚语。

## 二、疑传惑经与通经致用

沿着"宋初三先生"开辟的路径,庆历以来的经学面貌豁然一变,而其主要方面则在于疑传惑经的盛行和通经致用的取向。前者可以刘敞《七经小传》为主要代表,而后者则以李觏为代表人物。这一过程甚至延续到了熙宁以后,典型代表是王安石《三经新义》,在其身上明显可见刘敞和李觏经学的影响。

### (一)疑传惑经

关于这一时期经学方面疑传惑经的情况,南宋的陆游有过详细说明,他说:"唐及国初,学者不敢议孔安国、郑康成,况圣人乎!自庆历后,诸儒发明经旨,非前人所及,然排《系辞》,毁《周礼》,疑《孟子》,讥《书》之《胤征》《顾命》,黜《诗》之《序》,不难于议经,况传注乎!"③皮锡瑞就此指出:"宋儒拨弃传注,遂不难于议经。排《系辞》谓欧阳修,毁《周礼》谓修与苏轼、苏辙,疑《孟子》谓李觏、司马光,讥《书》谓苏轼,黜《诗序》谓晁说之。此皆庆历及庆历稍后人。"④在皮氏指出的这些代表人物中,欧阳修、李觏主要是生活在庆历前后,司马光则在熙宁以来仍生活了十余年,且一度主政,尽去"新法",而苏轼、苏辙、晁说之,则是熙宁前后登上历史舞台的;由此可见,疑传惑经的风习盛行了很长一段时间,至熙宁后仍未稍歇,甚至可以说是有愈演愈烈之势。就庆历、熙宁间的"疑传惑经"来说,是由欧阳修导之于前,刘敞承之于后;而就实际成绩和影响来说,则刘敞似更值得注意,宋人即对此多有评说,如吴曾《能改斋漫录·事始·注疏之学》引《国史》云:

① 黄宗羲原著,全祖望补修,陈金生、梁运华点校《宋元学案》卷一《安定学案》,第23页。
② 黄震《黄氏日抄》卷四十五《读诸儒书》。
③ 王应麟撰,翁元圻等注,栾保群、田松青、吕宗力校点《困学纪闻》卷八《经说》,第1095页。
④ 皮锡瑞撰,周予同注释《经学历史》,第220页。

庆历以前,学者尚文辞,多守章句注疏之学,至刘原父为《七经小传》,始异诸儒之说。王荆公修经义,盖本于原父。

又《郡斋读书志》卷四"《七经小传》五卷"条云:

元祐史官谓:"庆历前学者尚文辞,多守章句注疏之学,至敞始异诸儒之说,后王安石修《经义》,盖本于敞。"公武观原父说"伊尹相汤伐桀,升自陑"之类,《经义》多剿取之,史官之言,良不诬也。

再如《直斋书录解题》卷三"《七经小传》三卷"条说:

前世经学大抵祖述注疏,其以己意言经,著书行世,自敞倡之。

而王应麟《困学纪闻》卷八《经说》也指出:"自汉儒至于庆历间,谈经者守训诂而不凿。《七经小传》出而稍尚新奇矣。至《三经义》行,视汉儒之学若土梗。"这些记载都指出了刘敞及其《七经小传》在异先儒之说、以己意说经、转移经学风气方面的突出贡献,同时也强调了其对王安石《三经新义》的影响。我们认为,这一看法是值得注意的,虽然欧阳修较早地疑传惑经,排《系辞》、批《诗序》、疑《周礼》,但在广度和深度方面都大大推进一步,在著述和影响方面更有实绩的,则无疑要数刘敞及其《七经小传》;如果说欧阳修重在疑经典、黜邪说以尊经的话,那么,刘敞所重则在由怀疑经传而改动经文,自立新说,涉及到的经典则有《毛诗》《尚书》《周礼》《仪礼》《礼记》《论语》以及《春秋》三传等。正是由此范围广而程度深的疑传惑经之举,刘敞及其《七经小传》才风行一时,学术风气也为之一变。欧阳修撰于熙宁二年的《集贤院学士刘公(敞)墓志铭》有"《七经小传》,今盛行于学者"之语,而司马光于熙宁二年六月所上《论风俗札子》谈到当时的学术风气时说:

窃见近岁公卿大夫好为高奇之论,喜诵老庄之言,流及科场,亦相习尚。新进后生,未知臧否,口传耳剽,翕然成风。至有读《易》未识卦爻,已谓《十翼》非孔子之言,读《礼》未知篇数,已谓《周官》为战国之书;读《诗》未尽《周南》《召南》,已谓毛、郑为章句之学;读《春秋》未知十二公,已谓三《传》可束之高阁。循守注疏者谓之腐儒,穿凿臆说者谓之精义……①

此种疑经惑传、自出己意风气之盛行,正与刘敞及其《七经小传》的风靡一时是分不开的。下面,我们就以刘敞及其《七经小传》为例略加叙述,以见庆历、熙宁间疑传惑经之经学风貌之一斑。

---

① 司马光《传家集》卷四十二,《四库全书》本。

刘敞(1019—1068),字原父,号公是,临江新喻(今江西新余)人,庆历年间进士。《宋史》本传称其“学问渊博,自佛老、卜筮、天文、方药、山经、地志,皆究知大略。……长于《春秋》,为书四十卷,行于时”。欧阳修《集贤院学士刘公(敞)墓志铭》亦赞刘敞“于学博,自‘六经’、百氏、古今传记,下至天文、地理、卜医、数术、浮图、老庄之说,无所不通”。确实,刘敞的学问是极其渊博的,尤其是长于《春秋》、精于礼学,且对六艺经传均有研究,主要经学著述有《春秋》“五书”,即《春秋传》《春秋权衡》《春秋说例》《春秋文权》《春秋意林》和《七经小传》《先秦古器图》以及《公是集》中有关经学研究的篇章。刘敞精于礼学,除了在《七经小传》中涉及到了《周礼》《仪礼》和《礼记》外,据朱彝尊《经义考》考证,又有《士相见礼》一卷、《投壶义》一篇、《公食大夫义》一卷、《小功不税解》一篇、《君临臣丧辨》一篇、《祭法小传》一卷、《与为人后议》一篇等篇章,而刘敞在解《春秋》时也显示了他深厚的礼学功底,四库馆臣在刘敞《春秋权衡》十七卷的“提要”中即指出:“叶梦得作《石林春秋传》,于诸家义疏多所排斥,尤诋孙复《尊王发微》,谓其不深于礼学,故其言多自抵牾,有甚害于经者。虽概以礼论当时之过,而不能尽礼之制,尤为肤浅。惟于敞则推其渊源之正。盖敞邃于礼,故是书进退诸说,往往依经立义,不似复之意为断制。”刘敞甚至因礼学而名重一时,《宋史》本传即指出:“朝廷每有礼乐之事,必就其家以取决焉。”刘敞亦长于《春秋》,所著《春秋》“五书”在宋代《春秋》学史乃至整个古代的《春秋》学史上都有重要地位,是以己意解析《春秋》的代表性著作,四库馆臣即这样认为:“北宋以来,出新意解《春秋》者,自孙复与敞始。复沿啖、赵之余波,几于尽废三《传》。敞则不尽从传,亦不尽废传,故所训释为远胜于复焉。”①刘敞《春秋》学的特点,诚如四库馆臣所言是“不尽从传,亦不尽废传”,既承其是又去其非,而多以己意为去取,《直斋书录解题》卷三著录云:“《春秋传》十卷、《权衡》十七卷、《意林》一卷、《说例》一卷,集贤院学士清江刘敞原父撰。始为《权衡》以平三家之得失,然后集众说,断以己意,而为之传。《传》所不尽者,见之《意林》。其《传》用《公》《谷》文体。《说例》凡四十九条”,于此可见一斑。以己意为去取,有时难免穿凿,但也容易提出新意,四库馆臣有一段分析颇能说明问题,其云:

敞说《春秋》,颇出新意,而文体则多摹《公》《谷》。诸书皆然,是编(指《春秋传说例》一卷)尤为简古。惟说《大夫帅师例》一条,称鲁不当有三军,而以《周礼》为后人附会,未免稍偏。又宣公十八年经文“归父还自晋”,敞《春秋传》从《左氏》

---

① 永瑢等《四库全书总目》卷二十六,“《春秋传》十五卷”条,第215页。

作“至笙”，而是编则从《公》《谷》作“至柽”，亦颇自相牴牾。其余则大致精核，多得经意。①

而这一特点，正是疑传惑经风气下的产物。当然，《春秋》历来作为“经世”之书，其以一字寓褒贬的微言大义必然是学者阐发之重点所在，刘敞也不例外，四库馆臣在评论《春秋意林》时即征引叶梦得《石林春秋传》云：“不知经者以其难入，或诋以为用意太过，出于穿凿。然熟读深思，其间正名分，别嫌疑，大义微言，灼然圣人之意者，亦颇不少。”②而刘敞在《春秋》学方面如此用力，著有《春秋》“五书”，“多达四十一（一无此字）卷”③，并且据朱彝尊《经义考》考证，又有《子囊城郢论》一篇、《非子产论》一篇、《叔孙昭子讥叔辄论》一篇等相关篇章，也可显见刘敞在经学研究中确实又具有一定的关注现实的取向。另外，刘敞所撰《公是集》卷三十八中有《易本论》一篇，在大谈了一番太极、阴阳、五行、象数之类的玄妙之理后，将所论归结到了所谓的“君子之道”、“小人之道”，可见，刘敞具有由天道及于人事的《易》学思想，这同样说明他对现实是较为措意的。

全祖望在《公是先生文抄序》中指出：“先生于书无所不窥，尤笃志经术，多自得于先圣。所著《七经小传》《春秋》‘五书’，经苑中莫与抗。”④其中所列《七经小传》《春秋》“五书”，成就不斐，影响突出，确实是刘敞代表性的经学著述，而就比较全面地反映刘敞的经学态度、经学方法和经学成就来说，则无疑要首推《七经小传》。

《七经小传》，《宋史·艺文志》和《郡斋读书志》均作五卷，《直斋书录解题》则作三卷，收录《四库全书》之《七经小传》亦为三卷。据其卷首目录可知，卷上为《尚书》《毛诗》，卷中为《周礼》《仪礼》《礼记》《公羊》（《国语》），卷下为《论语》。对此篇目，四库馆臣有个说法，我们认为是比较符合实际的，其云：

其曰“七经”者，一《尚书》，二《毛诗》，三《周礼》，四《仪礼》，五《礼记》，六《公羊传》，七《论语》也。然《公羊传》仅一条，又皆校正《传》文衍字，于《传》义无所辨正，后又有《左传》一条、《国语》一条，亦不应独以《公羊》标目。盖敞本欲作《七经传》，惟《春秋》先成。凡所札记，已编入《春秋传》《意林》《权衡》《文权》《说例》五书中。此三条一校衍字，一论都城百雉，一论禘郊祖宗报，于经文无所附丽，故其文仍在此书中。其标题当为《春秋》，故得兼及《外传》。传写者见第一条为《公

① 永瑢等《四库全书总目》卷二十六，“《春秋传说例》一卷”条，第216页。

② 永瑢等《四库全书总目》卷二十六，“《春秋意林》二卷”条，第216页。

③ 欧阳修《集贤院学士刘公（敞）墓志铭》，收录于《欧阳修全集》，第250页。

④ 黄宗羲原著，全祖望补修，陈金生、梁运华点校《宋元学案》卷四《庐陵学案》，第208页。

羊》,第二条末亦有“公羊”字,遂题曰《公羊》而注曰“《国语》附”,失其旨矣。①

所以,根据四库馆臣的意见,所谓“七经“当指《尚书》《毛诗》《周礼》《仪礼》《礼记》《春秋》《论语》。总的来看,刘敞的《七经小传》,其特点在于改易经文和以己意解经,而这两个方面正是在疑传惑经的风习下的进一步推进,因为疑传,所以不信从传注而出以己意;因为疑经,所以改动经文来使之完备,以体现出该学者认为所当然的义理或者说大道。关于改易经文,在《七经小传》中例子甚多,或更改文字,如《七经小传》卷上《尚书》云:“‘《九共》九篇’,共当作丘”;或更定次序,典型者如:

《武成》曰:“武王伐殷,往伐归兽,识其政事,作《武成》。”识,记也,言史官具记武王克商所施行之政以为此书也。然此书简策错乱,兼有亡逸,粗次定之于下曰:“惟一月壬辰,旁死魄。越翼日癸巳,王朝步自周,于征伐商”,此下当次以“底商之罪,告于皇天后土、所过名山大川”云云,下至“大赉于四海,而万姓悦服”,皆在纣都所行之事也。然后次以“厥四月哉生明,王来自商至于丰”,然后又次以“丁未祀于周庙”云云,下至“予小子其承厥志”,此下武王之诰未终,当有百工受命之语,计脱五六简矣,然后次以“乃偃武修文”云云,然后又次以“列爵惟五”云云。②

而四库馆臣在刘敞《七经小传》的“提要”中也指出:“以己意改经,变先儒淳实之风者,实自敞始”,并详加举例道:

如谓《尚书》“愿而恭”当作“愿而荼”、“此厥不听”当作“此厥不德”;谓《毛诗》“烝也无戎”当作“烝也无戍”;谓《周礼》“诛以驭其过”当作“诛以驭其祸”,“士田贾田”当作“工田贾田”,“九箨,五曰巫易”当作“巫阳”;谓《礼记》“诸侯以《狸首》为节”当作“以《鹊巢》为节”:皆改易经字以就己说。至《礼记》“若夫坐如尸”一节则疑有脱简,“人喜则斯陶”九句则疑有遗文,“礼不王不禘及庶子王亦如之”则疑有倒句。而《尚书·武成》一篇考定先后,移其次序,实在蔡沉之前。③

由这些例子,当不难想见刘敞《七经小传》在疑传惑经甚至改经方面所做出的突出努力。另外,刘敞《七经小传》还表现出了以己意解经的鲜明特色,四库馆臣也作了详细的分析,指出:“如解《尚书》‘鸟兽跄跄’,谓古者制乐或法于鸟,或法于兽;解《毛诗》‘葛之覃兮’,谓葛之茂盛,则有人就而刈之,以为絺绤,如后妃在家,德美充茂,则王者就而聘之,以为后妃;解《论语》‘乘桴浮于海’,谓夫子周流

① 永瑢等《四库全书总目》卷三十三,“《七经小传》三卷”条,第270页。

② 刘敞《七经小传》卷上《尚书》,《四库全书》本。

③ 同上。

列国，如桴之在海，流转不定：其说亦往往穿凿，与安石相同。……谓敞之说经，开南宋臆断之弊，敞不得辞。……略其卮词，采其粹语，疏通剔抉，精凿者多。”①此论一分为二地看待刘敞的《七经小传》以己意解经的做法，指出其有臆断之弊，同时又不乏精凿之见，可谓是较为客观公允的。事实上，像四库馆臣所列举的以己意解经的例子，在《七经小传》中并不鲜见，时常在商榷旧说的同时又出以己意，如下面这段：

子夏《诗序》云：“礼义废，政教失，国异政，家殊俗，而变风变雅作矣。”然则诸国风，其言正义善事合于道者，皆正风也；其有刺讥怨诽者，乃变风也。亦犹二雅，言文武成康为正雅，言幽厉为变雅矣。今说者皆断《周南》《召南》为正风，自邶以下为变风，遂令《淇奥》《缁衣》与《南山》《北门》同列，非夫子之意、子夏之指。且“国史明乎得失之迹，伤人伦之废，哀刑政之苛”，为变风可矣；若人伦不废，刑政不苛，何故（一本无何字，故作顾）不得为正风乎？既横生分别，不与二雅同，又褒贬错谬，实无文可据，未足以传信也。②

所以，正是刘敞在解经时注重出以己意，同时又疑经以改经，加之程度深、范围广，产生巨大的影响自然也就不足为奇。四库馆臣所谓“以己意改经，变先儒淳实之风者，实自敞始”，“敞之说经，开南宋臆断之弊……略其卮词，采其粹语，疏通剔抉，精凿者多”，③都已精辟地指出了刘敞及其《七经小传》在经学研究方面的成绩和影响所在。

（二）通经致用

庆历之际，范仲淹等人掀起一股改革之风，终于形成“庆历新政”这一高潮。与现实变革有关的是，在经学研究领域也呈现出强烈的通经致用，以经学干预政治、服务政治的色彩。

通经致用，本是经学的重要价值所在；以经术缘饰政治，更是古已有之的传统。可惜，随着章句注疏之学的盛行，人们的注意力逐渐转向于章句训诂、名物考证等琐细方面，而无暇考究经文大义，更遑论以经术来为政治服务。但是，随着中唐以来社会危机的日益沉重以及儒学的日趋中衰，士人们纷纷希望通过复兴儒学来挽救世道人心，解决社会危机，这促使了儒学复兴运动得以蓬勃展开，谨守章句注疏之学的面貌逐渐有所改观，人们开始注重经文义理，讲求先王之道，以臻于“三代”之治为现实归依。这种情况，一直延绵至赵宋，或者可以说，宋代以来的经

---

① 永瑢等《四库全书总目》卷三十三，“《七经小传》三卷”条，第270页。
② 刘敞《七经小传》卷上《毛诗》。
③ 同①。

学面貌,也是在这样一种大背景下展开的。于是,出现了邢昺、胡瑗等人在讲经时注重“引时事为喻”、“引当世之事明之”;出现了范仲淹援引《周易》的“变易”之道为政治革新的立论依据;出现了李觏直接从经典中寻找治国方案,有《周礼致太平论》等著述:这些都是通经致用的鲜明体现,而其中,尤以李觏为最。下面,我们就以李觏及其《周礼致太平论》来讨论一下当时学者通经致用的情况。

李觏(1009—1059),字泰伯,建昌军南城(今江西南城县)人,人称“盱江先生”或“直讲先生”。他同范仲淹一样,主张变革弊政、富国强兵。因而,他的著述中多有关切现实的文字,诸如《潜书》《平土书》《富国强兵安民策》《庆历民言》等,多是针对现实而发,而《寄上范参政书》则是勉励、支持范仲淹政治革新的一份声明,《周礼致太平论》则是为“庆历新政”提供了一份可供参考的蓝图。这种关注现实的思想,甚至在很大程度上决定了李觏在经学研究方面注重致用的取向。

总的来看,李觏在经学方面主要是对《易》学和《礼》学用功颇深,著述也多,关于《易》学的主要有《易论》十三篇以及《删定易图序论》六篇;关于《礼》学的则更多,有《礼论》七篇、《礼论后语》一篇、《平土书》二十章、《周礼致太平论》五十一篇以及《明堂定制图序》一篇、《五宗图序》一篇、《读儒行》一篇等。

李觏的《易》学,不取象数而独寻义理,多系乎君臣之义,万事之理。他在谈到《易》的主旨时指出:

圣人作《易》,本以教人,而世之鄙儒,忽其常道,竞习异端。有曰我明其象,则卜筮之书未为泥也;有曰我通其意,则释老之学未为荒也。昼读夜思,疲心于无用之说,其以惑也,不亦宜乎。包牺画八卦而重之,文王、周公、孔子系之辞,辅嗣之贤,从而为之注。炳如秋阳,坦如大逵。君得之以为君,臣得之以为臣。万事之理,犹辐之于轮,靡不在其中矣。①

正是基于这样一种认识,李觏在《易论》十三篇中多谈人事,首篇即论“为君之道”,以下依次论“任官之急”、“为臣之道”、“治身与治家”、“遇于人”、“动而无悔”、“人事之变”、“常与权”、“慎祸福”、“招患与免患”、“心一而迹殊”、“乾坤卦时”、“以人事明卦象”等。显而易见,这些篇章都是与现实生活密切相关的。值得注意的是,李觏对《周易》变易之理是比较重视的,他指出:“夫救弊之术,莫大乎通变。然民可与乐成,难与虑始,非断而行之,不足以有为矣”②,又在《易论第八》中专论常与权的问题,他说:“常者,道之纪也,道不以权,弗能济矣。是故权者,反常

① 李觏撰,王国轩校点《李觏集》卷三《易论第一》,中华书局 1981 年版,第 27 页。

② 李觏撰,王国轩校点《李觏集》卷三《易论第一》,第 28 - 29 页。

者也。事变矣，势异矣，而一本于常，犹胶柱而鼓瑟也”，“排患解纷，量时制宜，事出一切，愈不可常也”。这种注重变易的言论，与范仲淹用《周易》的通变理论来为政治变革提供依据①，在精神风貌上是相当一致的。事实上，李觏于庆历四年作《寄上范参政书》，对范仲淹主持新政予以支持和勉励，也正是建立在这样一种通变的思想基础之上的。所以，李觏《易》学所表现出来的经世致用的特点，是相当显著的。这也正如李觏自己所说，“著《易论》十三篇，援辅嗣之注以解义，盖急乎天下国家之用，毫析幽微，所未暇也”②。另一方面，李觏不仅立正学，而且黜邪说，他对属于象数、图书派《易》学的刘牧《易》学攻击甚力，批评是“力穿凿以从傀异，考之破碎，鲜可信用。大惧诖误学子，坏隳世教”，并专门作《删定易图论》以诋之，以期“庶乎人事修而王道明”③。

当然，李觏影响更大、通经致用特色更为鲜明的，还要数他的《礼》学，尤其是《周礼致太平论》五十一篇。《宋史》本传提到的经学著作即是《周礼致太平论》《平土书》《礼论》三种，这都是李觏《礼》学类著作。《宋史》本传还载录了一篇《明堂定制图序》，此文博征载集，论析细致，从中可见刘敞对于《礼》学的精通；而此篇得以被史臣载录史册，也可反映出它影响之深远，这在一定程度上也可说明刘敞确实是长于《礼》学的。

李觏的《礼》学，突出地发挥了其经世致用的一面。他对“礼”是非常重视的，甚至以之为治国修身之本，他说：“夫礼，人道之准，世教之主也。圣人之所以治天下国家，修身正心，无他，一于礼而已矣。”④他进而把与礼相关的乐、刑、政以及仁、义、智、信等都归于礼，以礼为统帅，他指出：“饮食、衣服、宫室、器皿、夫妇、父子、长幼、君臣、上下、师友、宾客、死丧、祭祀，礼之本也。曰乐、曰政、曰刑，礼之支也。而刑者，又政之属矣。曰仁、曰义、曰智、曰信，礼之别名也。是七者，盖皆礼矣。”⑤于是，他在《礼》学论著如《礼论》十三篇中，就充分发挥了这一观点，所论多强调以礼为主，以礼为治国修身之本、以礼来统帅仁、义、智、信及乐、刑、政的主旨得到了具体充分的阐释和发挥，从而既强调了礼的功用，又凸显了其经世的意义，我们从中也就不难看出李觏治经注重致用的特色。而李觏又曾明言其撰著《礼

① 范仲淹《范文正奏议》卷上《答手诏条陈十事》云：“《易》曰：‘穷则变，变则通，通则久。’此言天下之理，有所穷塞则思变通之道，既能变通则成长久之业。我国家革五代之乱，富有四海垂八十年，纲纪制度日削月侵，官壅于下，民困于外，敌人骄盛，寇盗横炽，不可不更张以救之。”

② 李觏撰，王国轩校点《李觏集》卷四《删定易图序》，第52页。

③ 同上。

④ 李觏撰，王国轩校点《李觏集》卷二《礼论第一》，第5页。

⑤ 李觏撰，王国轩校点《李觏集》卷二《礼论第一》，第5－6页。

论》的目的在于“推其本以见其末,正其名以责其实。崇先圣之遗制,攻后世之乖缺。邦国之龟筮,生民之耳目,在乎此矣”①,从中既可反映出李觏对其著作颇多期许、自视甚高的一面,又明确显示出李觏著论是以服务现实社会、通经致用为宗旨的。这与《礼论》十三篇的主旨和具体内容都是相当一致的。

再看李觏的《平土书》,这是他针对当时现实问题土地兼并现象日益严重、贫富差距不断扩大,各种社会矛盾也日益激化而提出的对策,其采取的路径则是从经典中寻找答案,即根据《周礼》中的“井田制”而提出“平土”的主张。他在《平土书》中写道:

生民之道食为大,有国者未始不闻此论也。顾罕知其本焉。不知其本而求其末,虽尽智力,弗可为已。是故,土地,本也;耕获,末也。无地而责之耕,犹徒手而使战也。法制不立,土田不均,富者日长,贫者日削,虽有耒耜,谷不可得而食也。食不足,心不常,虽有礼义,民不可得而教也。尧舜复起,末如之何矣!故平土之法,圣人先之。夏、商以前,其传太简,备而明者,莫如周制。自秦用商鞅,废井田,开阡陌,迄今数千百年,学者因循,鲜能道平土之谓。虽道之,犹卤莽未见其详。于戏!古之行王政必自此始。儒有欲谈三王,可不尽心哉!抑焉知其不复用也!于是本诸经,该诸传记,条而辩之。②

显然,李觏著论的意旨在于仿周制井田而倡“平土”,其指向在于解决现实问题,并期待其主张被人君所采纳而实现先王之治。其中“本诸经,该诸传记,条而辩之”云云,说明了李觏提出问题、发表见解的方式,兹举其第一、第二条以明之:

一曰:按《周礼》大司徒职曰:“以土圭之法测土深,正日景,以求地中。“日至之景,尺有五寸,谓之地中,乃建王国焉。制其畿,方千里而封树之,此王畿广轮之数也。

二曰:按《司马法》曰:“王国百里为郊,二百里为州,三百里为野,四百里为县,五百里为都。”又按《周礼》载师职曰:“以廛里任国中之地,以场圃任园地,以宅田、士田、贾田任近郊之地,以官田、牛田、赏田、牧田任远郊之地,以公邑之田任甸地,以家邑之田任稍地,以小都之田任县地,大都之田任畺地。”杜子春以五十里为近郊,百里为远郊。郑康成以二百里为甸地,三百里为稍地,四百里为县地,五百里为畺地(郑注不甚详明,其意然也。先儒皆同《周礼》,亦谓五百为都。其曰甸、稍、县、都者是也),此王国远近之别也。然《司马法》与《周礼》其言颇异。意者文

---

① 李觏撰,王国轩校点《李觏集》卷二《〈礼论七篇〉序》,第5页。

② 李觏撰,王国轩校点《李觏集》卷十九,第183页。

王在岐作《司马法》，及周公摄天子位，从而增损之以为《周礼》乎？今本《周礼》为定。（下意仿此。）①

相对而言，李觏的《周礼致太平论》五十一篇，实更能反映他通经致用的治经特色。据宋人魏峙《直讲李先生年谱》②，李觏于庆历三年撰有《庆历民言》三十篇、《周礼致太平论》三十篇，而庆历三年恰恰是范仲淹等人施行政治改革的一年；此外，在庆历四年六月四日，李觏又有《寄上范参政书》③，表达自己支持、勉励范仲淹革新弊政的意愿。而李觏在《寄周礼致太平论上诸公启》中也提到："世之儒者，以异于注疏为学，以奇其词句为文。而觏此书，于注疏则不异，何足谓之学？于词句则不奇，何足谓之文？惟大君子有心于天下国家者，少停左右，观其意义所归，则文学也者，筌蹄而已。日月光明，固不待灯烛之助，至于丰屋之下，幽室之中，照临所不到处，虽铢油寸蜡，岂无顷刻之功邪？圣人在阼，贤人在庭，而小子言焉，庶有补于万一也。"④表明所著乃有为而作，希望为现实服务，是"有心于天下国家者"。结合以上这些情况来看，完全可以认为，李觏撰著《周礼致太平论》，是有着为庆历新政服务，为现实改革服务的意旨的，或者说，《周礼致太平论》是为当时正在兴起的政治革新提供一份可参考的蓝图。这一点，在李觏所撰的《〈周礼致太平论〉序》中即已有明确的说明。此《序》谈到了对《周礼》的看法、著述的主旨和具体内容，从中可清楚地看到李觏以《周礼》为范本为现实政治提供蓝图的意旨和具体内容，兹引述如下：

昔刘子骏、郑康成皆以《周礼》为周公致太平之迹，而林硕谓末世之书，何休云六国阴谋。然郑义获伸，故《周官》遂行。觏窃观"六典"之文，其用心至悉，如天焉有象者在，如地焉有形者载。非古聪明睿智，谁能及此？其曰周公致太平者，信矣。鄙儒俗士，各滞所见，林之学不著何说。《公羊》诚不合礼，盗憎主人，夫何足怪？今之不识者，抑又诡诡，将使人君何所取法？是用摭其大略而述之。天下之理，由家道正，女色阶祸，莫斯之甚，述《内治》七篇。利用厚生，为政之本，节以制度，乃无伤害，述《国用》十六篇。备预不虞，兵不可阙，先王之制，则得其宜，述《军卫》四篇。刑以防奸，古今通义，唯其用之，有所不至，述《刑禁》六篇。纲纪既立，持之在人，天工其代，非贤罔乂，述《官人》八篇。何以得贤，教学为先，经世轨俗，能事以毕，述《教道》九篇。终焉并序，凡五十一篇，为十卷，命之曰《周礼致太平

---

① 李觏撰，王国轩校点《李觏集》卷十九《平土书》，第183－184页。

② 李觏撰，王国轩校点《李觏集》卷末附，第493－507页。

③ 李觏撰，王国轩校点《李觏集》卷二十七，第299－301页。

④ 李觏撰，王国轩校点《李觏集》卷二十六，第275－276页。

论》。噫！岂徒解经而已哉！唯圣人君子知其有为言之也。①

由此，我们当不难看到，李觏解经是汲汲以服务现实为务的，充分体现了通经致用的特色，正如李觏自己所说，“岂徒解经而已哉！唯圣人君子知其有为言之也”。也正是由于《周礼致太平论》具有鲜明的经世致用的色彩，魏峙才深刻地指出：“《周礼致太平论》三十篇，而《内治》七篇居其首，其略曰……余按此篇三叹成王周公致太平之书，其精神心术尽在于是。使先生之志获行，如有用我，执此以往，岂特王河汾（王通）能言之？惜夫其不果也。”②

## 第二节　庆历、熙宁间的文学面貌与经学新风

北宋庆历以来直至宋室南渡，欧阳修和苏轼先后主盟文坛。两人前后相续，实是一脉相承。欧阳修既以斯文付与苏轼，苏轼亦未负厚望，且有将统绪继续传承门人之意，这在苏轼所撰《东坡志林》中言之甚明：

昔吾举进士试名于礼部，欧阳文忠公见吾文曰：“此我辈人也，吾当避之。”方是时，士以剽裂为文，聚而见讪，讪公者，所在成市。曾不数年，忽若潦水之归壑，无复见一人在此。岂复待后世哉！今吾衰老废学，自视缺然，而天下之士不吾之弃，以为可以与于斯文者，犹以文忠公之故也。张文潜、秦少游，此二人者，士之超逸绝尘者，非独吾云尔。二三子亦自以为莫及也。士骇所未闻，不能无异同，故纷纷之论，未尝及吾与二子。吾策之审矣！士如良金美玉，市有定价，岂可以爱憎口舌贱贵之欤？③

而其前后分界点，正在熙宁年间；欧阳修于熙宁五年（1072）去世，时年三十六岁的苏轼也就在这个时候担起了接续斯文的重担。正是有着这种主盟者的前后相续性，庆历、熙宁间的文学与熙宁以来的文学面貌，也较为明显地体现出一脉相承性。简要地讲，庆历、熙宁间的文学是初步奠定了宋代一朝之文学的面貌，体现出了宋代文学自身的诸多特征，譬如在诗歌方面有所谓的“以文字为诗，以才学为诗，以议论为诗”（严羽《沧浪诗话·诗辩》）等倾向，在散文方面则力行古文以取

---

① 李觏撰，王国轩校点《李觏集》卷五《〈周礼致太平论〉序》，第67页。

② 李觏撰，王国轩校点《李觏集》卷末附魏峙《直讲李先生年谱》，“庆历三年癸未三十五岁”条，第500页。

③ 苏轼《东坡志林》卷十，《四库全书》本。

代骈体时文，即如《蔡宽夫诗话》所说“景祐、庆历后，天下知尚古文”①；而到了熙宁以来的一段时期，则是在苏轼的主盟下，将欧阳修等人奠基的文学面貌进一步完善定型，使得宋代一朝之文学的特征也更趋明显和成熟。这是对前后两期文学的一个基本的定位。

关于庆历、熙宁间的文学面貌，北宋人张舜民（字芸叟）有一段论述是很值得一提的，其云：

> 本朝自明道、景祐间，始以文学相高，故子瞻、师鲁兄弟、欧阳永叔、梅圣俞为文，皆宗主“六经”，发为文采，脱去晚唐五代气格，直造退之、子厚之阃奥，故能浑灏包含，莫测涯涘，见者皆晃耀耳目。天下学者争相矜尚，谓之古文，皆以不识其人、不习其文为深耻，乃不知君子之言，本来如此也。今执笔之士，虽名家自负，亦系当时诸公为之倡率楷模，风流渐渍之所成。故相距七八十年，长老之人，皆能传诵以教人，其为泽也厚哉！今笔迹粲然，腑肺倾倒于师鲁至矣！②

此论指明了以下几个问题：其一，指明了兴起的时间及影响。自明道、景祐以来，兴作古文之风就已初见端倪，而其影响更是及于七八十年之后，且程度很深，“天下学者争相矜尚，谓之古文，皆以不识其人、不习其文为深耻”。其二，指出了主要的代表人物有子瞻、师鲁兄弟、欧阳永叔、梅圣俞等。其三，揭示了为文的特点，即“宗主‘六经’，发为文采，脱去晚唐五代气格，直造退之、子厚之阃奥，故能浑灏包含，莫测涯涘”。要之，张舜民所论，已为我们大致展示了庆历、熙宁间的文学面貌，包括其主要代表人物和为文特点。当然，应该指出，文中提到的“子瞻”应该是笔误，当是“子美”，即苏舜钦。因为，一方面，据《宋史》本传，张舜民在徽宗朝由于被打入元祐党籍而遭到贬谪，之后不久就去世了，而元祐党籍的制定、颁布是在崇宁（1102－1106）初年③；再据上述引文中提到的“今执笔之士……相距七八十年”云云，由张舜民去世的崇宁年间上推七八十年，则已到了明道（1032—1033）、景祐（1034—1037）前后，由此可知，张舜民在文中所记述的确实是明道、景

① 胡仔撰，廖德明校点《苕溪渔隐丛话》（前集）卷二十二，“西昆体”条引，第145页。

② 王正德《余师录》卷二《张芸叟》，《丛书集成初编》本，第26页。

③ 徐乾学《资治通鉴后编》卷九十六“崇宁三年六月壬戌”条下云：“考异：按元祐奸党姓名有二碑，一立于崇宁元年之九月，徽宗手书，刻石置端礼门，凡百有二十人，首文彦博。明年九月，臣僚请颁端礼门石刻于外路州军，即此也。一立于三年之六月，徽宗手书，刻石置文德殿门之东壁，凡三百九人，首司马光；又命蔡京书大碑，颁之天下。此在《长编》及《宋纪》具有明文。京所书者，乃三百九人，非百二十人也。而陈桱《通鉴续编》于崇宁二年大书云“颁蔡京所书元祐奸党碑，刻石于州县”，三年则但云“复位元祐元符党人，刻石于朝堂”，反不及蔡京书碑事，薛应旗、王宗沐皆因之，舛谬极矣，今据《长编》《宋纪》悉为改正。”

祐前后的事,而子瞻即苏轼在景祐四年(1037)才刚刚出生。另一方面,与师鲁兄弟(尹源、尹洙)、欧阳永叔、梅圣俞等同时兴作古文的,是苏舜钦、苏舜元兄弟,欧阳修在为苏舜钦的文集作序时即指出:"子美之齿少于予,而予学古文,反在其后。天圣之间,予举进士于有司,见时学者务以言语声偶擿裂,号为时文以相夸尚。而子美独与其兄才翁(舜元)及穆参军伯长作为古歌诗杂文,时人颇共非笑之,而(一无此字)子美不顾也。"①

具体说来,庆历、熙宁间文学的展开,是从钱惟演的西京幕府开始的。邵伯温《邵氏闻见录》卷八记载:

> 天圣、明道中,钱文僖公自枢密留守西都,谢希深为通判,欧阳永叔为推官,尹师鲁为掌书记,梅圣俞为主簿,皆天下之士,钱相遇之甚厚。……当朝廷无事,郡府多暇,钱相与诸公行乐无虚日。

王辟之《渑水燕谈录》卷一亦载:

> 天圣末,欧阳文忠公文章三冠多士,……为西京留守推官。府尹钱思公、通判谢希深皆当世伟人,待公(欧阳修)优异。公与尹师鲁、梅圣俞、杨子聪、张太素、张尧夫、王几道为七友,以文章道义相切劘。率常赋诗饮酒,间以谈戏相得,尤乐洛中山水,园亭塔庙,佳处莫不游览。

西京幕府实际上是为这些才学之士提供了一个诗酒唱和、谈文论道的宽松环境,而这样的环境,对于提高诗文技艺,乃至扭转文坛风气都是有帮助的。欧阳修在幕府中既与尹师鲁"相与作为古文"(《记旧本韩文后》),又与梅尧臣切磋诗歌技艺,正如《宋史》本传所说:"(欧阳修)调西京推官。始从尹洙游,为古文,议论当世事,迭相师友;与梅尧臣游,为歌诗相倡和,遂以文章名冠天下。"而这种作为古文、切磋诗艺的情况,也已经走出西京幕府而影响到整个文坛,并由天圣、明道带到了庆历、熙宁间。就散文来说,是古文兴起而大行其道;就诗歌来说,则是初具"宋诗"面目,所谓的"以文字为诗"、"以才学为诗"、"以议论为诗"等,已有了初步的体现。

以欧阳修为核心,形成了一个主盟一时的文人集团。与欧阳修相与作为古文的有尹师鲁兄弟,着力诗歌创作的则有石延年、梅尧臣等人,苏舜钦则兼攻诗文。就其总的创作风貌来看,是以简练高古的古文取代奢靡华艳的骈文,以平易流畅、刚劲健朗的诗歌取代寻章摘句、靡丽浮泛的"昆体",并且,以文为诗的倾向开始

---

① 欧阳修《欧阳修全集》,第288页。

抬头。

如古文方面，尹洙、欧阳修等卓有贡献，他们实与前驱穆修等人桴鼓相应，正如范仲淹《尹师鲁河南集序》所说：

洎杨大年以应用之才，独步当世。学者刻辞镂意，有希仿佛，未暇及古也。其间甚者专事藻饰，破碎大雅，反谓古道不适于用，废而弗学者久之。洛阳尹师鲁，少有高识，不逐时辈，从穆伯长游，力为古文。而师鲁深于《春秋》，故其文谨严，辞约而理精，章奏疏议，大见风采，士林方耸慕焉。遽得欧阳永叔，从而大振之，由是天下之文一变而古，其深有功于道欤！①

另有苏舜钦，亦为之羽翼，如欧阳修为其文集作序时指出："与其兄才翁（舜元）及穆参军伯长作为古歌诗杂文，时人颇共非笑之，而（一无此字）子美不顾。"（《苏氏文集序》）而他们所作之古文，大多表现出简炼而富有气骨的特征。如尹洙，长于《春秋》，为文则凝练而刚健，范仲淹称其"深于《春秋》，故其文谨严，辞约而理精"（《尹师鲁河南集序》），欧阳修在《论尹师鲁墓志》中也极力推崇道："述其文，则曰：'简而有法。'此一句，在孔子'六经'，惟《春秋》可当之。其他经，非孔子自作文章，故虽有法而不简也。修于师鲁之文不薄矣。"而北宋僧人文莹所撰《湘山野录》中的一段记载，则能在一定程度上说明尹洙、欧阳修等人创作古文的基本情况和特点，其云：

钱思公（惟演）镇洛，所辟僚属，尽一时俊彦。时河南以陪都之要，驿舍常阙，公大创一馆，榜曰"临辕"。既成，命谢希深、尹师鲁、欧阳公三人者各撰一记，曰："奉诸君三日期，后日攀请水榭小饮，希示及。"三子相掎角以成其文，夕就，出之相较，希深之文仅五百字，欧公之文五百余字，独师鲁止用三百八十余字而成，语简事备，复典重有法，欧谢二公缩袖曰："止以师鲁之作纳丞相可也。吾二人者当匿之。"丞相果召，独师鲁献文，二公辞以他事。思公曰："何见忽之深？"已砻三石候，不得已，俱纳之。然欧公终未伏在师鲁之下，独载酒往之，通夕讲摩。师鲁曰："大抵文字所忌者，格弱字冗。诸君文格诚高，然少未至者，格弱字冗尔。"永叔奋然持此说，别作一记，更减师鲁文廿字而成之，尤完粹有法。师鲁谓人曰："欧九真一日千里也。"②

据四库馆臣的意见，《湘山野录》"成于熙宁中，多记北宋杂事"③；而据《湘山

---

① 范仲淹撰，李勇先、王蓉贵校点《范仲淹全集》，第183页。

② 文莹《湘山野录》，第38页。

③ 永瑢等《四库全书总目》卷一百四十，"《湘山野录》三卷《续录》一卷"条，第1193页。

野录》卷上所记:“欧阳公顷谪滁州……公不幸晚为忄佥人构淫艳数曲射之,以成其毁。予皇祐(1049—1053)中,都下已闻此阕,歌于人口者二十年矣。嗟哉!不能为之力辨。公尤不喜浮图,文莹顷持苏子美书荐谒之,迨还吴,蒙诗见送,有‘孤闲竺干格,平淡少陵才’及有‘林间著书就,应寄日边来’之句,人皆怪之”,则可知文莹与欧阳修、苏舜钦等人大体同时,且有所交往。故而,《湘山野录》中的上述记载,当有很大的可靠性。而从文莹的这一段记载中,我们不仅可以了解欧阳修、尹洙等人“相与作为古文”的情形,如欧阳修等人群居以切磋、欧阳修得到尹洙的教益等等,还可以得知创作古文的明确主张,即反对“格弱字冗”,而追求“语简事备,复典重有法”,亦即欧阳修评尹洙文所谓的“简而有法”。这样一种古文风格,既是他们的明确主张,又是在其创作实践得到了很好的体现的。欧阳修得到尹洙的指点,更是青出于蓝而胜于蓝,以丰厚的创作实绩奠定了这样一种古文创作的局面。范仲淹所云:“师鲁……,士林方耸慕焉。遽得欧阳永叔,从而大振之,由是天下之文一变”,欧阳发等述《事迹》所载:“(欧阳修)及景祐中,在西京,与尹公洙偕为古文。……独公古文既行,遂擅天下。四十年间,天下以为模范。一言之出,学者竞相传道,不日之间,流布远近,外至夷狄,莫不仰服。后进之士,争为门生,求受教诲”①,这些都是很好的说明。

再如诗歌方面,欧阳修也是杰出的代表,而以苏舜钦、梅尧臣等为羽翼。关于欧阳修,我们下面要专门讨论,此处不再详细展开,我们只需引述叶梦得《石林诗话》中的一段记载就可略见其诗歌风格,其云:“欧阳文忠公诗,始矫昆体,专以气格为主,故其言多平易疏畅”,可见,欧阳修的诗歌,重在骨力,而语言则平易畅达。苏舜钦、梅尧臣的诗歌亦大率如此。二人齐名,并称“苏梅”,然诗歌风格实同中有异,有时甚至表现出较大的差异,如欧阳修《六一诗话》指出:“圣俞、子美齐名于一时,而二家诗体特异。子美笔力豪隽,以超迈横绝为奇;圣俞覃思精微,以深远闲淡为意,各极其长”,魏泰《临汉隐居诗话》亦云:“苏舜钦以诗得名,学书亦飘逸,然其诗以奔放豪健为主,梅尧臣亦善诗,虽乏高致而平淡有工句,世谓之‘苏梅’,其实与苏相反也。”但就是在这样明显的差异中,也存在着很重要的同一性。

一方面,苏、梅二人的诗歌多具有充实的内容,与现实密切相关,把对现实的针砭、对社会黑暗的揭露、对民众劳苦的反映等,都一寓于诗,因而诗歌也就显得劲健有力,而不再是无病呻吟。如苏舜钦,《宋史》本传称其“时发愤懑于歌诗,其体豪放,往往惊人”,像他所写的《庆州败》《吴越大旱》《城南感怀呈永叔》等诗,都是激于现实而作的,感情充沛而语言明快;再如梅尧臣,其《田家四时》《汝坟贫

① 欧阳修《欧阳修全集》,第1370页。

女》《啄木》《猛虎行》等诗，都是紧密联系现实而作的，自然富有气格，故而龚啸指出："去浮靡之习于昆体极弊之际，存古淡之道于诸大家未起之先，此所以为梅都官（梅尧臣）诗也。"①事实上，苏、梅二人都比较明确地主张诗歌要发挥干预现实的作用，要有为而作，因事而作。苏舜钦在《上三司副使段公书》中，强调文章要根于道义，济世泽物而不能"雕琢以害正"②；在《上孙冲谏议书》中指出"文者，表而已矣"，要求文章以"道德"为本，并发挥"晓聋众而起前弊"的"救失"作用；在《石曼卿诗集叙》中也对石曼卿"托讽物象之表，警时鼓众，未尝徒役"的作品表示了极力的赞赏，称之为"诗之豪者"。而梅尧臣在《答韩三子华、韩五持国、韩六玉汝见赠述诗》中也认为诗歌之作在于"因事有所激，因物兴以通"，并自言其诗是因事而作，其《答裴送序意》云："我于诗言岂徒尔，因事激风成小篇。辞虽浅陋颇克苦，未到二《雅》未忍捐。安取唐季二三子，区区物象磨穷年。"

另一方面，苏、梅二人的共性还表现在诗歌创作形式上追求用流畅的语言营造放达疏淡的风格。如苏舜钦的诗，既有感情浓烈喷薄而出之作，如《庆州败》等，多为"气盛言宜"之作，格力雄壮而语言明快，堪称《宋史》本传所谓"豪放"之评；又不乏意境清幽、语言平易之品，如《金山寺》《初晴游沧浪亭》《独步游沧浪亭》等，"其诗语闲放旷达"③，尤其是广为传诵的《夏意》《淮中晚泊犊头》两首，语言平易而境界旷达疏淡，堪称其代表作，兹征引于下，以窥一斑：

别院深深夏簟清，石榴开遍透帘明。树阴满地日当午，梦觉流莺时一声。④

春阴垂野草青青，时有幽花一树明。晚泊孤舟古祠下，满川风雨看潮生。⑤

至于梅尧臣，则更是自觉地提倡"平淡"之作，他说："作诗无古今，唯造平淡难"（《读邵不疑学士诗卷，杜挺之忽来，因出示之，且伏高致，辄书一时之语以奉呈》），把"平淡"视为诗歌境界的极致，同时，他在创作中又努力追求平淡的境界，其诗有云："因吟诗情性，稍欲到平淡。"（《依韵和晏相公》）但这种平淡之境又非平平常常、淡乎寡味，实际上正是苏轼所谓的"发纤秾于简古，寄至味于澹泊"（《书黄子思诗集后》）、"贵乎枯澹者，谓其外枯而中膏，似澹而实美"（《评韩柳诗》）。据欧阳修《六一诗话》记载，梅尧臣主张诗歌要"意新语工"，要"状难写之

① 吴之振编《宋诗抄》卷八《梅尧臣宛陵诗抄序》，中华书局 1986 年版，第 207 页。

② 苏舜钦撰，傅平骧、胡问陶校注《苏舜钦集编年校注》卷七，巴蜀书社 1991 年版，第 458 页。

③ 费衮撰，金圆校点《梁溪漫志》卷八，"苏子美与欧阳公书"条，上海古籍出版社 1985 年版，第 89 页。

④ 苏舜钦撰，傅平骧、胡问陶校注《苏舜钦集编年校注》卷四《夏意》，第 288 页。

⑤ 苏舜钦撰，傅平骧、胡问陶校注《苏舜钦集编年校注》卷三《淮中晚泊犊头》，第 184 页。

景，如在目前；含不尽之意，见于言外”①。可见，梅尧臣所谓的“平淡”并非指率意为之而淡乎寡味，而是对用词和意旨都有讲究，要求“语工”和“意新”。欧阳修在《梅圣俞墓志铭（并序）》中评论梅氏之诗曰：“其初喜为清丽，间肆平淡，久则涵演深邃，间亦琢刻以出怪巧，然气完力余，益老以劲。其应于人者多，故辞非一体。”此论既指明了梅氏诗歌题材风格多样，但仍然是以平淡为主的特点，同时又可反映出梅氏平淡风格的营造来自精心的锻炼，更不排斥“清丽”、“怪巧”、“老劲”等，许总就此评论说：“梅尧臣诗歌创作虽然毕生以‘平淡’为中心和极致，但其早期诗风的‘清丽’之‘平淡’，正是经历了一生创作中真情迸积、敏锐思索、感发兴会、锻炼字句、巨细兼融等一系列磨炼的环节和发展的过程，才最终达到晚期诗风的‘老劲’之‘平淡’的”②，这是比较符合梅尧臣诗歌创作实际的。

此外，还有一点也是特别值得注意的，那就是苏、梅二人的诗歌都有一定的“以文为诗”的倾向或色彩，同时在所谓的“以文字为诗”、“以才学为诗”等方面都有所表现。以文为诗，即以散文化的笔法来写诗，使得诗歌有别于一般的“言志缘情”之体，而往往表现出很强的叙述性、议论性。这与苏、梅二人主导的创作观念，即“因事有所激，因物兴以通”而作诗，要求诗歌发挥反映、针砭现实的作用是相一致的。譬如苏舜钦的《庆州败》：

无战王者师，有备军之志。天下承平数十年，此语虽存人所弃。今岁西戎背世盟，直随秋风寇边城。屠杀熟户烧障堡，十万驰骋山岳倾。国家防塞今有谁？官为承制乳臭儿。酣觞大嚼乃事业，何尝识会兵之机。符移火急搜卒乘，意谓就戮如缚尸。未成一军之出战，驱逐急使缘崄巇。马肥甲重士饱喘，虽有弓剑何所施！连颠自欲堕深谷，虏骑笑指声嘻嘻。一麾发伏雁行出，山下奄截成重围。我军免胄乞死所，承制面缚交涕洟。逡巡下令艺者全，争献小技歌且吹。其余劓馘放之去，东走矢液皆淋漓。首无耳准若怪兽，不自媿耻犹生归！守者沮气陷者苦，尽由主将之所为。地机不见欲侥胜，羞辱中国堪伤悲！③

① 欧阳修《六一诗话》云：“圣俞常语予曰：‘诗家虽率意，而造语亦难。若意新语工，得前人所未道者，斯为善也。必能状难写之景如在目前，含不尽之意见于言外，然后为至矣。贾岛云“竹笼拾山果，瓦瓶担石泉”，姚合云“马随山鹿放，鸡逐野禽栖”等，是山邑荒僻，官况萧条；不如“县古槐根出，官清马骨高”为工也。’余曰：‘语之工者固如是。状难写之景，含不尽之意，何诗为然？’圣俞曰：‘作者得于心，览者会以意。殆难指陈以言也。虽然，亦可略道其仿佛。若严维：“柳塘春水慢，花坞夕阳迟”，则天容时态，融和骀荡，岂不如在目前乎？又若温庭筠：“鸡声茅店月，人迹板桥霜”、贾岛：“怪禽啼旷野，落日恐行人”，则道路辛苦，羁愁旅思，岂不见于言外乎？’”

② 许总《宋诗史》，重庆出版社 1992 年版，第 176 页。

③ 苏舜钦撰，傅平骧、胡问陶校注《苏舜钦集编年校注》卷一，第 34 页。

此诗以叙述的形式，通过叙述战事中将帅、士兵的表现，将将帅的腐化、愚昧，士兵的怯懦、屈辱，具体而微地展现在读者面前，并给予了深刻的讥刺和抨击。作者的感情无疑是强烈的，因而我们读来感觉是一气呵成，气势凛然；而作者为了将主帅和士卒的种种劣迹展现得痛快淋漓，又采用了叙述的形式。另外，首句“无战王者师，有备军之志”堪为全诗的主旨所在，诗中所叙述的战事失利以及给将士乃至国家带来的羞辱，都是围绕它而展开的，失利是因为无备，屈辱则是因为所谓的“王师”名不符实，未能如真正的“王师”那样不战而屈人之兵。因而结语“守者沮气陷者苦，尽由主将之所为。地机不见欲侥胜，羞辱中国堪伤悲”云云，既是总结全篇，又是呼应开头。但值得注意的是，它是用议论的形式来表述的，作者认为士卒的士气不振和屈辱痛苦，都是由于将帅的无能、腐败造成的，而将帅不通晓军事却寄希望于侥幸获胜，则常常导致败仗而使国家也蒙羞！由此，作者的感情达到了高潮，题旨也得到了深化。所以，《庆州败》在抒情的同时，表现出了鲜明的叙述性和议论性，“以文为诗”的色彩是比较明显的。而像《庆州败》这样的诗篇，在苏、梅二人的诗作中并不少见，如苏舜钦的《蓝田悟真寺作》《依韵和胜之暑饮》等篇，梅尧臣的《汝坟贫女》《猛虎行》等篇，皆是如此。

至于“以文字为诗”、“以才学为诗”等倾向，在苏、梅的诗作中也都有所表现，但相对而言，梅尧臣在这方面的表现要明显得多。所谓“以文字为诗”，即是在用字、押韵等方面过于考究，注重雕琢，甚至通过限制用字，即所谓的“白战”，或者通过押窄韵、险韵，来达到因难见巧的效果；所谓“以学问为诗”，即指“掉书袋”，讲究使事用典，包括事典、语典等。梅尧臣不仅强调“意新”，同时要求“语工”，可见其在文字锤炼方面也多所措意；而梅氏时常有一些和韵、联句或分题之类的唱和之作，如《希深洛中冬夕道话，有怀善慧大士，因探得江字韵联句》《与诸友普明院亭纳凉分题》等等，多以愉情悦性、诗艺相竞为指归，自然不难想见其锻炼文辞之功、夸示才学之意。而关于梅氏诗歌创作中使事用典的问题，举《田家》一例即可明之。其诗云：“南山尝种豆，碎荚落风雨；空收一束萁，无物充煎釜。”钱钟书先生有一段很好的注释和分析，他说：

这首诗借用两个古人的名句：汉代杨恽《报孙会宗书》的“田彼南山，芜秽不治；种一顷豆，落而为萁！”和三国时曹植《七步诗》的“萁向釜下燃，豆在釜中泣；本自同根深，相煎何太急！”杨恽是讽刺朝廷混乱，曹植是比喻兄弟残杀，梅尧臣把他们的话合在一起来写农民的贫困，仿佛移花接木似的，产生了一个新的形象。意思说：农民虽然还有豆萁可烧，却没有豆子可煮，锅里空空的，连“煮豆燃萁”都不可能了。①

从钱氏的分析中,我们很容易体会到,梅尧臣在使事用典时已经较为娴熟。他能够将不同的典故加以熔铸并出以新意,即如钱氏所谓的"产生了一个新的形象",足以说明梅氏并非为用典而用典,而是应己所需、随手拈来,且能融贯一体,达到了使事用典的较高水准。

正是因为这些,人们把苏舜钦、梅尧臣视为宋诗的开山鼻祖。如南宋刘克庄说:"本朝诗,惟宛陵为开山祖师。宛陵出,然后桑濮之淫哇稍息,风雅之气脉复续,其功不在欧、尹下。"②清人叶燮也指出:"开宋一代之面目者,始于梅尧臣、苏舜钦二人。自汉魏至晚唐,诗虽递变,皆递留不尽之意。即晚唐犹存余地,读罢掩卷,犹令人属思久之。自苏梅尽变'昆体',独创生新,必辞尽于言,言尽于意,发挥铺写,曲折层累以赴之,竭尽乃止。才人伎俩,腾踔六合之内,纵其所如,无不可者;然含蓄渟泓之意,亦稍衰矣。"③应该说,把苏、梅二人视为开宋诗风貌的鼻祖是恰当的,但刘克庄所论着重在梅诗崇风雅、黜奢靡的一面,叶氏所论着重在苏、梅诗作的铺陈奔放、平易畅达的一面,二人均有所见,亦有所偏。其实,苏舜钦、梅尧臣二人的诗作在充实的内容、刚健的骨力、平淡的风格以及以文为诗、"以文字为诗"、"以学问为诗"等方面,都有开风气之功,为独具面目的宋诗的出现作了重要的引导和初步的示范,对此理应予以全面的评价。

以上所论,是庆历、熙宁间的文学发展的基本面貌和主要成就。这种力行古文、以文为诗的文学面貌的出现,与当时的现实环境有着密切的联系。一方面,是科举领域的干预和变革④,包括天圣七年(1029)、明道二年(1033)两度下诏对文风进行干预,以及庆历新政期间将科举考试由首重诗赋改为先策论而后诗赋⑤,这些作为指挥棒,对文学创作是有着直接影响的。如天圣七年下诏,要求文风革除浮华而以理实为要、以经义为归,对文风的影响较为明显,欧阳修即指出:"天圣中,天子下诏书,敕学者去浮华,其后风俗大变。今时之士大夫所为,彬彬有两汉之风矣。"(《与荆南乐秀才书》)再如重视策论,正所谓"诗赋可以见辞艺,策论可

---

① 钱钟书选注《宋诗选注》,人民文学出版社 1989 年 9 月第 2 版,第 15 - 16 页。

② 刘克庄撰,王秀梅点校《后村诗话》,第 22 页。

③ 叶燮撰,霍松林校注《原诗》,人民文学出版社 1979 年版,第 67 页。

④ 关于北宋科举与文学之关系,林岩《北宋科举与文学之研究》(复旦大学 2002 年博士学位论文,后更名为《北宋科举考试与文学》,由上海古籍出版社于 2007 年出版)作了较为系统的分析,可参考。

⑤ 见脱脱等《宋史·范仲淹传》。

以见才识"①,这必然会引导举子们注重识见,注重提炼对社会生活的认识和见解,从而表为叙述、发为议论,所谓的"以文为诗"当与此风气不无关系。另一方面,更为重要和深层的,或许还在于士风的变化。自仁宗以来,君臣大兴儒教,力事更张,范仲淹主持的"庆历新政"即是在这样的背景下展开的。这些都触发了士人风貌的巨大变化,纷纷以振儒兴道、辅时及物为己任。其中尤以范仲淹、欧阳修为代表,而他们的身体力行又影响了一代之风气。如范仲淹,《宋史》本传称其"每感激论天下事,奋不顾身,一时士大夫矫厉尚风节,自仲淹倡之";再如欧阳修,苏轼在《六一居士集序》中言之甚详,其云:

> (韩)愈之后三百有余年而后得欧阳子,其学推韩愈、孟子以达于孔氏,著礼乐仁义之实,以合于大道。其言简而明,信而通,引物连类,折之于至理,以服人心,故天下翕然师尊之。自欧阳子之存,世之不说者,哗而攻之,能折困其身,而不能屈其言。士无贤不肖不谋而同曰:"欧阳子,今之韩愈也。"宋兴七十余年,民不知兵,富而教之,至天圣、景祐极矣,而斯文终有愧于古。士亦因陋守旧,论卑气弱。自欧阳子出,天下争自濯磨,以通经学古为高,以救时行道为贤,以犯颜纳谏为忠。长育成就,至嘉祐末,号称多士。欧阳子之功为多。②

值得注意的是,包括范仲淹、欧阳修在内的士风的变化,固然是受到了时局的刺激、促发,但还有很重要的学术根源。易言之,正是有着学术的根基,有着以道自任的信仰和臻致先王之治的理想,有着传道行教的使命感和内圣外王的崇高感,他们才能够"奋不顾身"、崇尚风节而一变因循卑弱之风。而与这种士风相呼应,文学也强烈地表现出了辅时及物、体道明教的工具性色彩。所以,从这个意义上讲,庆历、熙宁间的文学面貌,与其时的经学新风,包括明体达用、疑传惑经与通经致用等,是存在深层关联的。

择要而言,这种关联表现在以下几个方面:

(一)经学新风影响到了文学的内容

通过上文的分析,我们可以发现,这一时期的文学的内容非常充实,与现实有着密切的联系,人们要发表对某个问题的看法、表达对某些弊端的抨击、宣泄自我的愤懑、反映民众的疾苦等等,都可以一寓于诗文,这与经学领域通经致用的意识是分不开的。上文提到的苏舜钦、梅尧臣虽然没有什么经学著述,但他们对文学的看法,同样能反映出他们有着通经致用的意识,或者说是与通经致用的经学新

---

① 李攸《宋朝事实》卷十四《科目》,《四库全书》本。

② 苏轼撰,傅成、穆俦标点《苏轼全集》,上海古籍出版社 2000 年版,第 852 - 853 页。

风保持一致的。如梅尧臣有诗云:“圣人于诗言,曾不专其中。因事有所激,因物兴以通。自下而磨上,是之谓《国风》。《雅》章及《颂》篇,刺美道亦同。”(《答韩三子华、韩五持国、韩六玉汝见赠述诗》)我们不仅从中可以看出梅氏对《诗经》的看法,即他认为《诗经》是因事因物而作,为发挥美刺作用而作,而且结合梅氏创作的实际来看,梅氏正是很好地实践了这一认识,创作了大量的以《诗经》为典范、以美刺为指归的诗歌。其实,这在李觏的身上体现得尤为突出。他既研究经学,主要是《礼》学,来为现实提供宏伟蓝图,以期臻致太平,这在其所著《周礼致太平论》五十一篇中体现得非常充分;同时,李觏又写作了大量的政论文,来对现实发表意见或提出策略,如他撰有《潜书》《庆历民言》《富国强兵安民策》等,都是有所为而发的。而李觏《上李舍人书》中的一段言论,更可以看作是夫子自道,其云:

文者,岂徒笔札章句而已,诚治物之器焉。其大则核礼之序,宣乐之和,缮政典,饰刑书。上之为史,则怙乱者惧;下之为诗,则失德者戒。发而为诏诰,则国体明而官守备;列而为奏议,则阙政修而民隐露。周还委曲,非文曷济?禹、益、稷、皋陶之谟,虺之诰,尹之训,周公之制作,咸曰兴国家,靖生民矣。自周道消,孔子无位而死,而秦嬴以烈火劫之。汉由武定,晚知儒术。至今越千载,其间文教一盛一衰。大抵天下治则文教盛,而贤人达;天下乱则文教衰,而贤人穷。欲观国者,观文而可矣。①

直把文章视为“治物之器”,其经世之意明矣。

(二)经学新风影响到了文学的风格

当时文坛的风格,主要有如下两种:一是平易流畅,一是以“太学体”为代表的古奥晦涩。这两种风格其实各有其渊源,而且与人们对“六经”的看法有关。早在韩愈那里,他一方面认为“六经”有着怪奇古奥的特点,作文时也追求“怪怪奇奇”;另一方面,又强调“文从字顺”。这两个方面,在后人都有所继承和发扬,有时甚至表现出明显的偏执。前引王禹偁在《答张扶书》中说道:“夫文,传道而明心也”,并引“六经”为证来阐明文是为了传道明心而不得已而作的,定然不会句难道、义难晓,而“模其语而谓之古,亦文之弊”。这里就提到了当时对经典的两种看法,从传道明心出发当然是要易道易晓;而从经文的言辞出发、从经文中蕴含的上古三代先王之道出发,则容易引发出古奥晦涩乃至怪奇的看法。欧阳修《答张秀才第二书》也与王氏所论相近,认为“其道易知而可法,其言易明而可行”,对当时务为高言怪诞的风气作了批评。所以,王禹偁、欧阳修可谓是一脉相承,倡导平易

① 李觏撰,王国轩校点《李觏集》卷二十七,第288-289页。

之文,而石介等人倡导的怪涩之文,则正是王氏、欧阳氏等人所批判的文风,这种文风一度兴盛,出现了所谓的“太学体”。前面已经提到,石介汲汲以传道为务,以道统继承者自居,然而他通经学古过甚,好为高言险论,往往“迂阔矫诞”。他著《怪说》三篇,极力排击杨亿时文,主张写作“《书》之《典》《谟》《禹贡》《洪范》,《诗》之《雅》《颂》,《春秋》之经,《易》之《繇》《爻》《十翼》”之类的文章,对于扭转奢靡浮泛的文风当然作出了很大的贡献,但同时也难免有怪诞晦涩的弊病。由于石介在太学讲学多年,逐渐在太学生当中形成一种怪僻古奥的文风,即所谓的‘太学体’,其代表人物有刘几、何群等。力主平易文风的欧阳修对之作了坚定的抵制,并利用知贡举的机会拨正了文学前进的航向,使平易的文风得到了巩固,《宋史·欧阳修传》详载其事,其云:“知嘉祐二年贡举。时士子尚为险怪奇涩之文,号‘太学体’,修痛排抑之,凡如是者辄黜。毕事,向之嚣薄者伺修出,聚噪于马首,街逻不能制;然场屋之习,从是遂变。”

当然,由于文学内容的变化,“昆体”浮华的文风也逐渐彻底地得到了纠正,上文已有论述,此不赘言。

(三)经学新风影响到了文学的体式

疑传惑经乃至改经,并不是要推倒经典、排击儒教,而恰恰是尊经崇儒、传承道统的表现。如欧阳修在疑传惑经方面是比较突出的,但他的出发点是尊经,如他在《易或问三首》中指出:“孟子曰:‘尽信《书》,不如无书。’孟子岂好非‘六经’者,黜其杂乱之说,所以尊经”,即是引孟子来为自己的疑传惑经做辩护,并坦言皆是以尊经为指归。而这样一种看法,可以说是当时疑传惑经者的共识。正是在这样一种强烈的尊经崇道意识的影响下,要求为文以“六经”为典范,要求文章能传道明心的呼声越发的强烈,因而像“昆体”这样的靡丽浮泛的文字自然遭到贬斥,孙复、石介等人堪为其代表,贬之尤力。另一方面,通经致用的风气,也要求文章能够发挥干预现实的作用,这就必然使得文章的叙述性、议论性大大加强,而骈体在这方面的效果是远不如灵活多变的散体的。于是乎,古文勃兴而骈文告退,即便是不一味排斥骈文的欧阳修,其所作的骈文也已脱胎换骨,带上了古文的色彩,陈善《扪虱新话》即指出:“以文体为诗,自韩退之始;以文体为四六,自欧阳公始。”①更有甚者,赋体、诗体也都有所改变,有所谓的以文为诗和以文为赋,后者即形成了所谓的“文赋”,如欧阳修有《秋声赋》等名篇。

① 陈善《扪虱新话》(上集)卷一“文体”条,第7页。

## 三、欧阳修的经学与文学

欧阳修是庆历、熙宁间的文坛领袖，又是学术名家，高官显宦。在他身上，学者、文人、官僚是三位一体的，因而他的学术、文学与政事之间的关系就更加密切和复杂。讨论欧阳修的经学与文学，既有助于较好地把握欧阳修的文学面貌和学术成就之间的关系，也可以看作是研究庆历、熙宁间经学与文学的一个重要的、富有代表性的个案。

欧阳修(1007—1072)，字永叔，号醉翁，晚年又号六一居士，庐陵(今江西吉安)人。长于经史之学，著述颇丰，《宋元学案》专门列有“庐陵学案”。就经学而言，欧阳修对《诗经》《周易》《春秋》等均有深入研究，主要著述有《诗本义》十六卷①、《易童子问》三卷、金石学著作《集古录》十卷及《居士集》《居士外集》中“经旨”类的有关篇章，包括《易或问》三篇、《明用》一篇、《春秋论》三篇、《春秋或问》二篇、《泰誓论》一篇、《纵囚论》一篇、《石鹢论》一篇、《辨左氏》一篇、《三年无改问》一篇、《易或问》一篇等，另外还有《问进士策三首》《问进士策四首》等见于策问中的有关经学的篇章以及《传易图序》《张令注周易序》等文字。

欧阳修的经学成就②主要在于以下两个方面：

(一)疑传惑经以尊经崇道

欧阳修在疑传惑经方面是很突出的，涉及到《诗经》《尚书》《周礼》《中庸》《周易》《春秋》《尔雅》等经传及相关注疏。

关于《诗经》：欧阳修认为《诗序》的作者由于没有著录而无法考知，他说：

---

① 有关欧阳修的传记资料如《行状》《墓志铭》《神道碑》《神宗实录》本传(墨本)《重修实录》本传(朱本)《神宗旧史》本传《事迹》等，均著录《诗本义》十四卷。《郡斋读书志》作《欧阳诗本义》十五卷。《直斋书录解题》作《诗本义》十六卷，《图谱》附，《通志略·艺文略》著录欧阳修《诗谱补阙》三卷，《文献通考·经籍考》著录作《诗本义》十六卷、《诗谱》一卷，《宋史·艺文志》著录作《诗本义》十六卷，又《补注毛诗谱》一卷，《经义考》卷一百四著录云“《毛诗本义》，《宋志》十六卷，存；《诗谱补阙》，《通志》三卷，存”。《四库全书》收录，作《诗本义》十六卷，于卷十五后附录《诗图总序》《郑氏诗谱补亡》及《后序》。对于这些著录的歧异之处，《居士外集》卷十《经旨》在载录《诗解总序》《诗解八首》之后附加了一条注文，可用来稍作解释，其云：“按公《墓志》等，皆云《诗本义》十四卷，江、浙、闽本亦然，仍以《诗图总序》《诗谱补亡》附卷末。惟蜀本增《诗解统序》，并《诗解》凡九篇，共为一卷，又移《诗图总序》《诗谱补亡》，自为一卷，总十六卷。故锦州于集本，收此九篇，他本则无之。”

② 关于欧阳修的经学研究，何泽恒《欧阳修之经史学》(台湾大学中文研究所 1976 年硕士学位论文)、顾永新《欧阳修学术研究》(人民文学出版社 2003 年版)论述颇详，笔者此节亦有所参考。

“《书》《春秋》皆有序而著其名氏，故可知其作者；《诗》之序不著其名氏，安得而知之？”（《诗本义》卷十四《序问》）他进而指出《诗序》的作者不可能是子夏，他说：“子夏亲受学于孔子，宜其得诗之大旨。其言风、雅有变正，而论《关雎》《鹊巢》系之周公、召公，使子夏而序《诗》，不为此言也。”（《序问》）对于《诗序》，欧阳修在尊信征引之余时有驳正，他说：“今考《毛诗》诸序与孟子说诗多合，故吾于《诗》常以序为证也。至其时有小失，随而正之，惟《周南》《召南》失者类多，吾固已论之矣。”（《序问》）欧阳修对《毛传》《郑笺》也多有批驳，《诗本义》十六卷即是为此而发。《直斋书录解题》卷二指出：“《诗本义》，……先为论，以辨毛、郑之失，然后断以已见。”四库馆臣在《诗本义》的“提要”中有一段评论，说得较为透彻析，既分析了《诗本义》的特点，又指出了其在《诗》学史上的地位，其云：

> 自唐以来，说《诗》者莫敢议毛、郑。虽老师宿儒，亦谨守《小序》。至宋而新义日增，旧说几废。推原所始，实发于修。然修之言曰：“后之学者，因迹先世之所传而较得失，或有之矣。使徒抱焚余残脱之经，伥伥于去圣人千百年后，不见先儒中间之说，而欲特立一家之学者，果有能哉？吾未之信也。”又曰：“先儒于经不能无失，而所得固已多矣。尽其说而理有不通，然后以论正之。”是修作是书，本出于和气平心，以意逆志。故其立论未尝轻议二家，而亦不曲徇二家。其所训释，往往得诗人之本志。

关于《尚书》：欧阳修自称其“取信于《书》”（《泰誓论》），但他对《泰誓》一篇是很怀疑的：一方面，他怀疑其中的谶纬之说，在《诗本义》卷十二《思文·臣工》这样指出：

> 自秦焚书之后，汉初伏生口传《尚书》先出，而《泰誓》三篇得于河内女子，其书有“白鱼赤乌”之事。其后鲁恭王坏孔子宅，得真《尚书》，自有《泰誓》三篇，初无怪异之说，由是河内女子《泰誓》，世知非真，弃而不用，先儒谓之伪《泰誓》。然则“白鱼赤乌”之事，甚为缪妄，明智之士不待论而可知。

另一方面，他在《泰誓论》中又专辩“西伯受命称王十年”以及“西伯以受命之年为元年”之妄，而其主要依据则是其不合人情。

关于《周礼》：欧阳修既承认它的价值，认为“其祭祀、衣服、车旗似有可采者，岂所谓郁郁之文乎？”并极力推崇道：“其为书备矣，其天地万物之统，制礼作乐、建国居民、养生事死、禁非道善，所以为治之法，皆有条理。三代之政美矣，而周之治迹，所以比二代而尤详见于后世者，《周礼》著之故也。”但也提出了怀疑，主要依据有二：

夫内设公、卿、大夫、士，下至府、史、胥、徒以相副贰；外分九服，建五等，差尊卑以相统理，此《周礼》之大略也。而《六官》之属，略见于经者五万余人，而里、闾、县、鄙之长，军、师、卒、伍之徒不与焉。王畿千里之地，为田几井，容民几家，王官、王族之国邑几数，民之贡赋几何，而又容五万人者于其间，其人耕而赋乎？如其不耕而赋，则何以给之？夫为治者故若是之烦乎此？其一可疑者也。秦既诽古，尽去古制。自汉以后，帝王称号、官府制度，皆袭秦故，以至于今。虽有因有革，然大抵皆秦制也，未尝有意于《周礼》者，岂其体大而难行乎？其果不可行乎？夫立法垂制，将以遗后也，使难行而万世莫能行，与不可行等尔。然则，反秦制之不若也，脱有行者，亦莫能兴；或因以取乱，王莽、后周是也，则其不可用决矣。此又可疑也。①

在《南省试进士策问三首》其二中，作者又就此作了进一步的发挥，认为周制过于烦琐，若得施行，定会导致“官不得安其府，民不得安其居”，从而无暇“修政事、治生业”，进而对用《周礼》以致太平的看法提出了疑问：

周礼之制，设六官以治万民，而百事理，夫公卿之任重矣。若乃祭祀天地、日月、宗庙、社稷、四郊、明堂之类，天子、大臣所躬亲者，一岁之间有几？又有巡狩、朝会、师田、射耕、燕飨，凡大事之举，一岁之间又有几？而为其民者，亦有畋猎、学校、射乡、饮酒，按大聚（聚字一作事期）会，一岁之间有几？又有州党族官岁时月朔春秋酺禜（一作蜡祭）、询事、读法，一岁之间又有几？其斋戒供给，期召奔走，废日几何？由是而言，疑其官不得安其府，民不得安其居，亦何暇修政事、治生业乎？何其烦之若是也。然说者谓周用此以致太平，岂朝廷礼乐文物，万民富庶岂弟，必如是之勤且详，然后可以致之欤？后世苟简，不能备举，故其未能及于三代之盛欤？然为治者，果若是之劳乎？用之于今，果安焉而不倦乎？抑其设施有法而第弗深考之欤？

虽然欧阳修就《周礼》应用于当世的看法与倡言以《周礼》致太平的李觏相左，但同样也反映出他治经的现实意义，即有着通经致用的倾向。

关于《中庸》，欧阳修在《问进士策三首》其三集中作了驳斥，认为其说有异于圣人者。他先后列举了孔子、尧、舜、禹、汤等人的事迹，来驳斥《中庸》所谓的“自诚明谓之性，自明诚谓之教”及“诚者不勉而中，不思而得”等说法的荒谬，认为这些都是所谓的“虚言高论而无益者”，最后又强调指出：“夫孔子必学而后至，尧之思虑或失，舜禹必资于人，汤孔不能无过，此皆勉人力，行不怠，有益之言也。若

① 欧阳修《欧阳修全集》，第 326 页。

《中庸》之诚明不可及,则怠人而中止,无用之空言也。故予疑其传之谬也。"

关于《周易》:欧阳修认为《周易》自《系辞》《文言》《说卦》而下皆非圣人所作,且有害经惑世之弊,他说:"何独《系辞》焉?《文言》《说卦》而下皆非圣人之作,而众说淆乱,亦非一人之言也。昔之学《易》者杂取以资其讲说,而说非一家,是以或同或异,或是或非,其择而不精,至使害经而惑世也。"(《易童子问》第三)所撰《易童子问》三卷,《直斋书录解题》卷一即指出其"设为问答。其上、下卷专言《系辞》《文言》《说卦》而下皆非圣人所作"。在《易或问》《传易图序》中,作者也对此看法多有申说。如他在《易或问》中指出《系辞》"是讲师之传,谓之《大传》。其源盖出于孔子而相传于《易》师也。其来也远,其传也多,其间转失而增加者,不足怪也。故有圣人之言焉,有非圣人之言焉"。在《传易图序》中指出《周易》非完书,其中的《文言》亦非"孔子《文言》之全篇",《系辞》也与《爻辞》混淆不清,他说:

说者言当秦焚书时,《易》以卜筮得独不焚,其后汉兴,他书虽出,皆多残缺,而《易经》以故独完。然如经解所引,考于今《易》,亡之。岂今《易》亦有亡者耶?是亦不得为完书也。昔孔子门人追记其言作《论语》,书其首必以"子曰"者,所以别夫子与弟子之言;又其言非一事,其事非一时,文联属而言难次第,故每更一事,必以"子曰"以起之。若《文言》者,夫子自作,不应自称"子曰";又其作于一时,文有次第,何假"子曰"以发之?乃知今《周易》所载非孔子《文言》之全篇也。盖汉之《易》师择取其文以解卦体,至其有所不取,则文断而不属,故以"子曰"起之也。其先言何谓而后言子曰者,乃讲师自为答问之言尔,取卦体以为答也。亦如公羊、谷梁传《春秋》,先言何曷,而后道(一作导)其师之所传以为传也。今《上系》凡有"子曰"者,亦皆讲师之说也。然则今《易》皆出乎讲师临时之说矣。幸而讲师所引者,得载于篇,不幸其不及引者,其亡,岂不多邪?呜呼!历弟子之相传,经讲师之去取,不徒存者不完,而其伪谬之失,其可究邪?夫"系"者,有所系之谓也,故曰《系辞》焉;以断其吉凶,是故谓之爻,言其为辞各联属其一爻者也。是则孔子专指《爻辞》为《系辞》,而今乃以孔子赞《易》之文为上、下《系辞》者,何其谬也?卦爻之辞,或以为文王作,或以为周公作。孔子言"圣人设卦系辞焉",是斥文王、周公之作为"系辞",不必复自名其所作又为《系辞》也。况其文乃概言《易》之大体,杂论《易》之诸卦,其辞非有所系,不得谓之《系辞》也必然。

长期以来,人们一直把《十翼》看作是孔子所作,视为圣人之文,尊之尤恐不及,而欧阳修却大胆地怀疑,是第一个如此大规模地、言之凿凿地来否定《系辞》《文言》《说卦》等的神圣地位的学者,其勇气可嘉,其阻力亦可想见。欧阳修后来在《系辞说》中写道："予谓《系辞》非圣人之作，初若可骇。余为此论，迨今二十五年矣，稍稍以余言为然也。'六经'之传，天地之久，其为二十五年者将无穷而不可以数计也。予之言，久当见信于人矣，何必汲汲较是非于一世哉！"既反映出欧阳修排《系辞》的"石破天惊"，又表现出了欧阳氏尊经崇道的信仰和毅力。

关于《春秋》：欧阳修对《春秋》是相当推崇的，认为"六经"中只有它是孔子自己所作，其《论尹师鲁墓志》云："述其文，则曰：'简而有法。'此一句，在孔子'六经'，惟《春秋》可当之。其他经，非孔子自作文章，故虽有法而不简也。"他在《石鹢论》中则指出了《春秋》为后世立法的重大意义，他说："上揆之天意，下质诸人情，推至隐以探万事之元，垂将来以立一王之法者，莫近于《春秋》。"但他对《春秋》三《传》则多有批评，他说："孔子圣人也，万世取信一人而已；若公羊高、谷梁赤、左氏（一本氏作丘明）三子者，博学而多闻矣，其传不能无失者也。"（《春秋论上》）又说："经不待传而同者十七八，因传而惑者十五六。"（《春秋惑问》）因而，欧阳修坚持舍传从经，他说："予非敢曰不惑，然信于孔子而笃者也。经之所书，予所信也；经所不言，予不知也。"（《春秋论上》）所以，他在《春秋论》三篇、《春秋或问》二篇、《石鹢论》一篇等著述中，都秉持这个从经驳传的观点，对三《传》之说多有批驳。但值得注意的是，欧阳修对于三《传》并未完全废弃，甚或可说是充分肯定了三《传》在述事实、明义理方面的价值，他在《春秋或问》中说道：

吾岂尽废之乎？夫传之于经，勤矣；其述经之事，时有赖其详焉；至其失，传则不胜其戾也。其述经之意，亦时有得焉；及其失也，欲大圣人而反小之，欲尊经而反卑之。取其详而得者，废其失者，可也；嘉其尊大之心，可也；信其卑小之说，不可也。

无疑，这一态度是比较可取的。事实上，欧阳修在《诗本义》中对《毛传》《郑笺》也不是一概排斥，《直斋书录解题》卷二即指出欧阳修《诗本义》"大意以为毛、郑之已善者皆不改，不得已乃易之，非乐求异于先儒也"。欧阳修在《周易》研究方面对《系辞》《文言》等也不尽废，如其《易童子问第三》中指出：

不必废也。古之学经者，皆有《大传》。今《书》《礼》之传尚存，此所谓《系辞》者，汉初谓之《易大传》也，至后汉已为《系辞》矣。……《系辞》者，谓之《易大传》，则优于《书》《礼》之传远矣；谓之圣人之作，则僭伪之书也。盖夫使学者知《大传》为诸儒之作，而敢取其是而舍其非，则三代之末，去圣未远，老师、名家之世学，长者、先生之余论，杂于其间者在焉，未必无益于学也。使以为圣人之作，不敢有所择而尽信之，则害经惑世者多矣。此不可以不辨也。

这样一种客观、冷静、唯是是求的态度，是我们在考察欧阳修疑传惑经时必须注意到的,而实际上,这种态度正是欧阳修在疑传惑经的同时能够多得本旨的重要保障。

另外,关于《尔雅》,欧阳修在《诗本义》中有所援引,但也在个别地方给予了辩驳,如他在《诗本义》卷五《鸱鸮》中驳斥了"诸儒用《尔雅》谓鸱鸮为鸋鴂"的解说。在《诗本义》卷十《文王》中也不采《尔雅》"缉熙,光也"的释义。他在总体上认为:"《尔雅》非圣人之书,不能无失。"(《诗本义》卷五《鸱鸮》)他又进一步指出:"《尔雅》非圣人之书。考其文理,乃是秦汉之间学《诗》者纂集说《诗》博士解诂之言尔。凡引《尔雅》者,本谓旁取他书以正说《诗》之失,若《尔雅》止是纂集说《诗》博士之言,则何烦复引也。"(《诗本义》卷十《文王》)

以上是欧阳修疑传惑经的总体情况。他在《问进士策四首》(其二)中也从总体上对儒家经典中的"异端邪说"表示了怀疑的态度,他说:

> 子不语怪,著之前说,以其无益于事而有惑于人也。然《书》载凤凰之来舜;《诗》录乙鸟之生商;《易》称河洛出图书;《礼》著龟龙游宫沼;《春秋》明是非而正王道,六鹢鸜鹆,于人事而何干?《二南》本功德于后妃,麟暨驺虞,岂妇人而来应?昔孔子见作俑者叹其不仁,以谓开端于用殉也;况"六经"万世之法,而容异说,自启其源。自秦汉已来,诸儒所述,荒虚怪诞,无所不有,推其所自,抑有渐乎?夫无焉而书之,圣人不为也;虽实有焉,书之无益而有害,不书可也。然书之亦有意乎?抑非圣人之所书乎?予皆不能谕也。

结合以上的分析,我们不难发现,欧阳修的疑传惑经是指向尊经传道的,他的目的在于排除经传中异端邪说以恢复圣人经典、经义原貌并发扬之。所以,他对传注之学不是完全抛弃、排斥,而是积极吸收其合理性;在批驳怪奇诡僻的谶纬之学时不遗余力,以至专门上书要求删除《九经正义》中的谶纬之说①;在揭示《系辞》非孔子所作时,虽然人多视为骇论,但欧阳修仍能坚持己见,而这背后即是他对儒家经典、道义的信仰。欧阳修曾经指出:"夫世无师矣,学者当师经。师经必先求其意。"(《答祖择之书》)又认为:"君子之于学也,务为道,为道必求知古,知古明道,而后履之于身,施之于事,而又见于文章而发之。"(《与张秀才第二书》)这种尊经重道的主张,与欧阳修在上述疑经惑传中的表现,显然是旨趣相通的。

(二)弃章句重义理与推人情、重人事

一方面,欧阳修解经表现出明显的轻章句而重义理的特色。就上文提到的经学著述来看,欧阳修经学研究的单篇文章,如《易或问》三篇、《明用》一篇、《春秋

---

①　欧阳修有《论删去九经正义中谶纬札子》,见《欧阳修全集》第 887 页。

论》三篇、《春秋或问》二篇、《泰誓论》一篇、《纵囚论》一篇、《石鹢论》一篇、《辨左氏》一篇、《三年无改问》一篇、《易或问》一篇等，以及《问进士策三首》《问进士策四首》等见于策问中的有关经学的篇章和《传易图序》《张令注周易序》等，都可看作是议论解经的文字，所重显然都是在经文义理而非章句训诂、名物制度之类。再拿专门的经学著作来说，如《诗本义》十六卷、《易童子问》三卷等，也都是重在义理。《诗本义》诚如《直斋书录解题》所说，是"先为论，以辨毛、郑之失，然后断以己见"。兹举一例以明之，如《诗本义》卷二《野有死麕》篇下写道：

论曰：《诗序》失于《二南》者多矣。孔子曰："三分天下有其二，以服事殷。"盖言天下服周之盛德者过半尔。说者执文害意，遂云："九州之内奄有六州。"故毛、郑之说皆云："文王自岐都丰，建号称王，行化于六州之内。"此皆欲尊文王而反累之尔。就如其说，则纣犹在上，文王之化止能自被其所治，然于《芣苢序》则曰："天下和平，妇人乐有子。"于《麟趾序》则曰："《关雎》化行天下，无犯非礼者。"于《驺虞序》则曰："天下纯被文王之化。"既曰如此矣，于《行露序》则反有"强暴之男侵陵正女而争讼"。于《桃夭、摽有梅序》则又云："婚姻，男女得时。"又似不应有讼。据《野有死麕序》则又云："天下大乱，强暴相陵，遂成淫风。惟被文王之化者，犹能恶其无礼也。"其前后自相抵牾，无所适从。然而纣为淫乱，天下成风犹文王所治，不宜如此。于《野有死麕》之序仅可为是，而毛、郑皆失其义。《诗》三百篇，大率作者之体不过三四尔，有作诗者自述其言以为美刺，如《关雎》《相鼠》之类是也；有作者录当时人之言以见其事，如《谷风》录其夫妇之言、《北风其凉》录去卫之人之语之类是也。有作者先自述其事，次录其人之言以终之者，如《溱洧》之类是也；有作者述事与录当时人语杂以成篇，如《出车》之类是也。然皆文意相属以成章，未有如毛、郑解《野有死麕》，文意散离不相终始者。其首章方言正女欲令人以白茅包麕肉为礼而来，以作诗者代正女告人之言，其意未终。其下句则云："有女怀春，吉士诱之"，乃是诗人言昔时吉士以媒道成思春之正女，而疾当时不然。上下文义各自为说，不相结以成章。其次章三句言女告人欲令以茅包鹿肉而来，其下句则云："有女如玉"，乃是作诗者叹其女德如玉之辞，尤不成文理。是以失其义也。

本义曰：纣时，男女淫奔，以成风俗。惟周人被文王之化者，能知廉耻而恶其无礼。故见其男女之相诱而淫乱者，恶之曰："彼野有死麕之肉，汝尚可以食之，故爱惜而包以白茅之洁，不使为物所污。奈何彼女怀春，吉士遂诱，而污以非礼。"吉士犹然强暴之男可知矣。其次言朴樕之木犹可用以为薪，死鹿犹束以白茅而不污，二物微贱者犹然，况有女而如玉乎？岂不可惜而以非礼污之？其卒章遂道其淫奔之状曰:“汝无疾走,无动我佩,无惊我狗吠。”彼奔未必能动我佩,盖恶而远却之之辞。

显然,作者着眼的是《诗》之大义,与注疏体著作《毛诗正义》之注重章句训诂及名物制度是迥然有别的。

至于《易童子问》三卷,则是以问答的形式,由卦象而推究天地万物之理,并明乎人情、系乎人事。如《易童子问第一》中针对童子关于《谦》之《彖》“天道亏盈而益谦,地道变盈而流谦,鬼神害盈而福谦,人道恶盈而好谦”的提问,作了这样的回答:“圣人急于人事者也。天人之际罕言焉。惟《谦》之《彖》,略具其说矣。圣人,人也,知人而已。天地鬼神不可知,故推其迹。人可知者,故直言其情。以人之情而推天地鬼神之迹,无以异也。然则修吾人事而已,人事修则与天地鬼神合矣。”由此即可见一斑。

总之,无论是从欧阳修在经学研究方面所采用的形式,即采用议论而非注疏体的方式,还是注重的内容来看,欧阳修轻章句而重义理的特色是相当明显的。当然,他对章句注疏也不是一概排斥,如他《诗本义》中也涉及到了一些字词的训诂,其中还引用了或驳斥了《尔雅》等书籍的有关解说。对于分章析句,他也认为不可等闲视之,若分析有误,则“文义乖离,害诗本义”(《诗本义》卷八《车辇》)。他曾明确指出:“章句之学,儒家小之,然若乖其本旨,害于大义,则不可以不正也。”(《诗本义》卷七《斯干》)像这种不废考据、不弃章句的做法,显然是非常可取的。它有助于欧阳氏将观点建立在较为扎实的基础上而非空谈义理,可说是欧阳修经学研究取得较高成就的又一个重要保障。

另一方面,欧阳修在解经方面又体现出鲜明的推人情、重人事的特色。从人情出发来考察经典,注重人事,这是欧阳修解经的旨趣所在,也是他持论的重要依据。他说:“圣人之言,在人情不远”(《答宋咸书》),又说:“尧舜三王之治,必本于人情”(《纵囚论》)。既然圣人之言、先王之治都本于情,那么欧阳修在解经的时候必然会对人情高度重视,甚至以之为衡量是非曲折的准绳。如他在《泰誓论》中驳斥“西伯受命称王十年”之谬说时,提出了四条理由,其中有三条都是以人情为依据,他说:

《书》称商始咎周以乘黎。乘黎者,西伯也。西伯以征伐诸侯为职事,其伐黎而胜也,商人已疑其难制而恶(一作患)之。使西伯赫然见其不臣之状,与商并立而称王,如此十年,商人反晏然不以为怪,其父师老臣,如祖伊、微子之徒,亦默然相与,熟视而无一言,此岂近于人情邪?由是言之,谓西伯受命称王十年者,妄说也。以纣之雄猜暴虐,尝醢九侯而脯鄂侯矣,西伯闻之窃叹,遂执而囚之,几不免死，至其叛已不臣而自王，乃反优容而不问者十年，此岂近于人情邪？由是言之，谓西伯受命称王十年者，妄说也。孔子曰："三分天下有其二，以服事商。"使西伯不称臣而称王，安能服事于商乎？且谓西伯称王者，起于何说？而孔子之言，万世之信也。由是言之，谓西伯受命称王十年者，妄说也。伯夷、叔齐，古之知义之士也。方其让国而去，顾天下皆莫可归，闻西伯之贤，共往归之。当是时，纣虽无道，天子也。天子在上，诸侯不称臣而称王，是僭叛之国也。然二子不以为非，依之久而不去。至武王伐纣，始以为非而弃去。彼二子者，始顾天下莫可归，卒依僭叛之国而不去，不非其父而非其子，此岂近于人情邪？由是言之，谓西伯受命称王十年者，妄说也。

其实，以人情解经在《诗本义》中有更全面的体现，甚至可以认为，欧阳修的《诗本义》十六卷，乃是以人情解经的典范。欧阳修认为："诗文虽简易，然能曲尽人事，而古今人情一也，求诗义者以人情求之，则不远矣；然学者常至于迂远，遂失其本义。"（《诗本义》卷六《出车》）本此看法，他在解《诗》时多以人情求之，如解首篇《关雎》，即以人情为据，其云："为《关雎》之说者，既差其时世，至于大义，亦已失之。盖《关雎》之作，本以雎鸠比后妃之德，故上言雎鸠在河洲之上，关关然雄雌和鸣，下言淑女以配君子，以述文王太姒为好匹，如雎鸠雄雌之和谐尔。毛、郑则不然，谓诗所斥淑女者非太姒也，是太姒有不妬忌之行而幽闺深宫之善女皆得进御于文王，所谓淑女者，是三夫人、九嫔御以下众宫人尔，然则上言雎鸠，方取物以为比兴，而下言淑女，自是三夫人、九嫔御以下，则终篇更无一语以及太姒；且《关雎》本谓文王、太姒，而终篇无一语及之，此岂近于人情？古之人简质，不如是之迂也。"而像这样以人情为立论依据的情况，在《诗本义》中并不少见。据统计，直接出现"人情"二字，并且是以人情为依据来解《诗》的，有《诗本义》卷一《螽斯》、卷二《击鼓》、卷三《丘中有麻》、卷四《女曰鸡鸣》、卷六《出车》、卷七《节南山》、卷七《十月・雨无正・小旻・小宛》、卷八《何人斯》、卷八《四月》、卷八《车舝》、卷九《宾之初筵》、卷十《生民》、卷十二《有駜》、卷十三《取舍义》、卷十五《十五国次解》等十五处，而像《四月》《生民》等篇还是不止一次地提到和运用。而据四库馆臣统计，《诗本义》"凡为说一百十有四篇，《统解》十篇，《时世》《本末》二论、《豳》《鲁》《序》三问，而《补亡郑谱》及《诗图总序》附于卷末"①，则欧阳修以人情解经的比例已超过了百分之十。由此，欧阳修以人情解《诗》的特色，当不难想见了。在《诗本义》卷十五《定风雅颂解》中，欧阳修指出："王通谓诸侯不贡诗，

---

① 永瑢等《四库全书总目》卷十五，"《毛诗本义》十六卷"条，第 120 页。

天子不采风，乐官不达雅，国史不明变，非民之不作也；诗出于民之情性，情性其能无哉？职诗者之罪也。通之言，其几于圣人之心矣。”他将王通之论引为知言，而在《诗本义》中则自觉地实践了这一观点。

当然，我们也要看到，欧阳修以人情解经，其根本着眼点还在于人事。他对人事的重视是相当突出的。其《诗本义》之推究人情，实即切于人事。他在谈到《诗》之本末时指出：“何谓本末？作此诗，述此事，善则美，恶则刺，所谓诗人之意者，本也；正其名，别其类，或系于此，或系于彼，所谓太师之职者，末也。察其美刺，知其善恶，以为劝戒，所谓圣人之志者，本也；求诗人之意，达圣人之志者，经师之本也。讲太师之职，因其失传而妄自为之说者，经师之末也”，并要求学者“知前事之善恶，知诗人之美刺，知圣人之劝戒，是谓知学之本而得其要。其学足矣，又何求焉？其末之可疑者，阙其不知可也”（《诗本义》卷十四《本末论》）。可见，欧阳修是以诗之美善刺恶、知其劝戒为指归的。此外，欧阳修讥刺《泰誓》，又主张删除《九经正义》中的谶纬之学，其立足点即在于谶纬之说荒诞诡怪，不合事实，不近人情；认为《春秋》之作是“上揆之天意，下质诸人情，推至隐以探万事之元，垂将来以立一王之法者”（《石鹢论》），即将《春秋》的大旨归于为后王立法；研究《周易》重在“推天地之理，以明人事之始终”（《张令注周易序》），因而高度评价不取象数而讲求义理的王弼《易》学：“呜呼！文王无孔子，《易》其沦于卜筮乎？《易》无王弼，其沦于异端之说乎”（《易或问三首》其三）。像这些，都反映出欧阳修对人事的高度关注。特别值得注意的，是欧阳修对《中庸》的态度。《中庸》有着丰富的心性理论资源，早在唐代的李翱，就著有《复性书》三篇对它作了较为精辟的阐释，而它更成为后来的理学家建构所谓的“理学”体系的重要依据。但欧阳修对心性之辨并无兴趣，上文已经提到，他在《问进士策三首》其三中驳斥了《中庸》中的有关言论，认为是“虚言高论而无益者”，“无用之空言也”。这在他对李翱《复性书》的态度中也可得到反映，他说：“予始读翱《复性书》三篇，曰：此《中庸》之义疏尔。智者诚其性，当读《中庸》，愚者虽读此，不晓也，不作可焉。”（《读李翱文》）认为《复性书》简直就是《中庸》之义疏，即便不作也无伤大雅。欧阳修在《夫子罕言利命仁论》中指出：“斯文丧而仲尼出，……立道德之防，张礼乐之致，以达乎人情之大窦。……然独以利命仁而罕言其旨。”欧阳修还说：“以人性为善，道不可废。以人性为恶，道不可废。以人性为善恶混，道不可废。以人性为上者善，下者恶，中者善恶混，道不可废。然则学者虽毋言性可也。”①欧阳修甚至以世人多言性为祸患，并在《答李诩第二书》中劝说道：

---

① 刘敞《公是弟子记》卷四，《四库全书》本。

夫性,非学者之所急,而圣人之所罕言也。《易》六十四卦,不言性,其言者,动静得失吉凶之常理也。《春秋》二百四十二年,不言性,其言者,善恶是非之实录也。《诗》三百五篇,不言性,其言者,政教兴衰之美刺也。《书》五十九篇,不言性,其言者,尧舜三代之治乱也。《礼》《乐》之书,虽不完而杂出于诸儒之记,然其大要治国修身之法也。"六经"之所载,皆人事之切于世者,是以言之甚详;至于性也,百不一二,言之,或因言而及焉,非为性而言也,故虽言而不究。

以上这些都可以表明,欧阳修所谓的人情,与后来的理学家所津津乐道的性情之辨,实不是一回事,他所谓的人情是指向人事的,或者可以说他根本上就是切于人事。这一点,与他指示为学之道时所说的:"君子之于学也,务为道,为道必求知古,知古明道,而后履之以身,施之于事,而又见于文章而发之",以及他排佛时提出的"礼义者,胜佛之本也"(《本论》),即不是从抽象的心性理论层面而是从具体的礼义教养层面来排佛的主张,都是相呼应的。

以上所论,即是欧阳修经学方面的主要成就。这种尊经崇道的经学观念和重义理、推人情、切人事的解经方法,深层地影响到了欧阳修的文学观念及其文学创作。具体说来,主要有以下几个方面:

(一)关于文与道

欧阳修尊经崇道的经学观念,决定了他的文学价值观,即要求文学能传道与经世。欧阳修主张为文"师经求道",他说:"夫世无师矣,学者当师经。师经必先求其意。意得则心定,心定则道纯,道纯则充于中者实,中充实则发为文者辉光,施于事者果致。"(《答祖择之书》)并认为"大抵道胜者,文不难而自至"(《答吴充秀才书》)。但值得注意的是,欧阳修认为"六经"为治世之具,后世之法,他说:"'六经'者,先王之治具,而后世之取法也。《书》载上古,《春秋》纪事,《诗》以微言感刺,《易》道隐而深矣,其切于世者,《礼》与《乐》也。"(《问进士策三首》其一)欧阳修所谓的"道"又是切于人事的,他说:"所谓道者,乃圣人之道也。此履之于身,施之于事,而可得者也。"(《与张秀才第二书》)因此,欧阳修认为文章应该明古道而切人事,以取信于后世。欧阳修在《与张秀才第二书》指出:

君子之于学也,务为道,为道必求知古,知古明道,而后履之于身,施之于事,而又见于文章而发之,以信后世。其道,周公、孔子、孟轲之徒常履而行之者也;其文章,则"六经"所载,至今而取信者是也。

又一再强调为文要辅时及物,即"中于时病,而不为空言"(《与黄校书论文章书》),并对为文只重文采或虚为高言而不以明道、切事为务的做法给予了严厉的批驳,他说:"夫学者,未始不为道,而至者鲜也。非道之于人远也,学者有所溺焉尔。盖文之为言,难工而可喜,易悦而自足。世之学者,往往溺之,一有工焉,则曰:吾学足矣;甚者,至弃百事不关心,曰:吾文士也,职于文而已。此其所以至者鲜也”(《答吴充秀才书》),他又批评张斐为文“述三皇太古之道,舍近求远,务高言而鲜事实,此少过也”,并进一步强调指出:“务高远之为胜,以广诞者无用之说,是非学者之所尽心也。”(《与张秀才第二书》)

正是在这样一种文学观念的引导下,欧阳修的文学创作带上了明显的明道经世的色彩,为文不务空言,不好高论,而本于道义,切于事实。如他写有一批政论文,皆本于道义、激于事实而作,如《与高司谏书》对高若讷身居谏官之位却不能进贤除奸给予了辛辣的讥刺,《朋党论》则本于道义而辩论“小人无朋,惟君子则有之”,有力地驳斥了保守派对范仲淹、欧阳修等人的污蔑,等等。即以《朋党论》为例,其中写道:

臣闻朋党之说,自古有之,惟幸人君辨其君子小人而已。大凡君子与君子,以同道为朋;小人与小人,以同利为朋,此自然之理也。(一无此六字)然臣谓小人无朋,惟君子则有之。其故何哉?小人所好者禄利也,所贪者财货也,当其同利之时,暂相党引以为朋者,伪也;及其见利而争先,或利尽而交疏,则反相贼害,虽其兄弟(一作弟兄)亲戚,不能相保。故臣谓小人无朋,其暂为朋者,伪也。君子则不然,所守者道义,所行者忠信,所惜者名节,以之修身,则同道而相益;以之事国,则同心而共济:终始如一,此君子之朋也。故为人君者,但当退小人之伪朋,用君子之真朋,则天下治矣。

从中我们不难感受到,此文义正辞严,以道义、忠信、名节与禄利、财货相对举,使君子小人之别凛然可见,可谓是既明道德,又关人事。其实,不光是《朋党论》这样的政论文,像《本论》专门排斥佛教,主张修礼义以胜之,《论删去九经正义中谶纬札子》要求删除诡怪的谶纬之说而使经义归于纯正,类似这样的议论散文,也都是既明道义又切人事的。有学者指出:“议论散文在欧阳修的散文创作中占有相当的比重。在其文集中,除了标明‘论’者以外,杂文、记、书启、赠序、奏议、题跋中有一些作品也属于议论散文。就其所表现的内容而言,可以大致分为人生理想和道理的认真思考之类,谈论革新朝政、改革时弊之类,以批评、论述历史的事实来关照当时的矛盾之类以及讨论文学理论等四大类。”①由此,我们当不难想见欧阳修为文所具有的对道德、人事的关照之意了。如果我们再把视野放宽一

① 黄一权《欧阳修散文研究》,华东师范大学出版社2003年版,第49页。

些,欧阳修所创作的叙事文、抒情文,其实也多是对人情物态的关照和反映①,而“道不远人”,则道亦在其中矣。而欧阳修那些本于性情而褒贬善恶、讽谕劝戒的诗歌以及以史事寓褒贬、劝戒的《五代史记》中的篇章,尤其是《伶官传序》《一行传》等,也都是以切于人事、明乎道义为指归的。于是乎,欧阳修的诗文一改“昆体”的卑弱浮泛而代之以刚健骨力,诚如苏轼所评:“欧阳子论大道似韩愈,论事似陆贽,记事似司马迁,诗赋似李白。”(《六一居士集序》)于是乎,欧阳修大力倡导便于言事论理的古文,开始用文体来写赋,以散文化的手法来作诗。这些都是与欧阳修以文明道义、切人事的观念密切相关的。

当然,我们也应该指出,欧阳修尽管非常推崇道义,注重人事,要求文学也为之服务,但他并没有忽略文学本身的一些特性。他在追求诗文的思想性的同时,也注意到了文学性,他说:“某闻传曰:‘言之无文,行而不远。’君子之所学也,言以载事,而文以饰言。事信言文,乃能表见于后世。”(《代人上王枢密求先集序书》)同时,欧阳修对骈文也能够采取一分为二的态度,而不是一概排斥,他说:“偶俪之文,苟合于理,未必为非,故不是此而非彼也。”(《论尹师鲁墓志》)此外,他对韩愈诗文的艺术性也给予了高度的赞赏,他欣赏其“资谈笑,助谐谑,叙人情,状物态,一寓于诗,而曲尽其妙”,又说:“予独爱其工于用韵也”,“譬如善驭良马者,通衢广陌,纵横驰逐,惟意所之。至于水曲蚁封,疾徐中节,而不少蹉跌,乃天下之至工也”(《六一诗话》)。欧阳修对诗文“资谈笑,助谐谑”功能的认可、对韩诗工于用韵的赞赏,都可以表明他对诗文的功能及其文学性是有着较为全面的认识的;而他在创作时更有着自觉的实践,如在诗酒唱和中,以诗文佐欢,又以诗艺相较,包括和韵分题,或限字“白战”等等。这种对骈文的包容、对文学怡情悦性的功能及文学自身的文学性的自觉认识和实践,应该说也是欧阳修取得突出的文学成就的一大原因。

(二)关于平易畅达和怪僻生涩

平易畅达和怪僻生涩是当时文坛的两种主要的也是相对的文风。平易畅达作为宋朝一以贯之的主导文风,在相当程度上得力于欧阳修的身体力行,他既以丰富的创作实绩奠定了这种风格的独尊地位,又通过对怪僻生涩文风的打击而使平易畅达这一文风的独尊地位得以巩固。而欧阳修之所以有这样的表现,与他的经学观念是分不开的。

欧阳修解经推重人情,关切人事,所以,他排斥诡怪荒诞之说。而这样一种本

---

① 详见黄一权《欧阳修散文研究》第二章“欧阳修散文的分类与内容”中的第三节“叙事散文”和第四节“抒情散文”。

乎人情、关乎人事的“六经”与“道”,由于欧阳修认为“古今人情一也”,所以在他看来“六经”与“道”都应该是易晓易行的。他在《与张秀才第二书》中即明确指出圣人之道易知而可法,圣人之言易明而可行,进而主张平易畅达的文风,以使其文易晓,其道易行,而反对为文怪僻生涩。他说:

其道,周公、孔子、孟轲之徒常履而行之者也;其文章,则“六经”所载,至今而取信者是也。其道易知而可法,其言易明而可行。及诞者言之,乃以混蒙虚无为道,洪荒广略为古;其道难法,其言难行。……务高远之为胜,以广诞者无用之说,是非学者之所尽心也。宜少下其高而近其远,以及乎中,则庶乎至矣。

值此之故,欧阳修为文也体现出了鲜明的平易流畅的特色,如苏洵《上欧阳内翰第一书》评其文曰:“执事之文,纡余委备,往复百折,而条达疏畅,无所间断;气尽语极,急言竭论,而容与闲易,无艰难劳苦之态”,叶梦得《石林诗话》评其诗曰:“欧阳文忠公诗,始矫昆体,专以气格为主,故言多平易流畅”。不仅如此,欧阳修还用主持贡举的机会来排击以怪僻生涩为特色的“太学体”,从而造就并维护了平易流畅的文风大行其道的局面。沈括《梦溪笔谈》卷九有一则记载,较为详细地说明了欧阳修革除怪僻文风的努力和良好效果,兹引述如下,以见一斑:

嘉祐中,士人刘几累为国学第一人,骤为怪崄之语,学者翕然效之,遂成风俗。欧阳公恶之。会公主文,决意痛惩,凡为新文者一切弃黜,时体为之一变,欧阳之功也。有一举人论曰:“天地轧,万物茁,圣人发。”公曰:“此必刘几也。”戏续之曰:“秀才剌,试官刷。”乃以大朱笔横抹之,自首至尾,谓之红勒帛,判大纰缪字榜之,既而果几也。复数年,公为御试考官,而几在庭,公曰:“除恶务本,今必痛斥轻薄子,以除文章之害。”有一士人论曰:“主上收精藏明于冕旒之下。”公曰:“吾已得刘几矣。”既黜,乃吴人萧稷也。是时试《尧舜性之赋》,有曰:“故得静而延年,独高五帝之寿;动而有勇,形为四罪之诛。”公大称赏,擢为第一人。及唱名,乃刘辉,人有识之者曰:“此刘几也,易名矣。”公愕然久之。因欲成就其名,小赋有“内积安行之德,盖禀于天”,公以谓“积”近于学,改为“蕴”,人莫不以公为知言。

### 三、“简而有法”与“穷而后工”

“简而有法”和“穷而后工”,是欧阳修在《尹师鲁墓志铭》和《梅圣俞诗集序》中提出来的,既是对好友尹洙、梅尧臣为文作诗特色的说明,又是欧阳修自觉的文学主张,且在其诗文创作中得到了很好的体现。尹洙、梅尧臣都是欧阳修为文作诗的良师益友,欧阳修曾向他们请益受教,时有切磋,亦深受其影响,这在时人的笔记如文莹《湘山野录》以及欧阳修本人所作的《梅圣俞诗集序》《梅圣俞墓志铭

(并序)》《尹师鲁墓志铭》《论尹师鲁墓志》等篇章中,都有着具体而真实的反映。所以,对于“简而有法”和“穷而后工”,我们要从欧阳修的深层认同上来理解和把握,而不能简单地把它看作只是对尹、梅二人的评价而已;如果再进一步考察的话,欧阳修提出的这两种看法,实又有着深层的经学根源,或者说是受到了欧阳修本人经学的影响。

关于“简而有法”,是欧阳修对尹洙之文作出的评价,他说:“师鲁为文章,简而有法。”(《尹师鲁墓志铭》)在《论尹师鲁墓志铭》中,欧阳修对此有过解释,他说:“述其文,则曰:‘简而有法。’此一句,在孔子‘六经’,惟《春秋》可当之。其他经,非孔子自作文章,故虽有法而不简也。修于师鲁之文不薄矣。”此论指明了尹洙为文的特色,即“简而有法”,这是符合尹洙为文的实际的。尹洙确实长于《春秋》,并因之而为文简要而劲健,范仲淹即称其“深于《春秋》,故其文谨严,辞约而理精”(《尹师鲁河南集序》)。但更值得我们注意的是,欧阳修对于“六经”的看法。他认为“六经”之中,只有《春秋》是孔子自作文章,故而“简而有法”。这既可表明欧阳修对尹洙为文的推崇,又可显示出他对《春秋》在为文笔法方面所具有的成就的高度重视。于是,欧阳修仿《春秋》为文就不足为奇了。《春秋》语简意赅,有所谓的“一字褒贬”的《春秋》笔法,而欧阳修的文章也大多谨严凝练。最典型的代表,就是他所撰著的《五代史记》和《新唐书》中的有关篇章,乃是取法《春秋》而作,得“简而有法”之旨,《宋史》本传即称其“奉诏修《唐书》纪、志、表,自撰《五代史记》,法严词约,多取《春秋》遗旨”,由此当不难想见欧阳氏为文谨严之特色。而《朱子语类》卷一百三十九中的一则记载,则更是欧阳修为文谨严的生动反映,其云:“欧公文亦多是修改到妙处。顷有人买得他《醉翁亭记》稿,初说滁州四面有山凡数十字,末后改定只曰‘环滁皆山也’五字而已。”将拖沓冗长的起首数十字改为“环滁皆山也”五字,简练而富有气势,诚可谓深得《春秋》“简而有法”之旨。

“穷而后工”,是欧阳修评论梅尧臣的诗歌时提出来的。他在《梅圣俞诗集序》中说道:

予闻世谓诗人少达而多穷,夫岂然哉?盖世所传诗者,多出于古穷人之辞也。凡士之蕴其所有而不得施于世者,多喜自放于山巅水涯。外见虫鱼草木风云鸟兽之状类,往往探其奇怪;内有忧思感愤之郁积,其兴于怨刺,以道羁臣寡妇之所叹,而写人情之难言。盖愈穷则愈工。然则非诗之能穷人,殆穷者而后工也。

在《梅圣俞墓志铭(并序)》中,欧阳修也提到:“余尝论其诗曰:‘世谓诗人少达而多穷,盖非诗能穷人,殆穷者而后工也。圣俞以为知言。”梅尧臣怀才不遇,经历坎坷,忧愁感愤之情一寓于诗,且愈穷愈工,具体情形正如欧阳修《梅圣俞诗集序》所述：

予友梅尧臣，少以荫补为吏，累举进士，辄抑于有司，困于州县凡十余年。年今五十，犹从辟书，为人之佐，郁其所畜，不得奋见于事业。……若使其幸得用于朝廷，作为雅颂，以歌咏大宋之功德，荐之清庙，而追商、周、鲁《颂》之作者，岂不伟欤！奈何使其老不得志，而为穷者之诗，乃徒发于虫鱼物类、羁愁感叹之言！世徒喜其工，不知其穷之久而将老也。

而欧阳修所谓“圣俞以为知言”云云，则表明梅氏对欧阳修的评论是予以认可的。通过以上分析，我们可以知道，欧阳修“穷而后工”之论的提出，乃是基于梅尧臣的创作实践，但其中又有着明显的传统诗教的影响。欧阳修希望梅氏能被朝廷起用而作为“雅”、“颂”，以歌功颂德，达到美教化、移风俗的目的，而将其发于虫鱼物类、羁愁感叹之言视为穷者之诗，与所谓的“以一国之事，系一人之本”的“风”相当。由此可见，欧阳修分明是以《诗三百》之“风”“雅”“颂”来相比类，而早在司马迁即提出“《诗》三百篇，大抵圣贤发愤之所为作也”（《史记·太史公自序》），则欧阳修“诗穷而后工”的《诗经》学根源于此可见。再进一步讲，欧阳修认为《诗》“出于性情”，主张“以人情求之”，故而他对诗歌发抒情感的一面定然会给予强调，而所发抒的情感又倾向于“美善刺恶”、有所劝戒。由此，在抒情与美刺方面，必定要找一个平衡点，欧阳修找到了，那就是“温柔敦厚”的《诗》教，即所谓的“发乎情，止乎礼义”。何以见得？他在《梅圣俞墓志铭（并序）》中除了提到梅氏“穷而后工”之外，还这样说道：“圣俞为人，仁厚乐易，未尝忤于物，至其穷愁感愤，有所骂讥笑谑，一发（一有之字）于诗，然用以为驩而不怨怼，可谓君子者也。”由此可见，欧阳修欣赏的，也正是所谓的“怨而不怒，哀而不伤”，是君子之“坦荡”而无须为小人之“戚戚”，也不可能是如严羽所说的“叫噪怒张，殊乖忠厚之风，殆以骂詈为诗”（《沧浪诗话·诗辩》）。这种观念，在欧阳修自身的文学创作中也有体现，那就是他的为文风格略如苏洵所评是“纡余委备”、“容与闲易”（《上欧阳内翰第一书》），而不是那种盛气凌人、无所收止之文。

# 第五章

# 熙宁、靖康间的经学与文学

## 第一节　党争、科举与经学、文学

### 一、熙宁、靖康间的经学实绩和文学面貌

熙宁、靖康(1126—1127)间的经学是沿着前人开辟的路径继续推进的。其实,早在欧阳修和刘敞那儿,就已经预示了其后的发展大势。据《公是弟子记》卷四记载:

永叔曰:"以人性为善,道不可废。以人性为恶,道不可废。以人性为善恶混,道不可废。以人性为上者善,下者恶,中者善恶混,道不可废。然则学者虽毋言性可也。"刘子曰:"仁义,性也。礼乐,情也。以人性为仁义,犹以人情为礼乐也。非人情,无所作礼乐。非人性,无所明仁义。性者,仁义之本。情者,礼乐之本也。圣人惟欲道之达于天下,是以贵本。今本在性而勿言,是欲导其流而塞其源,食其实而伐其根也。夫不以道之不明为言,而以言之不及为说,此不可以明道而惑于言道,不可以无言而迷于有言者也。"

这段话是值得注意的。它表明了当时同样是疑传惑经而尊经传道的学者对性情问题的不同看法。就欧阳修和刘敞的实际情况来说,欧阳氏确实对性情问题不甚重视,甚至以世人言性为患,而刘敞则对性情之辨颇有造诣,其弟刘攽在《公是先生集序》中就称其"若夫原性命之统,贯诚明之本,考百家诸子之杂博,判其真伪,虽至于'六经',可折衷也"①。在我们所引的这段话里,刘敞认为辨性情即是明仁义礼乐,是"道之达于天下"之本。这就充分表明,传统儒者李翱对性情的强

① 刘攽《彭城集》卷三十四,《丛书集成初编》本,第456页。

调，在同样有着深厚的儒学传统的刘敞这里，已得到了强烈的回应。由此，性情问题在儒者内部广受重视，就是可以期待的了。刘敞逝世于熙宁元年，而司马光在熙宁二年所上的《论风俗札子》中，除了揭明疑传惑经风气之盛以外，也道出了性命之辨行于场屋的事实，他说：

窃见近岁公卿大夫好为高奇之论，喜诵老庄之言，流及科场，亦相习尚。新进后生，未知臧否，口传耳剽，翕然成风。至有读《易》未识卦爻，已谓《十翼》非孔子之言；读《礼》未知篇数，已谓《周官》为战国之书；读《诗》未尽《周南》《召南》，已谓毛、郑为章句之学；读《春秋》未知十二公，已谓三《传》可束之高阁。循守注疏者谓之腐儒，穿凿臆说者谓之精义。且性者，子贡之所不及，命者，孔子之所罕言，今之举人，发口秉笔，先论性命，乃至流荡忘返，遂入老庄，纵虚无之谈，骋荒唐之辞，以此欺惑考官，猎取名第。禄利所在，众心所趋，如水赴壑，不可禁遏。彼老庄弃仁义而绝礼学，非尧舜而薄周孔……

尽管性命之辨流入异端，惑于老庄之学，但谈性论命风气之盛，已可想见了。所以，熙宁、靖康间的经学，除了在疑传惑经和经世致用方面更推进一步之外，在性命之辨方面也开始重视起来了，而这两个方面，正是此期经学的主要内容。具体说来，此期的经学，有的则偏于经世致用，如王安石；有的则偏于体道治心，如周敦颐、二程等；有的则介于两者之间，如三苏、司马光等。而这些代表人物，又都能自我树立，自成一派，分别形成了所谓的“荆公新学”、“濂洛理学”、“三苏蜀学”、“温公朔学”等。这些自我树立的、独重义理的经学流派，构成了熙宁、靖康间经学的总成绩，以“荆公新学”为官学而“独行于世者六十年”①，其他学派鼎立而存，相与为辅。

这些经学流派的成立，都有着标志性的经学著述、较为固定的成员组成以及自成体系、特色鲜明的学说。这样一种学术形态，对文学的发展具有规范和引导的意义。一方面，学术观念直接影响到了文学观念和创作；另一方面，由于学者和文人的同一性，即当时知名的学者又往往是主盟一时的文坛领袖。这些都使得文学的面貌也呈现出与学术相应的特色。换句话说，就是一派有一派之文学，而这样各自成派的文学，即组成了当时文坛的基本面貌和整体走向。简要说来，王安石突出强调文以经世，甚至直接将文视为“礼教治政”之类应用文字，诗文以议论见长，深邃有余而情韵不足。周敦颐、二程等人则极力贬低文学，甚至提出“作文害道”的主张，但也自觉倡导写诗以吟咏性情，将作诗视为体道修身之具，故而，虽

---

① 晁公武撰，孙猛校证《郡斋读书志校证》卷一，“《新经尚书义》十三卷”条，57 页。

然所作诗文不多,艺术价值也不高,但也有一些诗文如《爱莲说》《偶成》等,文笔洗练,情景浑融,而由二程弟子记录、经朱熹编定的《二程遗书》《二程外书》等,则上承《论语》、下启《朱子语类》,成为宋代语录体散文的重要代表。三苏则以人情解经,以人情作文,汪洋恣肆,文采飞扬,无事不可入,无情不可抒,无体不可用。自具面目的宋诗,即如严羽所谓的“以文字为诗、以才学为诗、以议论为诗”在苏轼及其门人黄庭坚身上真正成熟和定型;平易流畅、韵美格高的散文也在苏轼这儿达到极致;在词的创作方面,苏轼也开创了豪放一派,从此,豪放与婉约并称为宋词史上的足以分庭抗礼的两大品类。总之,无论诗、词、文,苏轼都达到了相当的造诣,堪称宋代文学的杰出代表。

对于以上这些,在我们下面的叙述中还会具体谈到,此不赘述。但有一点是需要着重指出的,那就是,经学与文学的联系并不是一个封闭的系统,它势必还会受到社会环境的诸多制约,就这一时期而言,纷繁复杂的党争和改弦更张的科举,是经学与文学互动的两大相关因素。

## 二、熙宁、靖康间的党争与经学、文学之关系

由范仲淹主持的“庆历新政”虽然前后只持续了一年多的时间,就在保守势力的围攻下遭到了失败,新法措施也大多被废除,但士人的精神已经振起,面对日益破败的局势,富有“治国平天下”理念的“士”必定会重新扬起改弦更张的旗帜,正如陈亮所说:“方庆历、嘉祐,世之名士常患法之不变也。”①于是,规模更大、历时更久的“熙宁变法”开始拉开了序幕。但由于学术理念的不同、变革方案的不同、切身利益的不同等诸多的原因,以王安石为首的新党和以司马光为首的旧党开始直接对立②,人事矛盾也日益激化,正如《邵氏闻见录》卷十一所云:“荆公欲变更祖宗法度,行新法,退故老大臣,用新进少年,温公以谓不然,力争之。”受到神宗支持的新党于主政期间,大事更张,任用新人,而“道不同,不相为谋”的旧党人士多遭贬逐。到了“元祐更化”时期,旧党上台,新法被基本废除,旧党对新党人士实施打击、报复,新党人士又多被贬黜。其后,绍圣时期、建中靖国时期、崇宁时期新旧两党又交替上台,一度反复,人事变革也呈现相应的面貌,即“新党在朝,意味着旧党的放逐;而旧党执政,则意味着新党贬逐在外”③。而究其实质,尚不止如此简

---

① 陈亮《陈亮集》卷十一《铨选资格》,中华书局 1974 年版,第 126 页。

② 包弼德著,刘宁译《斯文:唐宋思想的转型》第七章“为了完美的秩序:王安石与司马光”对此有所论析,可参考。

③ 萧庆伟《北宋新旧党争与文学》,人民文学出版社 2001 年版,第 131 页。

单，如果说熙宁、元祐间的党争尚属政见分歧下的产物的话，绍圣以来的党争，则更多地表现为党派之间的争权夺利或无谓倾轧，变法与否，甚至成为了徒有其名而无其实的东西。① 此种局面的出现，已肇端于元祐时期的旧党之分野。宋哲宗于元丰八年(1085)即位，太皇太后高氏垂帘听政，遂起用司马光尽废新法，史称"元祐更化"。然司马光主政后不久即于元祐元年(1086)病逝，旧党也就逐渐分化为洛、朔、蜀三党，并相互排挤，如邵伯温指出：

哲宗即位，宣仁同听政，群贤毕集于朝，贤者不免以类相从，故当时有洛党、蜀党、朔党之语。洛党以程颐为领袖，朱光庭、贾易为羽翼；蜀党以苏氏为领袖，吕陶等为羽翼；朔党以刘挚、梁焘、王岩叟、刘安石为领袖，而羽翼尤众。……元祐之所谓党，何人哉？程曰洛党，苏曰蜀党，刘曰朔党。彼皆君子也，而互相排轧，此小人得以有辞于君子也。程明道谓新法之行，吾党有过；愚谓绍圣之祸，吾党亦有过。然熙宁君子之过小，元祐君子之过大。熙宁之争新法，犹出于公；元祐之自为党，皆出于私者也。②

这样一种逐渐变为意气之争、权势之争的党争，对学术和文学都产生了深远的影响，主要表现在两个方面：一是直接地禁毁学术与诗赋。突出的事例就是元祐党案。全祖望指出："元祐之学，二蔡、二惇禁之，中兴而丰国赵公弛之。和议起，秦桧又禁之，绍兴之末又弛之。郑丙、陈贾忌晦翁，又启之，而一变为庆元之锢籍矣。此两宋治乱存亡之所关。"③《宋元学案》为之专门列有《元祐党案》。这里所说的元祐之学，刚开始主要指三苏、黄庭坚等人的诗文集和范祖禹《唐鉴》等史学类著作，后来也涉及到了二程洛学。其著述既遭焚毁，又禁止传习其学说与诗赋。④ 葛立方《韵语阳秋》卷五记载："绍圣初，以诗赋为元祐学术，复罢之。政和中，遂着于令，士庶传习诗赋者，杖一百，畏谨者，至不敢作诗。"朱弁《曲洧旧闻》卷三亦载："崇宁以来，非王氏经术皆禁止，而士人罕言。其学者号'伊川学'，往往自

---

① 萧庆伟《北宋新旧党争与文学》第 24 页指出："自熙宁至靖康，持续半个多世纪的新旧党争，明显地表现为两个阶段的发展格局：一是熙宁、元丰、元祐两党的政见交争，二是绍圣以后的党人倾轧。前者全因国是即王安石新法而发；后者则不顾国是，直衍为党人倾轧之祸。"所论甚确。

② 吕中《宋大事记讲义》卷二十，"诸君子自分党（洛党、蜀党、朔党）"条引，《四库全书》本。诸葛忆兵对此党派成员作过考察，认为："洛蜀两党成员可如此划定：洛党，朱光庭；蜀党：苏轼、苏辙、孔文仲。"（见诸葛忆兵《洛蜀党争辨析》，收录于《宋代文史考论》，中华书局 2002 年版。）

③ 黄宗羲原著，全祖望补修，陈金生、梁运华点校《宋元学案》卷九十六《元祐党案》，第 3153 页。

④ 详见《宋元学案》卷九十六《元祐党案》。

相传道。”由此可见其影响之一斑。二是大兴文字狱。文字狱是党争的工具,宋代的文字狱肇始于庆历党争,熙宁变法以来渐趋盛行,先后有元丰“乌台诗案”、元祐“车盖亭诗案”、绍圣“同文狱”等牵连较广、影响较大的文字狱。① 这些文字狱不仅与涉案者的仕途乃至性命相关联,更是普遍地对士人的心态产生了深远影响。愈演愈烈的文字狱,使得绍圣以来,士人的心态逐渐由前期的“感激论时事”变得畏祸怕事,谨小慎微②,所作文字多以艺术追求为主,即便有所议论也与现实政治渐行渐远,而这,正是特别讲求“以文字为诗、以才学为诗、以议论为诗”的江西诗派得以形成的重要因素,只不过,这里的“以议论为诗”,早已疏离了现实,疏离了经学,而与欧阳修、苏轼等人慷慨论时、激昂议事的议论之诗,实是貌合神离了。

### 三、熙宁、靖康间的科举与经学、文学之关系

科举及教育,针对的是造就和选拔人才的问题。这个问题关乎国家的兴衰,更关乎统治者的长治久安。因而,历来为人们所重视,在“庆历新政”和“熙宁变法”时期,也成为了变法的重要内容。

关于科举,沈松勤指出有三次较大的改革,他说:“第一次是仁宗天圣年间,在承袭唐代以诗赋分等第的同时,兼以策论升降天下之士;第二次是仁宗庆历年间,进士重策论和诸科大义;第三次是神宗熙宁年间,罢诗赋、帖经、墨义,专考策议和经义。”③但从性质上来说,主要有两次,一是庆历新政期间,由重诗赋而重策论,二是熙宁变法期间由诗赋改经义。结合实际情况来看,由于庆历新政历时甚短,失败后新政措施大多废除,所以重策论的改革措施并未产生多大的影响,科举取士仍以诗赋为主,刘唐老指出:“治平(1064—1067)以前词赋取士,则去留主词赋”④,叶梦得《石林燕语》卷八亦云:“熙宁以前,以诗赋取士。”大概到了嘉祐(1056—1063)年间,科举取士才逐渐以策论为重,如苏轼在《拟进士对御试策(并引状问)》中指出:“自嘉祐以来,以古文为贵,则策论盛行于世,而诗赋几至熄。”而司马光在治平元年所上《贡院定夺科场不用诗赋状》也说道:

> 窃闻昨来南省考校,始专用论、策升黜,议者颇以为当。臣犹恐四方疏远未知

① 沈松勤《北宋文人与党争》第四章第一节“兴治文字狱:以‘文字’排击异党”论述较详,可参考。

② 萧庆伟《北宋新旧党争与文学》第五章第三节“绍圣以来的文人心态“指出绍圣以来的元祐党人的普遍心态是政治恐惧与畏祸及身,并将之分为悲苦不振、超然物外和颓然自废三种类型。由此可见一斑。

③ 沈松勤《北宋文人与党争》,人民出版社 1998 年版,第 167 页。

④ 李焘《续资治通鉴长编》卷四百四十九,“元祐五年冬十月己未”条。

所尚，有司各持所见，则人无适从，欲乞今来科场更不用诗赋。如未欲遽罢，即乞令第一场试论，第二场试策，第三场试诗赋，每遇廷试，亦以论压诗赋为先后升降之法。

进入熙宁这样一个合变时节，士人对科举及教育的争论更趋激烈。关于科举改革的意见，苏轼在《议学校贡举状》中有所说明，其云："今议者所欲变改，不过数端。或曰乡举德行而略其文章；或曰专取策论而罢诗赋；或欲举唐室故事，兼采誉望，而罢封弥；或欲罢经生朴学，不用贴、墨，而考大义。"指出变改科举之议有四条：一是主乡举德行而略科举文章；二是兼采科考与誉望；三是专用策论而废除诗赋；四是罢经文注疏的记诵和名物制度的考究，而代以诠解经文大义。就其实质而言，主要涉及选拔的方式和标准。而王安石新法期间的贡举改革，即是在上述意见的基础上实施的。其改革的大纲，见于王安石《乞改科条制札子》：

伏以古之取士，皆本于学校，故道德一于上而习俗成于下。其人材皆足以有为于世。自先王之泽竭，教养之法无所本，士虽有美材，而无学校师友以成就之，议者之所患也。今欲追复古制，以革其弊，则患于无渐。宜先除去声病对偶之文，使学者得以专意经义，以俟朝廷兴建学校，然后讲求三代所以教育选举之法，施于天下，庶几可复古矣。

从中可知，王安石的贡举改革以学校取士为导向，以"一道德"为指归。具体方案是分两步进行，一是考经义而去诗赋，二是兴建学校渐以取代科举。关于科举中以经义取代诗赋，《续资治通鉴长编》有如下记载：

今定贡举新制，进士罢诗赋、帖经、墨义，各占治《诗》《书》《易》《周礼》《礼记》一经，兼以《论语》《孟子》。每试四场，初本经，次兼经并大义十道，务通义理，不须尽用注疏。次论一首，次时务策三道，礼部五道。①

关于学校建设，则实行了所谓的太学"三舍升贡法"：

近制增广太学，益置生员，除主判官外，直讲以十员为额，每二员共讲一经，委中书选差，或主判官奏举。其生员分三等，以初入学生员为外舍，不限员；自外舍升内舍，内舍升上舍。上舍以百员，内舍以二百员为限。生员各治一经，从所隶官讲授，主判官、直讲月考试，优等举业上中书。学正、学录、学谕于上舍人内逐经选二员。如学行卓然尤异者，委主判及直讲保明，中书考察取旨除官。其有职事者，受官讫，仍旧管勾，候直讲、教授有阙，次第选充。其主判官、直讲、职事生员，并第

① 李焘《续资治通鉴长编》卷二百二十，"熙宁四年二月丁巳朔"条，第5334页。

增给食钱。①

由于当时科举考试中举子好自出议论,无法统一,为了达到"一道德、同风俗"的目的,朝廷专门设置了经义局,由王安石提举,撰著新经义。熙宁八年,《三经新义》成,颁于学官,科举考试也以之为标准。② 于是,以《三经新义》为代表的"荆公新学"成为了官学,地位独尊,并借助于科举、州县学校而得到了进一步的推广。而且,自绍圣以后,基本上是新党主政,因而以经义取士的举措得以维持,太舍升贡法也继续得到发展,甚至一度废科举而采用学校升贡的办法,与之相联系的《三经新义》也得到了持续的推广,正如《郡斋读书志》卷一所说:"用以取士,或少违异,辄不中程,由是独行于世者六十年。"

以经义取士,进而将"荆公新学"置于官学地位,独立一尊,这对当时的学术和文学都产生了深远影响。

就经学而言,一方面,自然有其正面的意义。譬如,去诗赋而代之以经义,使得研读儒家经典,探求经书义理成为一时风潮,促进了经学的发展和繁荣。又譬如,《三经新义》的盛行,使汉唐注疏之学进一步为义理之学所取代,"宋学"开始自具面目。但另一方面,也有其负面的影响。"荆公新学"既然独尊,那么其他的学术流派就不可能真正取得平等交锋的地位,学界缺乏公平的交流和争鸣,必然会制约学术的发展。再者,"荆公新学"既有其卓越成就,又存在着穿凿之失,后者也会因其科举教科书的地位得以放大,导致一定程度上形成穿凿附会之风。更有甚者,学子奉《三经新义》为教条,以记诵、模仿为务,习尚浮虚、孤陋寡闻。如林希《野史》指出:"既限一经,又试义减用五道,以此诱轻薄急进者,遂致百家子史之言一不经目,更不复阅习,惟以新传模仿敷衍其语耳。"③陈师道《后山谈丛》的一则记载揭示得更见犀利:

王荆公改科举,暮年乃觉其失,曰:"欲变学究为秀才,不谓变秀才为学究也。"盖举子专诵王氏章句而不解义,正如学究诵注疏尔。教坊杂戏亦曰:"学《诗》于陆农师,学《易》于龚深之。"盖讥士之寡闻也。王无咎、黎宗孟皆为王氏学世谓黎为摸(模)画手,一点一画不出前人;王为转般仓,致无赢余,但有所欠。以其因人成能,无自得也。④

---

① 李焘《续资治通鉴长编》卷二百二十七,"熙宁四年冬十月戊辰"条,第5529页。

② 《宋史·选举志三》载:"帝尝谓王安石曰:'今谈经者人人殊,何以一道德?卿所著经,其以颁行,使学者归一。'八年,颁王安石《书》《诗》《周礼义》于学官,是名《三经新义》。"

③ 李焘《续资治通鉴长编》卷二百三十七,"熙宁五年八月戊戌"条。

④ 陈师道撰,李伟国校点《后山谈丛》卷一,上海古籍出版社1989年版,第6页。

可见,定于一尊,对经学作为意识形态发挥作用是有利的,而对其作为学术思想而言,则显然是消极的。

再就文学而言,其影响同样是多方面的。譬如士人创作诗赋的热情大大减退,士人以谈经相高而轻视诗文,士人不务博览而专攻一经,专诵《三经新义》,导致知识面日趋狭窄,等等。① 这些都不利于文学的发展。而苏轼所批评的因袭模仿、千篇一律,更是"荆公新学"定于一尊后带来的文学之厄。其《答张文潜书》中有云:

文字之衰未有如今日者也。其源实出于王氏。王氏之文未必不善也,而患在于好使人同己。自孔子不能使人同,颜渊之仁,子路之勇,不能以相移,而王氏欲以其学同天下。地之美者,同于生物,不同于所生。惟荒瘠斥卤之地,弥望皆黄茅白苇,此则王氏之同也。

当然,以经义取士,彰立义理之学,对文学也有积极的一面。诸如强调内容的充实,突出情感的抒写,以及追求文辞的雅洁、议论的博洽、文风的恣肆,甚至可以说宋代诗文独特面貌的形成,都与经义取士有着种种联系。这在下文所要讨论的荆公新学、苏氏蜀学、二程洛学与各自文学的关联中,均能得到较为充分的反映。

## 第二节 荆公新学与文学

王安石(1021—1086),是北宋著名的政治家、学者及文人,主要以政治家留名青史,而其学术与文学,也与政治有着千丝万缕的联系。

### 一、经学视阈下的荆公新学

熙宁、靖康间的经学,学派纷呈,荆公新学即是其中之一,且居于官学,"独行于世者六十年"。之所以称其为新学,主要是与旧学相对而言,《续资治通鉴长编》卷三七六"元祐元年四月庚戌"条载:

司马光言:"昨已有朝旨:来年科场且依旧法施行。窃闻近有圣旨,其进士经义,并兼用注疏及诸家之说,或己见,仍罢律义,先次施行。臣窃详朝廷之意盖为举人经义文体专习王氏新学,为日已久,来年科场欲兼取旧学,故有此指挥,令举人预知而习之。……"

① 参见林岩《北宋科举与文学之研究》第三章第五节"经义取士对学风及文风的影响"。

此处司马光所言新学、旧学，即分别指王安石主持修撰、熙宁八年颁行的《三经新义》和唐孔颖达的《五经正义》。前者为注疏之学，后者则是义理之学。作为一种学说流派，其代表人物除了王安石之外，还包括王氏长子王雱以及王氏门人陆佃、龚原等，代表性的经学著作除了《三经新义》（佚，有辑本）之外，还有王安石《易解》二十卷（佚，有辑本）、《洪范传》一卷（存）、《论语解》十卷（佚）、《孟子解》十四卷（佚）、《字说》二十四卷（佚，有辑本），以及王雱《论语口义》十卷（佚）、《孟子解》十四卷（佚）、陆佃《礼记解》四十卷（佚）、《仪礼义》十七卷（佚）、《春秋后传》二十卷、《补遗》一卷（佚）、龚原《易讲义》十卷（存）、《论语解》一卷（佚）等。① 《宋元学案》出于门户之见，将其与苏氏蜀学视作"杂学"："荆公新学欲明圣学而杂于禅，苏氏出于纵横之学而亦杂于禅"，列于卷末，别谓之《荆公新学略》。

熙宁以来的经学，沿着前人开启的路径，在治世和治心两方面继续推进。荆公新学在经世致用方面臻于极致，在道德性命方面也有开启一时风气之功。

（一）经世致用

荆公新学表现出强烈的经世致用的品格。王安石旗帜鲜明地指出："经术者，所以经事务也。果不足以经事务，则经术何赖焉？"②基于此，他一方面鄙弃章句训诂之学，"蹈道者则未免离章绝句，释名释数，遽然自以圣人之术单此者，有焉。圣人之术，修其身，治天下国家，在于安危治乱"（《答姚辟书》）。具言之，在科举与培养人才方面，王安石主张"不独取训习句读而已，必也习典礼，明制度，臣主威仪，时政沿袭，然后施之职事，则以缘饰治道，有大议论，则以经术断之是也"，"策经学者，宜曰：礼乐之损益何宜？天地之变化何如？礼器之制度何尚？各傅经义以对，不独以记问传写为能"③；在注解经书时，王安石对先儒传注也多所摈弃，如所撰《洪范传》一卷，《郡斋读书志》卷一云："安石以刘向、董仲舒、伏生明灾异为弊而思别著此《传》。以'庶徵'所谓'若'者，不当训'顺'，当训'如'；人君之五事，如天之雨、旸、寒、燠、风而已。大意言天人不相干，虽有变异，不足畏也。"他如《三经新义》中多有不取传注而出以己意者，兹不赘举。总的来说，正如刘静春所云："介甫不凭注疏，欲修圣人之经；不凭今之法令，欲新天下之法，可谓知务，第出于己，反补逮旧，故上误裕陵，以至于今。后之君子，必不安于注疏之学，必不局于

---

① 刘成国《荆公新学研究》（上海古籍出版社 2006 年版）第二章《荆公新学门人与著述考》有详细考订，可参考。

② 佚名《宋史全文》卷十一，《四库全书》本。

③ 王安石《临川先生文集》卷六十九《取材》，第 734 – 735 页。

法令之文，此二者既正，则人材自出，治道自举。”①这不仅指出了荆公新学不凭注疏、务求新义的特点，也点明了其对士子学风的影响。

另一方面，王安石强调道、圣、经的三位一体，将儒家经典看作载道之具，着力阐发内蕴的“先王之道”、“先王之法”，并与现实政治相结合，为新法张目。王安石《答吴子经书》云：“若欲以明道，则离圣人之经，皆不足以有明也。”王安石还提出在现实中以经典之道来考核、比照，有所谓“以道揆事”之法，如《续资治通鉴长编》卷二四一载王安石曾劝谕宋神宗据《尚书》“以道揆事”：

天锡陛下聪明，亦自秦汉以来鲜及。若每以道揆事，了无不可为者。《尚书》历代所宝，以为大训，其言乃孔子孟子所取以证事。言服四邻，必先曰：“食哉惟时，惇德允元而难任人。”言兼弱攻昧，必先曰：“佑贤辅德，显忠遂良。”圣心诚能佑贤辅德，显忠遂良，惇德允元而难任人，虽有如冒顿之强敌，亦非所恤也。

更显著的是，王安石甚至结合当时的现实困境，提出法经典中的先王之意以变法。王安石所处的时代，内忧外困，其《上仁宗皇帝言事书》指出：“天下之财力日以困穷，而风俗日以衰坏……患在不知法度故也。”又曰：“臣以谓今之失，患在不法先王之政者，以谓当法其意而已。……法其意，则吾所改易更革，不至乎倾骇天下之耳目，嚣天下之口，而固已合乎先王之政矣。”熙宁二年二月，王安石又对宋神宗说：“变风俗、立法度，方今所急也，凡欲美风俗，在长君子、消小人，以礼义廉耻为君子出故也。”②有鉴于此，王安石力行变法，彰立法度。王安石认为“政事所以理财，理财乃所谓义也。一部《周礼》，理财居其半，周公岂为利哉？”（《答曾公立书》）遂以《周礼》为变法理财之蓝本。王安石《〈周官新义〉序》云：

惟道之在政事，其贵贱有位，其后先有序，其多寡有数，其迟数有时。制而用之存乎法，推而行之存乎人。其人足以任官，其官足以行法，莫盛于成周之时；其法可施于后世，其文有见于载籍，莫具于《周官》之书。盖其因习以崇之，庚续以终之，至于后世，无以复加，则岂特文、武、周公之力哉？

认为政事方面的贵贱有位、后先有序、多寡有数、迟数有时都体现出了道，而这需要通过法度来实现，并指明《周官》正是记载了这些可供后世效法的先王法度。至于王安石亲自注释该书的原因，该《序》接着说道：

自周之衰，以至于今，历岁千数百矣。太平之遗迹，扫荡几尽，学者所见，无复

---

① 黄宗羲原著，全祖望补修，陈金生、梁运华点校《宋元学案》卷九十八《荆公新学略》，第3250页。

② 佚名《宋史全文》卷十一。

全经。于是时也,乃欲训而发之,臣诚不自揆,然知其难也。以训而发之之为难也,则又以知夫立政造事追而复之之为难。然窃观圣上致法就功,取成于心,训迪在位,有冯有翼,亹亹乎乡六服承德之世矣。以所观乎今,考所学于古,所谓见而知之者,臣诚不自揆,妄以为庶几焉。故遂昧冒自竭而忘其材之弗及也。①

于此不难想见新法与《周官新义》的紧密联系,王氏所谓"窃观圣上致法就功,取成于心,训迪在位,有冯有翼,亹亹乎乡六服承德之世"、"所观乎今,考所学于古,所谓见而知之者"云云,已揭示出新法之根据在《周官》,而"无复全经"之《周官》亦可由今日之变法考见其实际面貌。由此我们当更容易理解《郡斋读书志》卷二就《周官新义》所下的评语:"介甫以其书理财者居半,爱之,如行青苗之类,皆稽焉。所以自释其义者,盖以其所创新法尽傅著之,务塞异议者之口。"王安石在熙宁五年十二月《上五事札子》中将新法的免役法、保甲法、市易法都归结到《周礼》一书,而青苗法也通过对《周礼·旅师》"平颁其兴积"的解释——"无问其欲否,概与之也,故谓之平"而找到了依据。再如《周官新义》注《天官·大宰》"以八法治官府"有云:"自官属至于官刑,皆法而已。徒法不能以自行,必得人焉为上行法,然后治成;听官府之六计,则所以进群吏,使各致其行能为上行法也。"这里彰显出对法度的重视,并强调了法不自行,需得人而行。一定程度上,为有效推进新法提供了支持。在《〈书义〉序》中,王安石强调了其中蕴含的验物和决事的功能:"惟虞夏商周之遗文,更秦而几亡,遭汉而仅存,赖学士大夫诵说,以故不泯,而世主莫或知其可用。天纵皇帝大知,实始操之以验物,考之以决事。"②在《〈诗义〉序》中,王安石称:"《诗》,上通乎道德,下止乎礼仪。放其言之文,君子以兴焉;循其道之序,圣人以成焉"③,突出其教化功能。这些都彰显了"一道德"、"使义理归一"的《三经新义》与变法的紧密联系。正是基于此,宋人林之奇在所撰《周礼讲义》《尚书全解》中多处指摘王安石训解的新法指向,甚至语带夸张地评道:"王氏《三经义》,虽其言以孔孟为宗,然寻其文,索其旨,大抵为新法之地者十六七。"④

(二)道德性命

荆公新学除了突出的治世色彩外,还包含丰富的道德性命之学。梁启超《王安石传》指出:"荆公之学术,内之在知命历节,外之在经世致用。凡其所以立身行己与夫施于有政者,皆其学也。"更可注意者,荆公新学还引发了一股探求道德性

---

① 王安石《周官新义》卷首,《四库全书》本。

② 王安石《临川先生文集》卷八十四,第879页。

③ 王安石撰,邱汉生辑校《诗义钩沉》,中华书局1982年版,第1页。

④ 林之奇《拙斋文集》卷六《上陈枢密论行三经事》,《四库全书》本。

命之学的风潮。如宋人陈瓘《〈尊尧集〉序》云:"臣闻先王所谓道德者,性命之理而已矣。此安石之精义也。有《三经》焉,有《字说》焉,有《日录》焉,皆性命之理也。"①《郡斋读书志》卷十二引蔡卞②《王安石传》之言曰:"宋兴,文物盛矣,然不知道德性命之理。安石奋乎百世之下,追尧、舜、三代,通乎昼夜阴阳所不能测而入于神。初著《杂说》数万言,世谓与孟轲相上下,于是天下之士,始原道德之意,窥性命之端。"

王安石撰有《易解》十四卷、《淮南杂说》二十卷以及《性情》《原性》《性论》《扬孟》等篇章,较多地谈到道德性命,在经世色彩浓厚的《三经新义》中,也常有涉及。蒙培元在《理学范畴系统》一书中,认为理学体系分为宇宙论和本体论、人性论和人生论、认识论和方法论三部分,分别对应理气、心性、知行等范畴,"这个系统的基本结构是,人和自然、主体和客体的有机统一,也就是天人合一。它由理气(天)、心性(人)、知行(中介)、天人四个部分组成,'天人合一'则是它的最终结论"③。事实上,王安石也在这些方面做出了可贵的探索。

在宇宙论和本体论方面,"王安石经学注解中关于宇宙本体和化生过程可以描述如下,即气是宇宙的本体,气分为阴阳二气和天地,阴阳和天地进一步演化为五行和万物。"④在作于晚年的《老子注》一书中,王安石认为,道是宇宙的本源和万物的根本,"道者天也,万物之所自生,故为天下母",又指出道有体用,"体者,元气之不动,用者冲气运行于天地之间",又有本末,"道,一也,而为说有二;所谓二者何也,有无是也。无则道之本,而所谓妙者也;有则道之末,所谓徼者也","本者,万物之所以生也,末者,万物之所以成也。本者,出之自然,故不假乎人之力而万物以生也;末者涉乎形器,故待人力而后万物以成也"。正如刘成国所评,王安石"在形式上运用了王弼的'体''用',内容上却依然属于宇宙生成论。这样,安石的宇宙论往往于本体论问题混为一谈","在宇宙本原问题上尚未脱离汉儒的陈窠,未能如同时代的张载、二程兄弟那样,以'太虚之气'或'理'为核心建立起一个崭新的宇宙论"。⑤ 但王安石又自觉地将社会伦理抬高到宇宙本原、本体的地位,王安石在《答韩求仁书》中说:"语道之全,则无不在也,无不为也,学者所不能据也,而不可以不心存焉。道之在我为德,德可据也。以德爱者为仁,仁譬则左也,义譬则右也。德以仁为主,……不知仁义之无以异于道德,此为不知道德者

① 邵博撰,刘德权、李剑雄点校《邵氏闻见后录》卷二十三,第 179 页。
② "蔡卞"原作"蔡京",据陈植锷《北宋文化史述论》第 225 页所考改。
③ 蒙培元《理学范畴系统》,人民出版社 1989 年版,第 419 页。
④ 李祥俊《王安石学术思想研究》,北京师范大学出版社 2000 年版,第 68 页。
⑤ 刘成国《荆公新学研究》,第 133 页。

也。”在《周礼・春官・司服》的注解中，王安石也指出了人类的仁、礼都是一阴一阳之道的体现。在天人关系上，王安石也强调了二者的统一性，吸收了汉儒的天人感应论，认为通过阴阳相感可以沟通天人、个人的修养可以感通天地、君王的施政可以感通天地，等等，但他又反对天人之间的一一对应，驳斥了保守派攻击新法导致天降灾异的说法，可以说是“既反对天象人事一一对应的肤浅感应论，又反对割裂天人、主客辩证关系的形而上学的观点”①。

在人性论和人生论方面，王安石写有《性论》《原性》《性情》等重要篇章。《性论》主要是辨析性与才之区别，认为“性者五常之谓也”，仁、义、礼、智、信是其内涵，而孔子所谓“上智与下愚不移”则属于“才”的范畴，指出“欲明其性，则孔子所谓‘性相近习相远’、《中庸》所谓‘率性之谓道’、孟轲所谓‘人无有不善’之说是也”，表现出对孟子“性善说”的认同。但在《原性》《性情》二文中，王安石对孟子的“性善”说有了修正，对“性善情恶”说作了驳斥。其一、关于性情。作者认为“性情一也”，性与情一是“未发”，一是“已发”，是心理活动的不同阶段和状态，“喜怒哀乐好恶欲，未发于外而存于心”，即是性，“喜怒哀乐好恶欲，发于外而见于行”，即为情。二者是体用的关系。性是情的根本，情是性的表现。二者密不可分，“性情之相须，犹弓矢之相待而用。”其二、关于善恶。作者指出：“喜怒哀乐好恶欲”，“此七者，人生而有之，接于物而后动焉。动而当于理，则圣也、贤也；不当于理，则小人也”，也就是说，所谓善恶，只是“喜怒哀乐好恶欲”发于外见于行是否合于理的表现，也即是“情”的表现，“有情然后善恶形”，“然则善恶者，情之成名而已”，而性是不可以善恶言的。所以，王安石指出：“君子之所以为君子，莫非情也；小人之所以为小人，莫非情也。”“夫太极，五行之所由生，而五行非太极也。性者，五常之太极也，而五常不可以谓之性”，“太极生五行，然后利害生焉，而太极不可以利害言也。性生乎情，有情然后善恶形焉，而性不可以善恶言也”。当然，王安石也提到“孟子曰养其大体为大人，养其小体为小人；扬子曰人之性善恶混，是知性可以为恶也”。既然善恶只是情的表现，那么其人性的根源何在，还需要追索；而且，若承认性无善无恶，善恶乃情之成名，那么王安石所谓的性情体用合一也无法落实，因为作为“用”的情的善恶，是无法从作为体的无善无恶的性决定出来的。王安石在《扬孟》中又谈道：

贤之所以贤，不肖之所以不肖，莫非性也。……孟子之所谓性者，正性也。扬子之所谓性者，兼性之不正者言之也。……夫人之生，莫不有羞恶之性，有人于此羞

① 李祥俊《王安石学术思想研究》，第 83 页。

善行之不修，恶善名之不立，尽力乎善，以充其羞恶之性，则其为贤也孰御哉？此得乎性之正者，而孟子之所谓性也。有人于此羞利之不厚，恶利之不多，尽力乎利，以充羞恶之性，则其为不肖也孰御哉？此得乎性之不正，而扬子之兼所谓性者也。

特别拈出人人具有的羞恶之性，此"羞恶之性"可以通过"尽力乎善"、"尽力乎利"之类后天的"习"来成善成恶，从而说明了善恶的根源。但由此也决定了，"在王安石的人性论中，现实中的善恶其实基本上是由后天之习所决定的，而非个体先天的内在善根或恶根在后天的自然生发，体与用实际上是走向了两橛"①。值得注意的是，在颁于学官的《三经新义》中，王安石的人性论思想也多有流露，如在《诗经·郑风·溱洧》《诗经·小雅·小弁》的注解中，王安石就把羞恶之心、恻隐之心看作人性中固有的东西，表现出对孟子性善论的基本赞同。这就进一步激发了社会上谈心论性的风潮。

王安石的人性论在孟子、扬雄、韩愈、李翱等人的基础上有了重大推进，用魏晋以来的体—用思辨模式来观照人性，指出性为未发、情为已发、性为体、情为用，令人耳目一新，对理学心性论也极有启发意义。钱穆先生曾指出王安石"辨性、情，实颇近濂溪，此后晦翁仍沿此路"②。当然，王安石的性情体用之说是有缺陷的，"运用体用之一思维模式时，并不是十分严格的，以至于在论证上不时出现疏漏"，其与朱熹性情相为体用、情之未发为性、性之已发为情的心性思想，论述虽然相似，但王安石拒绝直接以善恶来规定性之内涵，主张性"不可以善恶言"，"与程朱理学将伦理道德先验化、本体化的取向就有所不同"③。另外，有必要指出的是，王安石的人性论与佛学有着密切联系，其《答蒋颖叔书》云："所谓性者，若七大是也。所谓无性者，若如来藏是也。虽无性而非断绝，故曰一性所谓无性。曰一性所谓无性，则其实非有非无，此可以意通，难以言了也。惟无性，故能变。若有性，则火不可以为水，水不可以为地，地不可以为风矣。"由此亦可见一斑。钱穆先生就曾指出王安石的性情论是袭自《大乘起信论》的"一心开二门"之说。④

与"性"紧密联系的另一范畴是"命"。《中庸》有云："天命之谓性，率性之谓道，修道之谓教。"王安石《扬孟》开宗明义地指出："贤之所以贤，不肖之所以不肖，莫非性也。贤而尊荣寿考，不肖而厄穷死丧，莫非命也。"然学者对此有所怀

① 刘成国《荆公新学研究》，第143页。

② 钱穆《初期宋学》，收入《中国学术思想史论丛》（第五册），台北联经出版事业公司1998年版。

③ 刘成国《荆公新学研究》，第141页。

④ 钱穆《王荆公的哲学思想》，收入《中国学术思想史论丛》（第五册）。

疑,“若夫圣贤不肖之所以为圣贤不肖,则在我者也,何以谓之命哉?”(《对难》)王安石在《九变而赏罚可明》《答王深甫书》《推命对》等篇中作出了答辩,指出“天人之道合,则贤者贵不肖者贱。天人之道悖,则贤者贱而不肖者贵也。天人之道悖合相半,则贤不肖或贵或贱”,强调“君子修身以俟命,守道以任时,贵贱祸福之来不能沮也”,推许顺天知命、正己正物的“大人”。

天和人、主体和客体之间既有根本的统一性,又存在对立的一面。为了消解对立、重新实现统一,必须经过一系列自我认识、自我实践、自我修养的过程。这就是与认识论和方法论密切相关的问题。王安石称“由杨子之道则不义,由墨子之道则不仁”,追求“兼杨、墨而无可无不可”的圣人之道(《杨墨》),立志成为“大”、“圣”、“神”三位一体的圣人(《大人论》)。在具体路径方面,王安石主张先仁后智、先知后行。其《仁智》云:

仁者圣之次也,智者仁之次也,未有仁而不智者也,未有智而不仁者也。然则何智仁之别哉?以其所以得仁者异也。仁,吾所有也,临行而不思,临言而不择,发之于事而无不当于仁也,此仁者之事也;仁,吾所未有也,吾能知其为仁也,临行而思,临言而择,发之于事而无不当于仁也,此智者之事也。其所以得仁则异矣,及其为仁则一也。

主张仁在智先,也就是涵养德性胜于提升知识。“盖君子之动,必于义无所疑而后发,苟有疑焉,斯无动也。”(《勇惠》)这里又强调先识得义理,然后践履,即先知后行。此外,王安石又提出“致一”之法:“万物莫不有至理焉。能精其理则圣人也。精其理之道,在乎致其一而已。致其一,则天下之物可以不思而得也。”(《致一论》)强调精通万物之“至理”,并会归于一,又据此反观天下万物,从而达到知微知彰、知柔知刚的“入神”之境。王安石在《洪范传》及《尚书·周书·多方》的注释中还指出可以从貌、言、视、听、思等处着手修养,以达到圣人之境。王安石甚至还有将修身之法和道家的养生论相调和之说:“养生以为仁,保气以为义,去情却欲以尽天下之性,修神致明以趋圣人之域。”(《礼乐论》)

以上所论是荆公新学两大主要的成就。① 至于荆公新学的治经特点,今择要

① 当然,从王安石的主观倾向和荆公新学的内涵与影响来看,经世致用的一面是尤为突出的。杨天保《金陵王学研究》甚至指出王安石的学术经历了早年的“金陵王学”向熙宁期间作为官学的“荆公新学”的转变,其实质即由内圣向外王,或者说由道德性命之学向经世致用之学的转变。就王安石学术的发展脉络而言,这个看法无疑是有道理的,这也恰恰说明以《三经新义》为主要代表的“荆公新学”的突出成就在于经世致用。但有必要指出的是,道德性命之学与经世致用之学在王安石身上不是割裂的,而是并存的,即使在王安石的学术发展进程中,也不过是有所侧重而已。

指出两点：

(一)杂糅百家

王安石去世后，苏轼在《王安石赠太傅制》中称："具官王安石，少师孔孟，晚师瞿聃；网罗六艺之遗文，断以己意；糠秕百家之陈迹，作新斯人。"这可说是很好地概括了王安石治学的旨趣，主要是两点：一是求新，二是博杂。王安石《答曾子固书》已明确指出：

> 然世之不见全经久矣。读经而已，则不足以知经。故某自百家诸子之书，至于《难经》《素问》《本草》、诸小说无所不读，农夫女工无所不问，然后于经为能知其大体而无疑。盖后世学者与先王之时异矣，不如是不足以尽圣人故也。

为求经明道，作者主张融汇百家，其中包括被儒生视为异端的佛老，甚至不局限于各种典籍，还切合生活实践。王安石所云"善学者读其书，惟理是求，有合吾心者，则樵牧之言犹不废；言而无理，周、孔所不敢从"①，不仅表达了同样的意思，更指出如此做法的原因在于求理。洪迈《容斋续笔》卷十五记载："王荆公《诗新经》'八月剥枣'解云：'剥者，剥其皮而进之，所以养老也。'毛公本注云：'剥，击也。'陆德明音普卜反，公皆不用。后从蒋山郊步至民家，问其翁安在？曰去扑枣。始悟前非，即具奏乞除去十三字，故今本无之。"这则材料可谓生动反映出王安石解经的认真态度以及广搜博取的特点。就荆公新学的著述而言，不仅以经证经，如《诗经新义》之以《礼》解《诗》，《周官新义》之"三礼互解"，更是博采百家，融汇佛老。如在解释《周官新义·天官冢宰·膳夫》"王斋日三举"句时，王安石不仅说明了斋必变食之制，更是引入庄子"心斋"一词，来阐发修身养性之旨。王安石精心结撰，后亦颁于学官的《字说》一书，则更见其杂糅百家的情形：

> 介甫《字说》往往出于小说、佛书。且如"天一而大"，盖出《春秋说辞》"天之为言填也，居高理下，含为太一，分为殊形，故天字一而大"，见《法苑珠林》。如"星"字，"物生乎下，精成于列"。"精成于列"，《晋·天文志》张衡论也。"鸜鹆，勾其足而欲"，见《酉阳杂俎》"鸜鹆之交，勾其足，往往堕地，人掩之以为媚药"。"年"字，"禾一成为年"，《书正义》孔炎曰："年取禾谷一熟。"②

清人全祖望视荆公新学为杂学，别谓之《学略》，虽含贬低之意，但也确实道出了荆公新学的一大特点。

---

① 惠洪撰，陈新点校《冷斋夜话》卷六《曾子固讽舒王嗜佛》，中华书局1988年版，第47页。

② 朱翌《猗觉寮杂记》卷上，《丛书集成初编》本，第31页。

(二)解字通经

荆公新学一派弃章句而寻义理。在直面经文、通经明道的过程中,王安石提出即心求理、以今考古等法①,更突出的则是注重文字训诂,解字通经。宋人王辟之《渑水燕谈录》卷十有云:"荆国王文公,以多闻博学为世宗师,……公之解经,尤尚解字,末流务为新奇,浸成穿凿。"

王安石颇重视经典之文字,以为每个汉字的声、形都有特殊意义,都本于自然,而非人为,"其声之抑扬开塞,合散出入,其形之衢从曲直,邪正上下,内外左右,皆有义,皆本于自然,非人私智所能为也"②。在治平年间,王安石曾研读许慎《说文》,"妄尝覃思,究释其意"③,开始撰写《字说》,在熙宁年间撰成后,即用之于《三经新义》的修撰,至晚年又加以修改,黄庭坚《书荆公骑驴图后》称"荆公晚年删定《字说》,出入百家语,言简而意深,常自以为平生精力尽于此书,好学者从之请问,口讲手画,终席或至千余字"。由此可见王安石于考释文字用力之勤。另一方面,王安石又不完全拘泥于文字,有一种融通的观念。他认识到经文与圣人之意之间只是一种近似的关系,指出:"言也,声也,以文为主,则非其至。故其动天地、感鬼神者,为近而已。"④故而他赞同孟子"不以文害辞,不以辞害意,以意逆志,是为得之"(《庄周下》)之说。他还注意到经书中文字的多义性、语境义等,提出所谓"考其辞之终始"的办法:

孔子曰"管仲如其仁",仁也;扬子谓"屈原如其智",不智也。犹之《诗》以不明为明,又以不明为昏。考其辞之终始,则其文虽同,不害其意异也。⑤

这些看法都是合理可取的。值此之故,王安石等人的解经之作在创为新义的同时,也能取信于人。如《诗经新义·卫风·有狐》"有狐绥绥,在彼淇厉"云:"厉,岸近危曰厉。"宋黄震《黄氏日抄》卷四认为:"在彼淇厉,《传》谓深可厉之厉,恐不若王氏谓'岸近危曰厉'。"又如《尚书新义·周书·泰誓中》于"天视自我民视,天听自我民听,百姓有过,在予一人,今朕必往"句,将"自"解作"从",显然比

---

① 王安石《虔州学记》云:"先王之道理,出于性命之理,而性命之理出于人心。《诗》《书》能循而达之,非能夺其所有而予之以其所无业。"《〈周官新义〉序》曰:"自周之衰,以至于今,历岁千数百矣。太平之遗迹,扫荡几尽,学者所见,无复全经。于是时也,乃欲训而发之,臣诚不自揆,然知其难也。以训而发之之为难也,则又以知夫立政造事追而复之之为难。……以所观乎今,考所学于古,所谓见而知之者,臣诚不自揆,妄以为庶几焉。"

② 王安石《临川先生文集》卷八十四《〈熙宁字说〉序》,第879页。

③ 王安石《临川先生文集》卷四十三《进〈字说〉札子》,第456页。

④ 王安石撰,邱汉生辑校《诗义钩沉》,第8页。

⑤ 王安石《临川先生文集》卷七十二《答韩求仁书》,第763页。

《传》释“自”为“因”来得贴切。

然而，由于王安石抛弃《说文》以来以六书解字的传统，主要从会意的角度来解释文字，以求所谓的本于自然之“义”，就不可避免地会导致许多荒谬的训释。曾慥《高斋漫录》卷二十七载：“东坡闻荆公《字说》新成，戏曰：‘以竹鞭马伟笃，以竹鞭犬有何可笑？又曰：‘鸠字从九从鸟，亦有证据。《诗》曰：‘似鸠在桑，其子七兮。’和爷和娘，恰是九个。”虽不无戏谑之意，亦可见《字说》穿凿之一斑。诸如解“藻”为“水草之有文者，出乎水下而不能出水之上，其字从澡，言自洁如澡也”、解“猫”为“鼠善害苗，而猫能捕鼠，去苗之害，故猫之字从苗”等，视形声字作会意字，得出了一些荒唐的解释。正如叶适所评：“凡字不为无义，但古之制字，不专主义，或声或形，其类不一，先王略别之以为六书。而谓之小学者，自是专门一家之学。……王氏见字多有义，遂一概以义取之，虽六书且不问矣，况所谓小学之专门者乎？是以每至于穿凿附会。”①总的来看，宋人倪思的看法较为持平，其《经钽堂杂志》云：“荆公《字说》以转注假借皆为象形象意，此其所以为徇也，若其间说象形象意处，亦自有当理者。”②

值得顺便指出的是，王安石等人为达到通经致用、服务新法的目的，在解经时不免深文周纳、穿凿附会，这也是荆公新学有颇受讥刺的一大原因。譬如，在《诗经新义》中，王安石等人以《礼》释《诗》，或是“对诗反映的思想和生活，用周礼作为道德准绳予以衡量，从而说明诗的美刺所在”，或是“用见之于《礼》的名物度数来释《诗》”，③固然颇有可取之处，也多有荒谬之言。如《诗经新义·秦风·蒹葭》“蒹葭苍苍，白露为霜”句注云：

> 仁，露；义，霜也，而礼节斯二者。襄公为国而不能用礼，将无以成物，故刺之曰‘蒹葭苍苍，白露为霜’。降而为水，升而为露，凝而为霜，其本一也。其升也、降也、凝也，有度数存焉，谓之时，此天道也。畜而为德，散而为仁，敛而为义，其本一也。其畜也、敛也、散也，有度数存焉，谓之礼，此人道也。④

王安石等人认为露喻仁，霜喻义，露与霜之间的转化、平衡喻礼，这纯粹是庸俗荒谬的比附，而其目的恰是为了进行劝谏讽刺的说教。再如《豳风·七月》本是

---

① 马端临《文献通考·经籍考》卷十七，“《字説》二十卷”条，第415－416页。

② 黄宗羲原著，全祖望补修，陈金生、梁运华点校《宋元学案》卷九十八《荆公新学略》，第3250页。

③ 王安石撰，邱汉生辑校《诗义钩沉》卷首《序》，第10－11页。

④ 据李樗、黄櫄《毛诗集解》卷十四“《蒹葭》，刺襄公也，未能用周礼，将无以固其国焉”条引录。

一首纪实的民歌，描写的是农奴一年到头艰辛的劳动，反映出西周社会的阶级矛盾，王安石等人却本着发挥《诗经》“君子以兴”、“圣人以成”的教化作用，在解释该诗之“义”时描摹了一派礼法谨严、君臣、父子、夫妇“上下内外和谐，而以逸乐终焉”的美好景象，勾勒了一幅解诗者眼中的理想社会蓝图，而掩盖了本诗所反映农奴劳苦而饥寒，贵族安逸而奢靡以及“女心伤悲，殆及公子同归”之类阶级对立和矛盾。

荆公新学，伴随着熙宁新法，既盛极一时，又饱受诟病。但其经学成就和历史地位，是不可磨灭的。刘挚云：“王安石经训，视诸儒义说，得圣贤之意为多。”全祖望亦云：“荆公解经，最有孔、郑诸公家法，言简意赅。惟其牵缠于《字说》者，不无穿凿。”①可以说对荆公新学的成就多所肯定。至于其历史地位，可以从两个方面来确认：一方面，终结了汉唐注疏之学，确立了以《三经新义》为代表的义理之学；另一方面，掀起研治道德性命之学的风潮，为宋学的转型作了铺垫。②

## 二、荆公新学与文学

南宋人陈善云：“唐文章三变，本朝文章亦三变矣。荆公以经术、东坡以议论、程氏以性理，三者要各自立门户，不相蹈袭。”③这里揭示出王安石、苏轼、二程等人各自的文学面貌，亦点出其学术根源，颇有见地。兹以王安石为例，探讨荆公新学与文学之关系。

### （一）文学观念

经世致用的经学理念，使得王安石形成了功利主义的文学观。试看如下材料：

尝谓文者，礼教治政云尔。……且所谓文者，务为有补于世而已矣。（《上人书》）

治教政令，圣人之所谓文也。书之策，引而被之天下之民，一也。圣人之于道也，盖心得之，作而为治教政令也，则有本末先后，权势制义，而一之于极。其书之策也，则道其然而已矣。（《与祖择之书》）

非夫诚发乎文，文贯乎道，仁思义色，表里相济者，其孰能至于此哉？（《上邵

① 黄宗羲原著，全祖望补修，陈金生、梁运华点校《宋元学案》卷九十八《荆公新学略》，第3252、3253页。

② 王安石不仅在理论上对道德性命之学取得重大突破，而且推尊《孟子》，四库馆臣即指出：“唐以前《孟子》皆入儒家，至宋乃尊为经，元丰末遂追封邹国公，建庙邹县，亦安石所为”，此亦有功于“四书”学的建立。

③ 陈善《扪虱新话》（上集）卷三“本朝文章亦三变”条，第23页。

学士书》）

夫文者，言乎志者也。（《上张太博书二》）

文章合用世，颜发未惊秋。（《送董传》）

《诗》，上通乎道德，下止乎礼仪。放其言之文，君子以兴焉；循其道之序，圣人以成焉。（《〈诗义〉序》）

从中不难看出，王安石所谓的载道之文，直接指向了“治教政令”这类应用文。即便是诗这类抒情性很强的体式，王安石强调的也是兴君子、成圣人的美刺教化作用。这是一种非常极端的功利主义文学思想，忽略了文学的审美特性，且将文章局限于治教政令类应用性文体，对文学创作带来了一定的负面影响。

（二）文学创作

荆公新学对文学创作的影响，可以从思想内容、艺术风格、文学体式等方面来理解。

在思想内容方面，王安石的诗文多与现实政治、美刺教化密切相关。如王安石的文章今存62卷，其中《书疏》1卷，《奏状》1卷，《札子》4卷，《内制》4卷，《外制》7卷，《表》6卷，《论议》9卷，《杂著》1卷，《书》7卷，《启》3卷，《记》2卷，《序》1卷，《祭文》2卷，《神道碑》3卷，《行状》《墓表》合1卷，《墓志》10卷。从内容看，涉及“治教政令”的《书疏》《奏状》《札子》《内制》《外制》《表》《论议》《启》共35卷，而《杂著》《书》计8卷，也主要与政事相关，总共43卷皆属“治教政令”。王安石的诗歌则注重发挥反映现实、美刺时政的功能，如《河北民》《兼并》《促织》《发廪》《元丰行示德逢》《后元丰行》等，对战乱、兼并、新法等社会现实予以披露，施以美刺。在词的创作方面，王安石存词二十九首，多作于晚年，内容涉及怀古咏史、写景咏物、谈禅礼佛等，如《桂枝香·金陵怀古》《浪淘沙令》等不无政治意义。

茅坤《唐宋八大家文抄》卷八十一《临川文抄引》有云：“王荆公湛深之识，幽眇之思，大较并本之古六艺之旨，而于其中别自为调，镵刻万物，鼓铸群情，以成一家之言者也。”这里指出了王安石诗文的立意、主旨与经学的联系。王安石的奏疏、札子等多引经据典来论事说理，如著名的《上仁宗皇帝言事书》，据《孟子》以立论，敦行变法，又援引《诗经》《尚书》《礼记》《周易》等文献，“滚滚万言，援据经术，操之则在掌握，放之则弥六合，诚千古第一奇杰文字”①。在王安石的诗文中，有一类翻案性质的作品，立意与前人看法不同甚或相反，文如《读〈孟尝君传〉》《读〈柳宗元传〉》《读〈江南录〉》等，诗如《明妃曲》《贾生》《杜甫画像》《金陵怀

① 张伯行编选，肖瑞峰校点《唐宋八大家文抄》，浙江古籍出版社1994年版，第477页。

古》《乌江亭》等。这与王安石学识渊博、会通百家有关,更与其治经时怀疑传注、刻意求新形成的思维方式密不可分。其实,由于长期浸淫于儒家经典,不仅是诗文的立意、主旨,即便是诗文的语言,也受到经典文辞古拙雅奥的影响。这种影响已不仅是对经典文辞的引用或化用,甚至表现在王安石诗文的语言风格方面。如在诗歌方面,有论者曾指出,王安石“在其诗歌创作过程中,常常会自觉地运用经学典籍中的文意和语言,使其诗歌与经学产生了深厚的渊源关系。据笔者不完全统计,源于《诗》的有 228 处,源于《左传》的有 111 处,《尚书》56 处,《礼》38 处,《易》32 处。王安石诗歌引用经学语汇主要有引用语汇、典籍典故、化用语句等情况”①。由此,再结合下文所论王安石对诗文章法技巧的重视,我们就可以更好地理解严羽所谓“以文字为诗,以才学为诗,以议论为诗”(《沧浪诗话·诗辩》)在王安石创作中的体现,而这一面貌的形成背后则是深层的经学根源。在散文方面,其语言时常表现出古奥奇崛的一面。如王安石用四言句结撰的哀祭文,吴北江评曰:“四言之体,自退之后,唯介甫为工,不及韩之瑰怪恣肆,而矜炼崛兀,句法亦极错综变化,奥朴入古,最为可观。”②观《祭丁元珍学士》中“援挈覆护,免于阽危。雝培浸灌,使有华滋”、“有槃彼石,可志于丘。虽不属我,我其徂求”数句,不难察觉其语言的奇崛古奥。

从艺术风格而言,王安石的散文风格,刘熙载《艺概·文概》评为“简劲拗折”,是比较中肯的。这种风格的形成,与王安石经学注解的“言简意赅”有关系。王安石的散文有文辞简练而意蕴丰富的特点,而要在简短的篇幅中容纳深广的内容,就必须讲究行文的章法。而这,又与其重视法度的思想有关。③ 试看其《读〈孟尝君传〉》:

世皆称孟尝君能得士,士以故归之,而卒赖其力以脱于虎豹之秦。嗟乎!孟尝君特鸡鸣狗盗之雄耳,岂足以言得士!不然,擅齐之强,得一士焉,宜可以南面而制秦,尚何取鸡鸣狗盗之力哉?夫鸡鸣狗盗之出其门,此士之所以不至也。

此文旨在驳斥孟尝君能得士之说。作为驳论文,首句即提出靶子,亮出要批驳的论点,其后两句,是“世皆称孟尝君能得士”的两条证据,一为士人投靠其门,

---

① 张锡龙《论经学对王安石诗歌创作的影响》,《东岳论丛》2010 年第 3 期。

② 高步瀛编选《唐宋文举要》,上海古籍出版社 1980 年版,第 963 页。

③ 王安石推行变法,志在“变风俗、立法度”,而在变法过程中,王安石也以“变风俗、立法度”为当务之急,显示出轻重缓急、秩序井然的一面。另外,王安石以“诗”为会意字,将其声旁“寺”视作表意符号,取其“法度”之意,从而将“诗”字解作为“法度之言”。(吕本中《童蒙训》卷下引述吴叔扬之语中提及“《字说》:‘诗字从“言”从“寺”,“诗”者,法度之言也。“说诗者不以文害辞,不以辞害志”。’”)

二为依靠士人之力从秦国逃归。紧接着,作者提出三条论据加以反驳,首先针对旧说的第一条证据,将“士”与“鸡鸣狗盗之徒”区分开来,正面指出孟尝君所得的并不是士,而是一些鸡鸣狗盗之徒。其次,针对孟尝君依靠门人从强秦逃归的史实,用假设法,从反面予以驳斥,说凭借当时齐国的强大国力,倘若得到一个真正的“士”,就可以南面称霸,制服秦国,而根本用不着这些鸡鸣狗盗之徒帮助他从秦国出逃。由此说明孟尝君未能真正得士。最后,在前文的基础上更进一步指出,孟尝君不能得“士”的原因恰恰在于鸡鸣狗盗之徒归其门下。全文仅仅四个长句,却是四个层次,一句一层,一层一转,融立论与驳论,正面论证与反面推理,现象描述与本质抽绎于一炉。尤其是第一长句,三短句一句一意,言简意赅地摆出要批驳的论点和论据。这些都表现出文辞精炼而内蕴丰富的面貌。而这,与其章法的谨严、绵密是不可分的。正如楼钥《崇古文诀》所评:“转折有力,首尾无百余字,严劲紧束,而宛转凡四五处,此笔力之绝。”①至于王安石的诗歌风格,一般认为经历了直截刻露到深婉不迫的转变。② 直截刻露与通经致用观念影响下发挥诗歌美刺教化功能的主张不无关系,而深婉不迫风格的另一面是讲究诗律用字,如叶梦得《石林诗话》卷上指出:“王荆公晚年诗律尤精严,选语用字,间不容发”,这种情况与王安石讲究法度也有着内在的关联。

从文学体式来讲,王安石改革贡举,以经义试进士,并颁行《三经新义》作为取士的标准,直接催生了经义文的产生。徐师曾《文体明辨序说·义》指出:

> 其体有二:一则如《冠义》之类,一则如今明经之词(名曰经义),今皆录而辨之。夫自唐取士有明经一科,而宋兴因之,不过试以墨书帖义,徒取记诵而已。神宗时,王安石撰《周礼》《诗》《书》三经义颁行试士,旧法始变。彼其欲以己说一天下之士,固无是理;然其所制义式,至今仿之,盖不得以人废法也。厥后安石之义,废格不用;而《文鉴》所载,尚有张庭坚经义二篇,岂其遗式欤?③

由此可知,经义文因朝廷以《三经新义》试士而兴。据方笑一考证,现存的经义文,比较可靠的有王安石《非礼之礼》《勇惠》《仁智》《夫子贤于尧舜》四篇、《刘左史集》载十七篇,《宋文鉴》载两篇,《经义模范》载十六篇,以及陆九渊二十五

---

① 此处参考了戴伟华、汪俊《中国古代诗文鉴赏理论与实践》第 31 – 33 页对王安石《读〈孟尝君传〉》的分析。

② 参袁行霈主编《中国文学史》(第三卷),高等教育出版社 2005 年 7 月第 2 版,第 50 – 51 页。

③ 徐师曾撰,罗根泽校点《文体明辨序说》,人民文学出版社 1962 年版,第 139 – 140 页。

篇,陈傅良《止斋论祖》所载十七篇。① 这类经义文,往往包括冒子、原经、破题等部分,已经具备后世八股文的雏形。而关于王安石的经义文,清人俞长城说:"制义之兴,始于半山。半山之文,其体有二,或谨严峭劲,附题诠释,或震荡排奡,独抒已见,一则时文之祖也,一则古文之遗也。"(《可仪堂一百廿名家制艺·题王半山稿》)此处指出王安石经义文的时文、古文之别,实际上二者只是是否以经义取士之下的名号之别,刘熙载《艺概·经义概》即指出:"宋以前已有韩昌黎《颜子不贰过论》,可知当经义未着为令时,此等原可命为古文也。"如果我们将视野拓展一下,王安石除了《非礼之礼》《仁智》等题目来自儒家经典的经义文以外,还有《周公》《季子》《夔说》《中述》等"准经义文",这类文章主旨也在阐明经典中的某句话或某个观点,有时还提出了作者迥异他人的新见解。② 另外,王安石还撰有《性情》《原性》《性说》《性论》等篇,通过上文的分析,已不难看出其依经立义,批驳旧说、标举新说的一面。如《性论》,既援经据典,指出"欲明其性,则孔子所谓'性相近习相远'、《中庸》所谓'率性之谓道'、孟轲所谓'人无有不善'之说是也",又推陈出新,认为孔子所谓"上智与下愚不移"乃属于"才"的范畴,而前人,包括韩愈在内,都将之视为性之品。再如《性说》,援引孔子"性相近也,习相远也"之说,对孔子所言"中人以上可以语上,中人以下不可以语上,惟上智与下愚不移"加以阐释,提出"性善"、"不善者习也",并驳斥了韩愈的性三品说。上面所说的这些情况,都可看作是韩愈、李翱等人作"五原"、《复性书》及《省试颜子不贰过论》等依经立义、附题诠义的延续和发展。

至于文学对王安石经学的影响,或可理解为以精炼的文辞阐明义理,这表现在王安石那些经义文、"准经义文"以及《性情》《原性》等篇中,也集中表现在官修的《三经新义》中。毫无疑问,这对于阐明和发表王安石的经学见解,标举和确立义理化经学的主导地位,是有积极意义的。如上引蔡卞《王安石传》所云"(王安石)初著《杂说》数万言,世谓其与孟轲相上下,于是天下之士,始原道德之意,窥性命之端",可见王安石《杂说》(即《淮南杂说》)影响之大,而侯外庐等人即怀疑包含《性情》《原性》《性说》诸篇在内的《临川文集》卷六十五至七十诸卷就是《淮南杂说》。③

---

① 参方笑一《北宋新学与文学——以王安石为中心》第132页。

② 参方笑一《北宋新学与文学——以王安石为中心》,第142-145页。

③ 侯外庐主编《中国思想史》(第四卷上册),人民出版社1960年版,第446页。

## 第三节　苏氏蜀学与文学

苏洵(1009—1066)、苏轼(1037—1101)、苏辙(1039—1112),乃一门父子,人称"三苏"。以之为代表的"蜀学",还包括苏门学士黄庭坚、晁补之、秦观、张耒、李廌等人,是熙宁、靖康间堪与荆公新学、二程洛学鼎足而立的重要学术流派,《宋元学案》列为"苏氏蜀学略"。

**一、经学视阈下的苏氏蜀学**

"三苏"在经学研究方面取得了很高的成就,只是为文名所掩而已。其主要经学著述如下:苏洵有《洪范图论》一卷(佚)、《太常因革礼》一百卷(与姚辟合撰,存)、《嘉祐谥法》三卷(存)、《孟子评》一卷(存)、《六经论》六篇(存)等;苏轼有《东坡易传》九卷(存)、《东坡书传》十三卷(存)、《东坡论语解》十卷(佚)以及《中庸论》三篇(存)、《四营十八变解》一篇(存)、《隐公是摄论》一篇(存)、《公子翚弑隐公论》一篇(存)、《郑伯以璧假许田论》一篇、《管仲相齐论》一篇(存)、《闰月不告朔犹朝于庙论》一篇、《堕三都论》一篇等;苏辙有《诗集传》二十卷(存)、《春秋集解》十二卷(存)、《论语拾遗》一卷(存)、《孟子解》一卷(存)以及《易说》三篇(存)、《洪范五事说》一篇(存)等。

三苏父子,自相师友,苏辙曾说过:"先君,予师也;亡兄子瞻,予师友也。父兄之学,皆以古今成败得失为议论之要。"①他们的学术旨趣是基本一致的,所谓"父子谈经,无(刘)歆(刘)向异同之论"②;而且,有的著作如《东坡易传》,还是父子三人合力完成之作,四库馆臣在该书"提要"中即指出:"苏籀《栾城遗言》记苏洵作《易传》未成而卒,属二子述其志,轼书先成,辙乃送所解于轼,今《蒙》卦犹是辙解,则此书实苏氏父子兄弟合力为之。题曰'轼撰',要其成耳。"所以,将三苏合起来考察,是可行的,甚或也是必须的。

苏辙曾对其父兄之学作过这样的评价:"父兄之学,皆以古今成败得失为议论之要。以为士生于世,治气养心,无恶于身。推是以施之人,不为苟生也。不幸不用,犹当以其所知,著之翰墨,使人有闻焉。"③此论可谓知言。三苏之学即在治心

---

① 苏辙撰,曾枣庄、马德富校点《栾城集》,上海古籍出版社 1987 年版,第 1212 页。

② 楼钥《攻媿集》卷七十七《跋袁光禄(毂)与东坡同官事迹》,《四库全书》本。

③ 苏辙撰,曾枣庄、马德富校点《栾城集》,上海古籍出版社 1987 年版,第 1212 页。

和治世两个层面展开，而这两个层面实不可离，即共同构成所谓的“内圣外王”。

具体说来，三苏经学方面的成就主要有以下几点：

（一）怀疑经传与义理解经

在前人怀疑经传风气的基础上，三苏又有所推进。陆游曾谈及庆历前后经学风尚的变化：“唐及国初，学者不敢议孔安国、郑康成，况圣人乎！自庆历后，诸儒发明经旨，非前人所及；然排《系辞》、毁《周礼》、疑《孟子》，讥《书》之《胤征》《顾命》，黜《诗》之序，不难于议经，况传注乎！”①据皮锡瑞《经学历史》所言，此处毁《周礼》谓欧阳修与苏轼、苏辙，讥《书》谓苏轼。而黜《诗》之序，苏辙亦有力焉。由此可见三苏疑经惑传之一斑。

具体说来，苏洵有《洪范论图》一卷，《郡斋读书志》卷一称其“三《论》皆援《经》击传，斥末以归本；二《图》，一以指歆、向之谬，一以形其意。”苏轼称《周礼》“非圣人之全书”，“其言五等之君，封国之大小，非圣人之制也，战国所增之文也”（《天子六军之制》）。苏辙也认为在《周礼》中“秦汉诸儒以意损益之者众矣，非周公之完书”，“凡《周礼》之诡异远于人情者，皆不足信”（《历代论一·周公》）。苏轼还怀疑《尚书》，《东坡书传》卷六称“《书》固有非圣人之所取而犹存者”，“予于《书》见圣人所不取而犹存者二，《胤征》之挟天子令诸侯与《康王之诰》释斩衰而衮冕也”。苏轼常能不取陈说而自出己意，如其《东坡书传》十三卷，《四库全书总目》评该书曰：

晁公武《读书志》称熙宁以后专用王氏之说进退多士，此书驳异其说为多。今《新经尚书义》不传，不能尽考其同异。但就其书而论，则轼究心经世之学，明于事势，又长于议论，于治乱兴亡披抉明畅，较他经独为擅长。其释《禹贡》三江，定为南江、中江、北江，本诸郑康成，远有端绪。惟未尝详审经文，考核水道，而附益以味别之说，遂以启后人之议。至于以羲和旷职为贰于羿而忠于夏，则林之奇宗之。以《康王之诰》服冕为非礼，引《左传》叔向之言为证，则蔡沉取之。《朱子语录》亦称其解《吕刑篇》以“王享国百年耄”作一句，“荒度作刑”作一句，甚合于理。后《与蔡沉帖》虽有“苏氏失之简”之语，然《语录》又称：“或问诸家《书》解谁最好，莫是东坡？曰：然。又问：但若失之太简？曰：亦有只须如此解者。”则又未尝以简为病。洛闽诸儒以程子之故，与苏氏如水火，惟于此书有取焉，则其书可知矣。

于此可知《东坡书传》别出新解之概况及所受之肯定。舒大刚还进一步认为《东坡书传》在考订《尚书》错简和讹文方面卓有成绩，肯定其从文意语气上审查

① 王应麟撰，翁元圻等注，栾保群、田松青、吕宗力校点《困学纪闻》卷八《经说》，第 1095 页。

脱文,从篇章结构上考证误分一篇为二,从事理上怀疑错简,从文理上审察错简,从史实上考察阙误,以及从文字上考证讹误等。① 至于苏辙,其《诗集传》力删《诗序》,四库馆臣称“其说以《诗》之《小序》反复繁重,类非一人之词,疑为毛公之学,卫宏之所集录。因惟存其发端一言,而以下余文悉从删汰”。相较欧阳修等人怀疑《诗序》,苏辙可谓更进一步矣。苏辙有云:“平生好读《诗》《春秋》,病先儒多失其旨,欲更为之传。”其所撰《诗集传》《春秋集解》,也确是不囿成见、多有发明之作。朱熹给予苏辙《诗集传》较高评价,称“唐初,诸儒为作疏义,因讹踵陋,百千万言而不能有以出乎二氏(毛、郑)之区域。至于本朝,刘侍读(敞)、欧阳公(修)、王丞相(安石)、苏黄门(辙)、河南程氏(颐)、横渠张氏(载),始用己意,有所发明。虽其深浅得失有不能同,然自是之后,三百五篇之微词奥义乃可得而寻绎。”(《吕氏家塾读诗记后序》)四库馆臣也谈到《春秋集解》权衡《春秋》三传,以《左氏》为主,兼采他说,断以己意的特点,其云:“先是刘敞作《春秋意林》,多出新意。孙复作《春秋尊王发微》,更舍传以求经。古说于是渐废。后王安石诋《春秋》为‘断烂朝报’,废之不列于学官。辙以其时经传并荒,乃作此书以矫之。其说以《左氏》为主,《左氏》之说不可通,乃取《公》《谷》、啖、赵诸家以足之。盖以《左氏》有国史之可据,而《公》《谷》以下则皆意测者也。……盖积十余年而书始成。其用心勤恳,愈于奋臆遽谈者远矣。”

另外,三苏解经不务章句而推重义理。苏轼指出:“夫论经者当以意得之,非于句意之间也。于句意之间,则破碎牵蔓之说反能害经之意。”②这可以看成三苏的共同主张。苏洵有《六经论》总论群经,“以圣人之道为前提,着眼于《易》之幽,以明礼为线索,而遍求‘六经’之旨,而后出诸己意”③。再如三苏合力完成的《东坡易传》,四库馆臣称其“大体近于王弼,而弼之说惟畅元[玄]风,轼之说多切人事”。可知此书延续了王弼不取象数而以义理解《易》的特点,是义理派《易》学之作。四库馆臣还高度肯定该书“推阐理势,言简意明,往往足以达难显之情,而深得曲譬之旨”,“文辞博辨,足资启发”,“李衡作《周易义海撮要》、丁易东作《周易象义》、董真卿作《周易会通》,皆采录其说,非徒然也”。

(二)以权变解经,兼融佛道

以权变解经,在苏洵身上有着突出的表现。欧阳修在《荐布衣苏洵状》中对苏洵有过这样的评论:“议论精于物理而善识变权,文章不为空言而期于有用,其所

---

① 舒大刚《苏轼〈东坡书传〉述略》,《四川大学学报》(哲学社会科学版)2000 年第 5 期。

② 苏轼《东坡易传》卷七,《四库全书》本。

③ 郝明工《苏氏蜀学之经学考察》,《成都大学学报》1998 年第 3 期。

撰《权书》《衡论》《机策》二十篇，辞辨宏伟，博于古而宜于今，实有用之言，非特能文之士也。”这里指出了两点，一是苏洵善识权变，二是苏洵以经世为务。所论甚确。苏洵曾公开宣扬权变思想，称“仲尼之说，纯乎经者也；吾之说，参乎权而归乎经者也”（《谏论上》）。这种权变思想，与战国纵横之学有密切联系，王安石即指出“苏明允（洵）有战国纵横之学”①。在苏洵解经中，这种权变意识有着充分的体现。他在《六经论》中将“六经”的形成都看作是圣人权变下的产物，如他认为圣人作《易》，“用其机权，以持天下之心，而济其道之无穷”，又说：“《礼》之权，穷于易达而有《易》焉，穷于后世之不信而有《乐》焉，穷于强人而有《诗》焉。”权变思想如此鲜明，以至于朱熹严厉地指斥道：“看老苏《六经论》，则是圣人全是以术欺天下也。”②再如苏轼，其《礼以养人为本论》反对提倡古礼，批评好古礼者“牵于繁文，而拘于小说，有毫毛之差，则终身以为不可”，主张“礼之大意，存乎明天下之分，严君臣、笃父子、形孝弟而显仁义也”；其《礼论》强调根据风俗变易而修礼，提出“三代之器，不可复用矣，而其制礼之意，尚可依仿以为法也”，“唯其近于正而易行，庶几天下安而从之，是则有取焉耳”。这些都可说是用权变思想来解经。于《东坡书传》，四库馆臣评曰：“轼究心经世之学，明于事势，又长于议论，于治乱兴亡披抉明畅”，可谓是对其善识权变，以权变解经的肯定。于《东坡易传》，历来研究《周易》分作象数和义理两途，苏轼却采用由象数分析进而探求义理的路径，其《易论》云：

《易》者，卜筮之书也。挟策布卦，以分阴阳而明吉凶，此日者之事，而非圣人之道也。圣人之道，存乎其爻之辞，而不在其数。数非圣人之所尽心也，然《易》始于八卦，至于六十四，此其为书，未离乎用数也。而世之人皆耻其言《易》之数，或者言而不得其要，纷纭迂阔而不可解，此高论之士所以不言欤？夫《易》本于卜筮，而圣人开言于其间，以尽天下之人情。使其为数纷乱而不可考，则圣人岂肯以其有用之言而托之无用之数哉！

值得指出的是，这种权变思想，对苏轼为人处世也有影响，有论者即指出苏轼之所以和程颐势不两立，认为程颐“拘”，缺少权变，是“不尽人情如王介甫”者，即与这种深厚的权变思想有关。③

三苏期于致用，发明儒学，不免夹杂佛老之学。朱熹指出苏氏“性命诸说多处

---

① 邵博撰，刘德权、李剑雄点校《邵氏闻见后录》卷十四，第 111 页。

② 黎靖德编，王星贤点校《朱子语类》卷一百三十《本朝四 · 自熙宁至靖康用人》，第 3118 页。

③ 胡昭曦、刘复生、粟品孝《宋代蜀学研究》，巴蜀书社 1997 年版，第 34 页。

私意,杂佛老而言之”(《答汪尚书》其四),贬之为“学儒之失而流于异端”的“杂学”,并作《杂学辨》,专门辩驳其《东坡易传》及《老子解》。四库馆臣亦谓“苏氏之学,本出入于二氏之间,故得力于二氏者特深”①。苏氏常有三教合一之论,并以之注解经书。如苏轼说:“儒、释不谋而同”(《南华长老题名记》),“道家者流,本出于黄帝、老子。其道以清净无为为宗,以虚明应物为用,以慈俭不争为行,合于《周易》‘何思何虑’、《论语》‘仁者静寿’之说”(《上清储祥宫碑》),“孔老异门,儒释分宫。又于其间,禅律相攻。我见大海,有北南东。江河虽殊,其至则同”(《祭龙井辩才文》)。三苏合力完成的《东坡易传》,即是兼容佛老的解经之作,譬如关于《系辞上》“一阴一阳之谓道”的解释,苏氏说:

圣人知道之难言也,故借阴阳以言之,曰:“一阴一阳之谓道。“一阴一阳者,阴阳未交而物未生之谓也。喻道之似,莫密于此者矣。阴阳一交而生物,其始为水。水者有无之际也,始离于无而入于有矣。老子识之,故其言曰:“上善若水。”又曰:“水几于道。”圣人之德,虽可以名言,而不囿于一物,若水之无常形。此善之上者,几于道矣,而非道也。若夫水之未生,阴阳之未交,廓然无一物而不可谓之无有,此真道之似也。②

在这里,苏氏不仅借用了老子“道”的概念,援引老子的“水几于道”的观点来解释“道”,认为“道”是阴阳未交的状态,是“廓然无一物而不可谓之无有”,而且还很明显地吸收了佛教无不绝虚、有非真有、非有非无、有无合一的思想③。苏辙也主张三教“道并行而不悖”(《历代论四·梁武帝》),在其晚年所撰的《老子解》中有充分体现,苏轼跋语称“使汉初有此书,则孔、老为一;使晋、宋有此书,则佛、老不为二。”苏辙的《论语拾遗》为补《东坡论语解》而作,亦多有三教会通之语,四库馆臣即指出:“此书所补凡二十七章,其以‘思无邪’为无思,以‘从心不逾矩’为无心,颇涉禅理。以‘苟志于仁矣无恶也’为有爱而无恶,亦冤亲平等之见。以‘朝闻道夕死可矣’为虽死而不乱,尤去来自如之义。盖眉山之学本杂出于二氏故也。”④

(三)以人情解经

以人情解经,有时是与权变相联系的。如苏洵在《诗论》中指出:

---

① 永瑢等《四库全书总目》卷一百四十六,“《道德经解》二卷”条,第1243页。

② 苏轼《东坡易传》卷七《系辞传上》。

③ 僧肇《不真空论》云:“万物虽无而非无,无者不绝虚:虽有而非有,有者非真有”,“有无称异,其至一也”。

④ 永瑢等《四库全书总目》卷三十五,“《论语拾遗》一卷”条,第292页。

人之嗜欲，好之有甚于生，而愤懑怨怒，有不顾其死。于是礼之权又穷，礼之法曰："好色不可为也；为人臣、为人子、为人弟，不可使有怨于其君父兄也。"使天下之人皆不好色，皆不怨其君、父兄，夫岂不善？使人之情皆泊然而无思，和易而优柔，以从事于此，则天下固亦大治。而人之情又不能皆然，好色之心驱诸其中，是非不平之气攻诸其外，炎炎而生，不顾利害，趋死而后已。噫！礼之权止于死生，天下之事不至乎！

此论即认为，权变也要从人情出发来考虑。而苏轼、苏辙，对于以人情解经则有更多的发挥。如苏轼《中庸论》指出："圣人之道，自本观之，则皆出人情。"他又说："礼之初，缘诸人情，因其所安者，而为之节文，凡人情之所安而有节者，举皆礼也，则是礼未始有定论也。然而不可以出于人情之所不安，则亦未始无定论也。执其无定以为定论，则途之人皆可以为礼。"（《礼以养人为本论》）苏辙也指出："夫'六经'之道，惟其近于人情，是以久传而不废"，又说："《诗》者，天下之人，匹夫匹妇，羁臣贱隶，悲忧愉佚之所为作也。"（《诗论》）他还在《进策五道·臣事下·第四道》中从宏观上指出："圣人之为天下，不务逆人之心。人心之所向，因而顺之；人心之所去，因而废之。故天下乐从其所为。……后世有小丈夫不达其意之本末，而以为礼义之教，皆圣人之所作为，以制天下之非僻。徒见天下邪放之民皆不便于礼义之法，乃欲务矫天下之情，置其所好而施其所恶。"苏辙甚至以是否合乎人情来衡量经书，其《历代论一·周公》即云："凡《周礼》之诡异远于人情者，皆不足信。"

在具体的经书注解中，苏氏多有以人情为基准者。如《东坡易传》释《无妄》卦《彖传》"'其匪正有眚，不利有攸往'。无妄之往，何之矣？天命不佑，行矣哉"曰："无故而为恶者，天之所甚疾也。世之妄也，则其不正者容有，不得已焉。无妄之世，正则安，不正则危。弃安即危，非人情。故不正者必有天灾。"①再如释《升》卦"六四：王用亨于岐山，吉，无咎。《象》曰：'王用亨于岐山'，顺事也"曰："上有所适，下升而避之。失于此而偿于彼，虽不争可也。今六四，下为三之所升，而上不为五之所纳，此人情必争之际也，然且不争而虚邑以待之，非仁人其孰能为此？太王避狄于豳而亨于岐，方其去豳也，岂知百姓之相从而不去哉？亦以顺物之势而已。以此获吉，夫何咎之有？"②在苏氏《东坡书传》《诗集传》等书中，如此类以人情解经之例尚多。这正如朱熹《答汪尚书》其四所说："若苏氏之言，高者出入有无而曲成义理，下者指陈利害而切近人情。"

---

① 苏轼《东坡易传》卷三《无妄》。

② 苏轼《东坡易传》卷五《升》。

以人情解经，其根源在于苏氏的性命之学。朱熹说“苏轼之学，上谈性命，下述政理”（《答吕伯恭》）。秦观在《答傅彬老简》中则指出：“苏氏之道最深于性命自得之际，其次则器足以任重，识足以致远，至于议论文章，乃与世周旋，至粗者也。”苏氏在《东坡易传》《中庸论》中对性命之辨多有涉及。在苏氏看来，道、性都是不可以善恶言的，因而反对孟子的性善论①。苏氏还指出所谓性乃是“其所以为人者也，非是无以成道矣”，是“不可得而消”、“莫知其所以然而然”的东西；所谓命，乃“令也。君之令曰命，天之令曰命，性之至者亦曰命。性之至者，非命也，无以名之而寄之命”。并云：

> 情者，性之动也。泝而上至于命，沿而下至于情，无非性者。性之与情，非有善恶之别也。方其散而有为，则谓之情耳。命之与性，非有天人之辨也，至其一而无我，则谓之命耳。②

这里不仅反驳了所谓的性善情恶说，还把情、性、命置于同一层面，赋予情以本体的地位。苏轼在解释《尚书·虞书》“人心惟危，道心惟微”时说：“人心，众人之心也，喜怒哀乐之类是也。道心，本心也，能生喜怒哀乐者也。……道心即人心也，人心即道心也，放之则二，精之则一。”所反映的同样是情、性、命合一的思想。既然如此，以人情为本，以人情解经，就是顺理成章的了。

苏氏蜀学，推阐义理而期于经世，明于事势而洞达人情，发明儒道而兼容佛老，议论雄辩而文辞精要，在熙宁以来的学坛独具风采，更是在南宋初年兴盛一时，正如朱熹《答汪尚书》其四所云：“苏氏之言，高者出入有无而曲成义理，下者指陈利害而切近人情。其智识才辨谋为气概，又足以震耀而张皇之，使听者欣然而不知倦，非王氏之比也。”

### 二、苏氏蜀学与文学

以三苏为代表的苏氏蜀学，对其文学观念和创作都产生了深远影响。

就文学观念而言，主要表现在两个方面：一是从经世致用的观念出发，要求文章有为而作；二是从本于人情的观念出发，要求文章自由地、无限制地抒发情感。先说第一点。如苏洵，前引欧阳修的荐词，已不难看出苏洵为文经世的旨趣。而苏洵在《寄欧阳内翰第一书》中提出来要献给欧阳修阅读而自己也颇为自得的文章，即是《洪范论》《史论》等文字，这些文字显然是“不为空言而期于有用”的。再

---

① 详参苏轼《东坡易传》卷七《系辞传上》“一阴一阳之谓道，继之者善也，成之者性也”句解。

② 苏轼《东坡易传》卷一，《乾》卦《彖传》“保合太和乃利贞”句解。

如苏轼,他在《答虔倅俞括奉议书》中指出:"今观所示议论,自东汉以下十篇,皆欲酌古以驭今,有意于济世之用,而不志于耳目之观美,此正平生所望于朋友与凡学道之君子也。"由此当不难想见苏轼为文致用的旨趣。苏辙也同样提倡有为而作,他在《诗病》一文中专门批评了"唐人工于为诗,而陋于闻道"。其实,苏轼《凫绎先生诗集叙》所记的一则事例,更能反映三苏有为而作的主张,其云:

(苏洵)以鲁人凫绎先生之诗文十余篇示轼曰:"小子识之,后数十年,天下无复斯文者也,先生之诗文,皆有为而作,精悍确苦,言必中当世之过,凿凿乎如五谷必可以疗饥,断断乎如药石必可以伐病。其游谈以为高、枝词以为观美者,先生无一焉。"

据此文"其后二十余年,先君既没,而其言尤存"云云,可知苏洵教谕苏轼写作有为之文时,苏轼还是个不到十岁的小孩子,对其所产生的影响当然会很深刻了。

再看第二点。情感的自由抒发,就是既不刻意求之,也不故意阻之。相应地,在文学主张方面,前者就表现为无意为文,苏洵曾用风水之喻来比拟"无意为文"而自然成"至文",他说:"今夫风水之相遭乎大泽之陂也,纡徐委蛇,蜿蜒沦涟,……殊状异态,而风水之极观备矣。故曰:'风行水上,涣。'此亦天下之至文也。然此二物者,岂有求乎文哉?无意于相求,不期而相遭,而文生焉。是其为文也,非水之文也,非风之文也;二物者非能为文而不能不为文也。物之相使而文出于其间也。故曰:此天下之至文也。"(《仲兄字文甫说》)苏轼《南行前集叙》也指出:"自少闻家君之论文,以为古之圣人有所不能自已而作者。故轼与弟辙为文至多,而未尝敢有作文之意。"至于后者,则表现为随意挥洒成文,这在苏轼身上表现得尤为明显。他在《自评文》中说道:"吾文如万斛泉源,不择地皆可出。在平地滔滔汩汩,虽一日千里无难,及其与山石曲折,随物赋形,而不可知也。所可知者,常行于所当行,常止于不可不止,如是而已矣。其他虽吾亦不能知也。"这既是苏轼对自身文章的精准评价,也是苏轼颇为自觉的文学主张,他在《答谢民师推官书》中也表露出对"如行云流水,初无定质,但常行于所当行,常止于所不可不止,文理自然,姿态横生"的文章的赞赏。

再从实际创作来说,也多体现出了上述的文学主张。三苏都写作了大量的切乎人事、关乎道义的有为而作的篇章,如苏洵的《权书》《衡论》《机策》,苏轼的《留侯论》《续朋党论》,苏辙的《三国论》《上皇帝书》等,都是议论谨严、辞辩宏伟之作。与之同时,他们文学创作的整体风貌,也多表现出了激情澎湃、纵横恣肆且又变态万千的一面。苏轼是其中的代表,在诗、文、辞、赋方面都明显带有"如万斛泉源,不择地皆可出"的特色,至于以文为诗、以诗为词、以文为赋等,对苏轼来说,几乎是很自然而简单的事了。如苏轼的词作,与他的权变思想和以人情为文的主张都有关系。其词之所以能够“指出向上一路,新天下耳目”,倒不一定是苏轼对抬尊词体有多么自觉的意识,更为根本的,当还是他在直抒胸臆、通达权变方面所作的努力。从这个意义上讲,人们对苏词的评论,如李清照贬之曰“句读不葺之诗尔”①,或如晁补之赞之云“居士词横放杰出,自是曲子中缚不住者”②,虽得其事实,然未免皮相。此外,值得指出的是,苏轼的诗歌是宋诗“以文字为诗、以才学为诗、以议论为诗”的杰出代表,尤其在以议论为诗方面,更可谓达到了极致。因苏轼的博学多识和长于议论,常能“出新意于法度之中,寄妙理于豪放之外”,出现了诸如《题西林壁》《饮湖上初晴后雨》《琴诗》等理趣诗。而这,与苏轼长期浸淫于经学,且以议论雄放见长有着很大关系。

值得注意的是,苏氏蜀学与文学的相通,有着哲学层面的根源。苏氏在《东坡易传》中曾援引老子以水喻道,在注释《习坎》卦《彖传》时说:

> 万物皆有常形,惟水不然因物以为形而已。世以有常形者为信,而以无常形者为不信,然而方者可斫以为圆,曲者可矫以为直,常形之不可恃以为信也如此。今夫水虽无常形,而因物以为形者,可以前定也,是故工取平焉,君子取法焉。惟无常形,是以迕物而无伤。惟莫之伤也,故行险而不失其信。由此观之,天下之信,未有若水者也。
>
> 所遇有难易,然而未尝不志于行者,是水之心也。物之窒我者有尽,而是心无已,则终必胜之。故水之所以至柔而能胜物者,惟不以力争而以心通也。不以力争,故柔外。以心通,故刚中。③

“柔外是灵活性,名曰旷达,刚中是原则性,名曰执着,刚中而柔外,执着与旷达的统一,这就是水所象征的圣人之德。”④不难看出,三苏尤其是苏轼,一生的为人处世、治学为文,都体现出执着与旷达相融合的特征,而其哲学根源,即在于此。

最后,有必要指出苏氏文学对其经学的影响。前引陈善论荆公、东坡、程氏三家之文时已指出苏文特色在议论。长于议论,在苏氏经学中同样是一大特色。朱熹评苏轼《论语说》曰:“东坡天资高明,其议论文词自有人不到处。如《论语说》

---

① 李清照撰,王仲闻校注《李清照集校注》,人民文学出版社 1997 年版,第 195 页。

② 吴曾《能改斋漫录》卷十六《乐府·黄鲁直词谓之着腔诗》,第 469 页。

③ 苏轼《东坡易传》卷三。

④ 余敦康《内圣外王的贯通——北宋易学的现代阐释》,学林出版社 1997 年版,第 77 页。

亦煞有好处。”①朱熹又云：“东坡解经（一作解《尚书》），莫教说着处直是好！盖是他笔力过人，发明得分外精神。”②朱熹《答汪尚书》其四还指出：“苏氏之言，高者出入有无而曲成义理，下者指陈利害而切近人情。其智识才辨谋为气概，又足以震耀而张皇之，使听者欣然而不知倦，非王氏之比也。”我们知道，朱熹传二程衣钵，是道学的集大成者。出于门户之见，朱熹对苏轼多有尖锐批评，如说苏轼“说什性命，全然恶模样”③，且指斥苏氏为“杂学”，专门撰《杂学辨》来批驳苏氏之说。而在这里，朱熹除了肯定苏氏义理解经的精深，又特别赞许其文辞的议论雄放、笔力过人，以至于“使听者欣然而不知倦，非王氏之比也”。由此，当不难想见苏氏经学的卓异风采。譬如，《东坡易传》解《乾》卦爻辞“九三：君子终日乾乾，昔惕若厉，无咎”云：

九三非龙德欤？曰：否，进乎龙矣！此上下之际，祸福之交，成败之决也。徒曰龙者，不足以尽之，故曰君子。夫初之所以能潜，二之所以能见，四之所以能跃，五之所以能飞，皆有待于三焉。甚矣，三之难处也！使三不能处此，则乾丧其所以为乾矣。天下莫大之福，不测之祸，皆萃于我而求决焉，其济不济，间不容发，是以终日乾乾，至于夕而犹惕，然虽危而无咎也。

从中我们不难感受到雄放恣肆的行文措辞和坚挺沉毅的担当情怀。略如冷成金所评，“这的确是诗一般的语言，表现出的是那种锐身自任、不畏艰难的经世情怀”④。由此可知，作为私学的蜀学，之所以能和作为官学的荆公新学鼎足而立，其文笔纵横是一大关键。而这，对于丰富经学著述的品类、促进经学的传承与繁荣，显然是有利的。

## 第四节　二程洛学与文学

二程，指程颢（1032—1085）、程颐（1033—1107）两兄弟，以之为代表，创立洛学一派。二程的著作主要有《遗书》二十五卷，《外书》十二卷，《文集》十二卷，以及《易传》《经说》《粹言》等，今已合编为《二程集》，由中华书局出版发行

---

① 黎靖德编，王星贤点校《朱子语类》卷一百三十《本朝四·自熙宁至靖康用人》，第 3113 页。

② 同上。

③ 黎靖德编，王星贤点校《朱子语类》卷一百二十《朱子十七·训门人八》，第 2899 页。

④ 冷成金《苏轼的哲学观与文艺观》，学苑出版社 2003 年版，第 131 页。

于世。

《宋史》把“道学”从“儒林”中分离出来,专立“道学”一传,并云:“‘道学’之名,古无是也。三代盛时,天子以是道为政教,大臣百官有司以是道为职业,党、庠、术、序师弟子以是道为讲习,四方百姓日用是道而不知。是故盈覆载之间,无一民一物不被是道之泽,以遂其性。……文王、周公既没,孔子有德无位,既不能使是道之用渐被斯世,退而与其徒定礼乐,明宪章,删《诗》,修《春秋》,赞《易象》,讨论《坟》《典》,期使五三圣人之道昭明于无穷。故曰:‘夫子贤于尧、舜远矣。’孔子没,曾子独得其传,传之子思,以及孟子,孟子没而无传。两汉而下,儒者之论大道,察焉而弗精,语焉而弗详,异端邪说起而乘之,几至大坏。千有余载,至宋中叶,周敦颐出于舂陵,乃得圣贤不传之学,作《太极图说》《通书》,推明阴阳五行之理,命于天而性于人者,了若指掌。张载作《西铭》,又极言理一分殊之旨,然后道之大原出于天者,灼然而无疑焉。仁宗明道初年,程颢及弟颐实生,及长,受业周氏,已乃扩大其所闻,表章《大学》《中庸》二篇,与《语》《孟》并行,于是上自帝王傅心之奥,下至初学入德之门,融会贯通,无复余蕴。迄宋南渡,新安朱熹得程氏正传,其学加亲切焉。大抵以格物致知为先,明善诚身为要,凡《诗》《书》,六艺之文,与夫孔、孟之遗言,颠错于秦火,支离于汉儒,幽沉于魏、晋六朝者,至是皆焕然而大明,秩然而各得其所。此宋儒之学所以度越诸子,而上接孟氏者欤。”此处勾勒了从尧舜、孔孟至程朱的道统,视二程为道学的开山宗师,朱熹为集大成者,而周敦颐、张载等人亦有功焉。应该说,这一评论是立足于道学家的角度而言的,也大致符合道学在宋代演化的实际。然而,从整个经学史来看,二程洛学仅是其中的一派,其在北宋的影响甚至远不及同时的荆公新学和苏氏蜀学。比较而言,二程洛学在内圣外王方面更偏重于内圣,期许从内圣达到外王。这是一个重要的转变,也是宋学转型的一大关键。

## 一、经学视阈下的二程洛学

关于二程,有学者认为其学彼此之间存在很大差异,然程颐说:“我之道盖与明道同。”①基于其大旨相同,我们在此一并论之。

### (一)经学旨趣:治经以明道穷理

二程研经的目的和宗旨,在于明道穷理。程颐在《明道先生行状》中指出了其兄程颢的学术历程,而其主旨则在“求道”:

---

① 程端中《〈伊川先生文〉序》引,见程颢、程颐撰,王孝鱼点校《二程集》“目录”第24页。

先生为学：自十五六时，闻汝南周茂叔论道，遂厌科举之业，慨然有求道之志。未知其要，泛滥于诸家，出入于老、释者几十年，返求诸“六经”而后得之。明于庶物，察于人伦。知尽性至命，必本于孝悌；穷神知化，由通于礼乐。①

二程又针对当时的学界，倡导儒者之学以“趋道”，其云：“古之学者一，今之学者三，异端不兴焉。一曰文章之学，二曰训诂之学，三日儒者之学。欲趋道，舍儒者之学不可。”②这“道”，即是尧舜、孔孟圣人之道。而“理”，即是“道”。“只是理，理便是天道也”③，“圣人德盛，与天为一”④，“圣人与理为一，故无过，无不及，中而已矣”⑤，故圣人之道即天之道、天之理。二程颇为得意地指出：“吾学虽有所受，天理二字却是自家体贴出来。”⑥二程认为：“上天之载，无声无臭之可闻。其体则谓之易，其理则谓之道，其命于人则谓之性，其用无穷则谓之神，一而已矣”⑦，“二气五行刚柔万殊，圣人所由惟一理”⑧。而天理在人类社会的体现就是“仁”，“仁者，天下之正理，失正理，则无序而不和”⑨，“仁道难名，惟公近之，非以公便为仁”⑩，亦是礼，“上下之分，尊卑之义，理之当也，礼之本也，常履之道也”⑪。故而二程在《请修学校尊师儒取士札子》中提出：“其道必本于人伦，明乎物理，……其要在于择善修身，至于化成天下”，并着重教导人领悟此“理”，要识“仁”，其云：“得此义理在此，甚事不尽？更有甚事出得”⑫，“学者识得仁体，实有诸已，只要义理栽培。如求经义，皆栽培之意”⑬。

基于此，二程反对章句训诂之学，“经所以载道也，诵其言辞，解其训诂，而不及道，乃无用之糟粕”⑭，并反对经学的支离破碎、异说纷纭，“今人执私见，家为异说，支离经训，无复统一，道之不明不行乃在于此”，要求“一道德以同俗”⑮。二程

---

① 程颢、程颐撰，王孝鱼点校《二程集》，第 638 页。
② 程颢、程颐撰，王孝鱼点校《二程集》，第 178 页。
③ 程颢、程颐撰，王孝鱼点校《二程集》，第 290 页。
④ 程颢、程颐撰，王孝鱼点校《二程集》，第 424 页。
⑤ 程颢、程颐撰，王孝鱼点校《二程集》，第 307 页。
⑥ 程颢、程颐撰，王孝鱼点校《二程集》，第 424 页。
⑦ 程颢、程颐撰，王孝鱼点校《二程集》，第 1170 页。
⑧ 程颢、程颐撰，王孝鱼点校《二程集》，第 83 页。
⑨ 程颢、程颐撰，王孝鱼点校《二程集》，第 1173 页。
⑩ 程颢、程颐撰，王孝鱼点校《二程集》，第 63 页。
⑪ 程颢、程颐撰，王孝鱼点校《二程集》，第 749 页。
⑫ 程颢、程颐撰，王孝鱼点校《二程集》，第 42 页。
⑬ 程颢、程颐撰，王孝鱼点校《二程集》，第 15 页。
⑭ 程颢、程颐撰，王孝鱼点校《二程集》，第 671 页。
⑮ 程颢、程颐撰，王孝鱼点校《二程集》，第 448 页。

还延续庆历以来的怀疑之风，在怀疑经传、更改经文方面有所突破。如怀疑《左传》非左丘明作，认为其不可全信，认为《礼记》《春秋》等经典中多杂有不符圣人之意、出自后人的言论，并更改古本《大学》的次序，以求合于圣人本意。①

值得注意的是，这里二程所强调的穷理明道，还是立足于儒家经典的。程颐云："窃以圣人之学，不传久矣。臣幸得之于遗经，不自度量，以身任道。"②此处所谓的"遗经"，指的就是传世的儒家经典。程颐又指出：

> 治经，实学也，譬诸草木，区以别矣。道之在经，大小远近，高下精粗，森列于其中。譬诸日月在上，有人不见者，一人指之，不如众人指之自见也。如《中庸》一卷书，自至理便推之于事。如国家有九经，及历代圣人之迹，莫非实学也。如登九层之台，自下而上者为是。人患居常讲习空言无实者，盖不自得也。为学，治经最好。苟不自得，则尽治"五经"，亦是空言。③

这里除了强调为学要自得外，也突出了治经的重要性。正是在讲习自得的过程中，二程留下了《伊川易传》和《程氏经说》等经学著述。

（二）经学实绩：《伊川易传》《程氏经说》与"四书"学

《伊川易传》是程颐用力最勤的一部解经之作，也是义理派《易》学的代表作。四库馆臣在该书"提要"中说："其书但解上、下《经》及《彖》《象》《文言》，用王弼注本。以《序卦》分置诸卦之首，用李鼎祚《周易集解》例。惟《系辞传》《说卦传》《杂卦传》无注。……程子不信邵子之数，故邵子以数言《易》，而程子此《传》则言理，一阐天道，一切人事。"④这里指出了《伊川易传》以"理"解经的性质，而此"理"又与人事密切相关。在《〈伊川易传〉序》中，程颐云：

> 易，变易也，随时变易以从道也。其为书也，广大悉备，将以顺性命之理，通幽明之故，尽事物之情，而示开物成务之道也。圣人之忧患后世，可谓至矣。……易有圣人之道四焉："以言者尚其辞，以动者尚其变，以制器者尚其象，以卜筮者尚其占。"吉凶消长之理，进退存亡之道，备于辞。推辞考卦，可以知变，象与占在其中矣。君子居则观其象而玩其辞，动则观其变而玩其占。得于辞，不达其意者有矣；未有不得于辞而能通其意者也。至微者理也，至著者象也。体用一源，显微无间。观会通以行其典礼，则辞无所不备。故善学者，求言必自近。易于近者，非知言者

---

① 参赵振《北宋疑经思潮与二程经学》，刊于《兰州学刊》2007 年第 6 期。

② 程颢、程颐撰，王孝鱼点校《二程集》，第 546 页。

③ 程颢、程颐撰，王孝鱼点校《二程集》，第 2 页。

④ 永瑢等《四库全书总目》卷二，"《易传》四卷"条，第 6 页。

也。予所传者辞也。由辞以得其(一无其字)意,则在(一作存)乎人焉。①

这里有三点值得注意:一是强调了变易之道。二是指明《周易》的要旨在于“顺性命之理,通幽明之故,尽事物之情,而示开物成务之道”,凸显其切于人事的一面。三是提出《周易》中的圣人之道体现在辞、变、象、占,而辞无所不备,推辞可知变,象、占亦在其中,“吉凶消长之理,进退存亡之道,备于辞”,且至微者理,至著者象,体用一源,显微无间,亦备于辞。故程颐此书旨在通过传辞以明理求道。

《伊川易传》将天理与人事结合,充斥全篇。如解《恒》卦《彖》“利有攸往,终则有始也”句云:

天下之理,未有不动而能恒者也。动则终而复始,所以恒而不穷。凡天地所生之物,虽山岳之坚厚,未有能不变者也。故恒非一定之谓也,一定则不能恒矣。唯随时变易,乃常道也。故云利有攸往。明理之如是,惧人之泥于常也。②

既强调随时变易乃常道、至理,又点出其现实意义:“惧人之泥于常”。又如解《无妄》卦辞“元亨,利贞。其匪正有眚,不利有攸往”云:“无妄者至诚也,至诚者(一无者字)天之道也。天之化育万物,生生不穷,各正其性命,乃无妄也。人能合无妄之道,则所谓‘与天地合其德’也。无妄有大亨之理,君子行无妄之道,则可以致大亨矣。无妄,天之道也,卦言人由无妄之道也(一无也字)。利贞:法无妄之道,利在贞正,失贞正,则妄也。虽无邪心,苟不合正理,则妄也,乃邪心也。故有匪正(一作其)则为过眚。既已无妄,不宜有往,往则妄也。”③在解经的过程中,凸显了合正理、达至诚、行天道的教诫思想。有论者甚至指出《伊川易传》中流露出的政治教诫包括君当亲民、政治文明、戒溺安乐、戒居尊专制等④,于此更可见《伊川易传》以“理”解经、切于人事的一面。

对于《伊川易传》,朱熹评论说:“《易传》义理精,字数足,无一毫欠阙,他人着工夫补缀亦安得如此自然。只是于本义不相合。《易》本是卜筮之书,《卦辞》《爻辞》无所不包,看人如何用。程先生只说得一理。……伊川见得个大道理,却将经来合他这道理,不是解《易》。”⑤较为客观地指出了《伊川易传》精于义理的成就,但所谓“于本义不相合”之说,则是拘泥于以《周易》为卜筮之书的立场,并不

---

① 程颢、程颐撰,王孝鱼点校《二程集》,第 689 页。

② 程颢、程颐撰,王孝鱼点校《二程集》,第 862 页。

③ 程颢、程颐撰,王孝鱼点校《二程集》,第 822 – 823 页。

④ 参姜广辉主编《中国经学思想史》(第三卷上册),中国社会科学出版社 2010 年版,第 474 – 478 页。

⑤ 黎靖德编,王星贤点校《朱子语类》卷六十七《易三 · 纲领下》,第 1651 – 1653 页。

可取。

《程氏经说》七卷,程颐撰。《直斋书录解题》和《宋史·艺文志》皆题作《河南经说》,《直斋书录解题》卷三指出该书包含"《系辞说》一、《书》一、《诗》二、《春秋》一、《论语》一、《改定大学》一",并云:"程氏之学,《易传》为全书,余经具此。"四库馆臣云:"《程氏经说》七卷,不著编辑者名氏,皆伊川程子解经语也。……其中若《诗书解》《论语说》本出一时杂论,非专注之书,《春秋传》则专著而未成,观崇宁二年自序可见。至《系辞说》一卷,《文献通考》并于《易传》,共为十卷。《宋志》则于《易传》九卷之外别著录一卷。然程子《易传》实无《系辞》,故吕祖谦集十四卷之说为《系辞精义》以补之。此卷疑或后人掇拾成帙,以补其缺也。《改定大学》兼载明道之本,或以兄弟之说互相参考欤。"①于此,可知《程氏经说》的大致情况。《程氏经说》所收多是程颐与弟子解经之语,且出于他人记录,内容多为解说经书中某篇的主旨或就其文句加以解说、辩证。《直斋书录解题》卷三称程颐《春秋传》"略举大义,不尽为说"。《文献通考·经籍考》卷十"《伊川春秋传》二卷"条引《朱子语类》曰:"或问《伊川春秋传》,曰:'中间有说好处,如难理会处,他亦不为决然之论。如说"滕子来朝",以为滕本侯爵,后微弱,服属于鲁,自贬降而以子礼见鲁,则贡赋少,力易供。此说最好。程沙随之说亦然。'"于此,可见《程氏经说》推重义理的特点。

二程的另一大贡献是构建"四书"学。上引《宋史·道学传》说二程"表章《大学》《中庸》二篇,与《语》《孟》并行",即是肯定其"四书"学史上的贡献。二程推尊"四书",认为《大学》"乃孔氏遗书,须从此学则不差"②,《中庸》"一卷书,自至理便推之于事"③,乃"孔门传授心法"④,《论语》"传道立言,深得圣人之学"⑤,并特别推崇孟子,称"孟子有功于圣门,不可胜言","孟子性善、养气之论,皆前圣所未发"⑥。更重要的是,二程将"四书"的思想资料互相发明,如"中庸,天下之正理。德合中庸,可谓至矣。自世教衰,民不兴于行,鲜有中庸之德也"⑦,并消解其中的矛盾之处,如"孟子言性之善,是性之本;孔子言性相近,谓其禀受处不相远

① 永瑢等《四库全书总目》卷二,"《程氏经说》七卷"条,第 270 - 271 页。
② 程颢、程颐撰,王孝鱼点校《二程集》,第 18 页。
③ 程颢、程颐撰,王孝鱼点校《二程集》,第 3 页。
④ 程颢、程颐撰,王孝鱼点校《二程集》,第 411 页。
⑤ 程颢、程颐撰,王孝鱼点校《二程集》,第 44 页。
⑥ 朱熹《四书章句集注》,中华书局 1983 年版,第 199 页。
⑦ 程颢、程颐撰,王孝鱼点校《二程集》,第 1143 页。

也"①(《二程遗书》卷二十二),以使"四书"成为一个有机整体。② 当然,正是得益于对"四书"中心性思想的发掘,二程才得以构建出"理"为最高本体,理(道、天)→气(阴阳)→物→理(道、天)③自成一统,包括理体气用的本体论,性无不善、情有善恶与灭人欲、存天理的人性论,以及格物致知、涵养主敬的认识方法论在内的思想体系。

(三)经学特色:以"理"解经和"六经注我"

二程经学的一大特色是以"理"解经。二程说:"古之学者,皆有传授。如圣人作经,本欲明道。今人若不先明义理,不可治经,盖不得传授之意云尔。"④又说:"古之学者,先由经以识理。盖始学时,尽是传授。后之学者,却先须识义理,方始看得经。"⑤这里都指出读经、解经的前提是先识义理。那么,如何识得义理,二程提出要从"四书"入手。其云:"《大学》乃孔氏遗书,须从此学则不差"⑥,"先识得个义理,方可看《春秋》。《春秋》以何为准,无如《中庸》"⑦,《二程遗书》卷十八又载:"问:圣人之经旨,如何能穷得?曰:以理义去推索可也。学者先须读《论》《孟》。穷得《论》《孟》,自有个要约出,以此观他经,甚省力。"⑧而这个义理或理义,则是"一个观念性实体,是世界万物的必然和'所以然',是宗法社会典章制度和伦常道德的升华,是无形的、虚设的绝对。它既实有而离形,又无形而不虚"⑨。基于此,在二程的经学著述中,随处可见以"理"解经。如《伊川易传》,理字出现频率甚高,据检索,"理"字共出现255次,而如上举两处以"理"解经之例,当然只是九牛一毛了。在《程氏经说》中,"理"字共出现80次,如"知天命,穷理尽性也"⑩等均是以"理"解经。

二程经学的另一特色是"六经注我"。即不为经文所束缚,一则不拘泥于著述的形式,除了专著之外,更多地采用口义或语录的形式来解经明道。二程说:"以书传道,与口相传,煞不相干。相见而言,因事发明,则并意思一时传了;书虽言

---

① 程颢、程颐撰,王孝鱼点校《二程集》,第291页。
② 姜广辉主编《中国经学思想史》(第三卷上册),第496-498页。
③ 参张立文《宋明理学研究》第四章第二节"二程的道学思想"。
④ 程颢、程颐撰,王孝鱼点校《二程集》,第13页。
⑤ 程颢、程颐撰,王孝鱼点校《二程集》,第164页。
⑥ 程颢、程颐撰,王孝鱼点校《二程集》,第18页。
⑦ 同⑤。
⑧ 程颢、程颐撰,王孝鱼点校《二程集》,第205页。
⑨ 张立文《宋明理学研究》,人民出版社2002年版,第272-273页。
⑩ 程颢、程颐撰,王孝鱼点校《二程集》,第1135页。

多,其实不尽。"①所以,这是一种自觉的行为,这才有了今传的《程氏经说》以及《二程遗书》等语录中有关解经的文字。应该说,这是延续了胡瑗以来口义解经的传统,同时又有了深度和广度的拓展。二则不拘泥于经文中的资料,但求为我所用,成为阐发个人思想的材料。所以,二程主张"学贵于通,执一而不通,将不胜其疑矣"②,又说:"专精于文义,则必固滞而无所通达矣。"③甚至还提出"善学者,要不为文字所梏。故文义虽解错,而道理可通行者不害也"④,这与张载所云"凡经义不过取证明而已,故虽有不识字者,何害为善"⑤是精神相通的。如二程在解释《论语》"忠恕一以贯之"与《中庸》"忠恕违道不远"的矛盾时说:"忠恕固可以贯道,但子思恐人难晓,故复于《中庸》降一等言之,曰'忠恕违道不远'。忠恕只是体用,须要理会得。"⑥又说:"忠恕一以贯之。忠者天理,恕者人道。忠者无妄,恕者所以行乎忠也。忠者体,恕者用,大本达道也。此与'违道不远'异者,动以天尔。"⑦这样的解释,重在发挥二程的思想,很难说有充分的根据。对此,朱熹曾一针见血地指出:"伊川解经,是据他一时所见道理恁地说,未必便是圣经本旨。"⑧

二程洛学沿着义理解经的路径,在以"理"解经、口义解经、构建"四书"学方面,都为后人导夫先路,直接影响到宋代经学的转型。

**二、二程洛学与文学**

二程洛学与文学有着内在的紧密联系。从洛学对文学的影响来看,主要有以下两个方面:

(一)文学思想

二程在经学领域突出强调穷理明道,以之为治经的最高目的,甚至教导门人"先识义理,方看得经",推行以"理"解经之法。这些都表明,二程把"理"抬到最高地位,视穷理为人生的终极追求,包括文学在内的一切,都要服务和服从于这一原则。基于此,二程提出了如下与文学相关的思想:

---

① 程颢、程颐撰,王孝鱼点校《二程集》,第26页。
② 程颢、程颐撰,王孝鱼点校《二程集》,第1199页。
③ 程颢、程颐撰,王孝鱼点校《二程集》,第1203页。
④ 程颢、程颐撰,王孝鱼点校《二程集》,第378页。
⑤ 张载撰,章锡琛点校《张载集》,中华书局1978年版,第277页。
⑥ 程颢、程颐撰,王孝鱼点校《二程集》,第184页。
⑦ 程颢、程颐撰,王孝鱼点校《二程集》,第124页。
⑧ 黎靖德编,王星贤点校《朱子语类》卷一百五《朱子二·论自注书》,第2625页。

1. 理为文之本、有德必有言

二程说："有本必有末，有实必有文，天下万事，无不然者。"①又说："理者，实也，本也。文者，华也，末也"②从中可知，二程强调的是"理"的主导地位，而"文"只是其附庸和陪衬。二程进而说道："'行有余力'者，当先立其本也。有本而后学文，然有本则文自至矣。"③又说："孔子曰：'有德者必有言。'何也？和顺积于中，英华发于外也。故言则成文，动则成章。"④这都是从根本上否定文的独立性。毫无疑问，这都是道学家重道轻文的表现。

2. 作文害道、为文丧志

二程与学生有两段著名的问答，载录如下：

问："作文害道否？"曰："害也。凡为文，不专意则不工，若专意则志局于此，又安能与天地同其大也？《书》曰'玩物丧志'，为文亦玩物也。吕与叔有诗云：'学如元凯方成癖，文似相如始类俳。独立孔门无一事，只输(一作惟传)颜氏得心斋。'此诗甚好。古之学者，惟务养性情，其他则不学。今为文者，专务章句，悦人耳目。既务悦人，非俳优而何？"曰："古者学为文否？"曰："人见'六经'，便以谓圣人亦作文，不知圣人亦摅发胸中所蕴，自成文耳(一作章)。所谓'有德者必有言'也。"曰："游、夏称文学，何也？"曰："游、夏亦何尝秉笔学为词章也？且如'观乎天文以察时变，观乎人文以化成天下'，此岂词章之文也？"⑤

或问："诗可学否？"曰："既学时，须是用功，方合诗人格。既用功，甚妨事。古人诗云'吟成五个字，用破一生心'；又谓'可惜一生心，用在五字上'。此言甚当。"先生尝说："王子真曾寄药来，某无以答他。某素不作诗，亦非是禁止不作，但不欲为此闲言语。且如今言能诗无如杜甫，如云'穿花蛱蝶深深见，点水蜻蜓款款飞'，如此闲言语，道出做甚？某所以不尝作诗，今寄谢王子真诗云：'至诚通化药通神，远寄衰翁济病身。我亦有丹君信否，用时还解寿斯民。'子真所学，只是独善，虽至诚洁行，然大抵只是为长生久视之术，止济一身，因有是句。"⑥

从以上这两段材料，可知二程作文害道、为文丧志之说，其意在于专意诗文后必然会影响到性情的修养，即影响穷理明道。这似乎在重道轻文的基础上更进一

① 程颢、程颐撰，王孝鱼点校《二程集》，第908页。
② 程颢、程颐撰，王孝鱼点校《二程集》，第125页。
③ 程颢、程颐撰，王孝鱼点校《二程集》，第378页。
④ 程颢、程颐撰，王孝鱼点校《二程集》，第320页。
⑤ 程颢、程颐撰，王孝鱼点校《二程集》，第239页。
⑥ 同上。

步，趋向于要鄙弃甚至取消文学。但值得注意的是，所谓“某素不作诗，亦非是禁止不作，但不欲为此闲言语”，“如观乎天文以察时变，观乎人文以化成天下，此岂词章之文也”，则表明二程并没有完全否定文学，而是否定那些闲而无用的空文。所以，二程才会有文质相须之语，其云：“质必有文，自然之理。理必有对待，生生之本也。有上则有下，有此则有彼，有质则有文。”①

3. 诗贵优柔、文贵合道

二程虽然没有完全取消或否定文学，但对诗文都提出了明确的要求。这就是诗贵优柔、文贵合道。二程说：“大率诗意贵优柔不迫切，此乃治《诗》之法。”②所谓“优柔不迫切”，就是自然从容、含蕴无穷，有“圣人气象”。对于《诗》，二程强调“兴”，强调“思无邪”，认为“兴”即“兴起人善意”，“思无邪”是“诚”。而这，与“优柔不迫”的圣人气象是相通的。二程还提出文贵合道的主张，其云：“言不贵文，贵于当而已，当则文。”③何以为“当”？就是用“理”来衡量，应是“载道之文”、“合道之文”。二程说：“人能为合道之文者，知道者也。在知道者，所以为文之心，乃非区区惧其无闻于后，欲使后人见其不忘乎善而已。”④视明理达道为作文之心，其落脚点又在“使后人见其不忘乎善”，而在二程思想中“善”又是道、理、性、命等范畴先天的本质属性。

总的来看，二程的文学思想反映出道学家的典型特征，即时刻以道（理）衡文，存在着重道轻文、作文害道、合道而文等表现。这对于文学发展而言，是弊大于利的。

（二）创作实践

由于二程追求穷理明道，在《伊川易传》中又将天道和人事合为一炉，所以在二程的作品中，多有切于人事之作，如《上仁宗皇帝书》《论王霸札子》《谏新法疏》《故户部侍郎致仕彭公行状》等。这些作品的内容涉及到为政之道、熙宁变法，以及哀祭吊丧等，多是有为而作，而且，大多文辞精炼、不求藻饰，行文流畅，富有气势。

再者，由于二程期于穷理明道，在诗文创作中也有着穷理的内涵，有些形象思理俱佳的作品，就呈现出一种理趣。在散文中，往往即事言理，如《养鱼记》《雍行录》等。兹举《雍行录》为例：

---

① 程颢、程颐撰，王孝鱼点校《二程集》，第808页。
② 程颢、程颐撰，王孝鱼点校《二程集》，第356页。
③ 程颢、程颐撰，王孝鱼点校《二程集》，第1198页。
④ 程颢、程颐撰，王孝鱼点校《二程集》，第601页。

元丰庚申岁，予行雍、华间，关西学者相从者六七人。予以千钱挂马鞍，比就舍则亡矣。仆夫曰："非晨装而忘之，则涉水而坠之矣。"予不觉叹曰："千钱可惜。"坐中二人应声曰："千钱亡去，甚可惜也。"次一人曰："千钱微物，何足为意？"后一人曰："水中囊中，可以一视。人亡人得，又何叹乎？"予曰："使人得之，乃非亡也。吾叹夫有用之物，若沉水中，则不复为用矣。"

至雍，以语吕与叔曰："人之器识固不同。自上圣至于下愚，不知有几等。同行者数人尔，其不同如此也！"与叔曰："夫数子者之言何如？"予曰："最后者善。"与叔曰："诚善矣。然观先生之言，则见其有体而无用也。"予因书而志之。①

本文借助生活小事来阐发道学家"人之器识固不同"及"体用一源"的见解。第一段截取丢失千钱后各具特色的人物语言，表现出同为学者却境界迥异。第二段则在前段基础上，夫子自道，指明哲理所在。因其哲理与生活小事融为一体，故显得轻松活泼，令人感发。再如诗歌中的理趣，好的作品往往体现出情景理的浑融。如程颢的名篇《偶成》：

云淡风轻近午天，望花随柳过前川。旁人不识余心乐，将谓偷闲学少年。②

前两句写景寓怀，周遭和缓、温馨的环境与诗人内心的闲适惬意相辉映，后两句说理言趣，所谓的"余心乐"，正是诗人体悟"天理"所获得的乐趣。程氏认为"仁者，以天地万物为一体，莫非己也"③，故而，诗人"充满生机的春日'近午'，面对流动不息的'前川'而表露出的惬意和乐趣，也正是这种充塞于天地万物的仁者情怀的体验"④。

此外，与著书传道相比，二程更倾向于口头传道，因而留下大量的师生问答，这即是由二程弟子记录、经朱熹编定的《遗书》《外书》等。它们上承《论语》，下启《朱子语类》，构建了宋代语录体散文这一品类。其内容多涉性理，不免深奥，而语言则质朴俚俗，简洁流畅。诸如"天下善恶皆天理，谓之恶者非本恶，但或过或不及便如此，如杨、墨之类"，"仁义礼智信五者，性也。仁者，全体；四者，四支。仁，体也。义，宜也。礼，别也。智，知也。信，实也"，"'穷理尽性以至于命'，三事一时并了，元无次序，不可将穷理作知之事。若实穷得理，即性命亦可了"⑤等，于此可见一斑。

---

① 程颢、程颐撰，王孝鱼点校《二程集》，第 578 页。

② 程颢、程颐撰，王孝鱼点校《二程集》，第 476 页。

③ 程颢、程颐撰，王孝鱼点校《二程集》，第 15 页。

④ 许总主编《理学文艺史纲》，第 120 页。

⑤ 程颢、程颐撰，王孝鱼点校《二程集》，第 14 – 15 页。

最后，我们再来考察文学对洛学的影响，至少可以指出如下几点：其一，由于二程主观上轻视文学，甚至在一定程度上否定文学，导致二程的经学著述相比同时期的荆公新学、苏氏蜀学而言要少很多，这固然与二程特别推重口头传道有很大关联，但与其轻视文学、不擅文学也不无关系。其二，相比荆公新学的言简意赅，苏氏蜀学的文笔纵横，二程洛学在文学表现上要逊色得多，这也在一定程度上限制了其学说的传布与接受。

# 第六章

# 余论

北宋经学与文学,关系极为密切,互动演进之情形也颇为复杂,牵涉面甚广。至于该如何评价,又该如何把握,也同样值得人们深思。为得到更为清晰的认识,兹从北宋经学与文学之互动轨迹、制约因素、认识评价三个方面,作一扼要阐述。

## 一、北宋经学与文学之互动轨迹

北宋经学与文学的互动演化,导源于中唐以来的经学与文学领域的新变。"安史之乱"引发了严重的社会危机,促使人们对社会经济、政治、科举等进行反思甚而变革,这是儒学复兴运动拉开序幕的重要诱因,也是中晚唐经学出现新风与文学产生新变的重要背景。中晚唐的经学新风具体表现为舍传求经、以己意解经和原经求道、依经立义两大方面。在此经学新风影响下,人们要求文学以"六经"为典范,要求文以明道、诗以讽喻,突出强调文学对现实的干预作用;文学创作的内容与风格,诸如立意、用词以及韩愈文风的奇诡、白居易诗风的浅切等,也与经学新风有着紧密的联系。

入宋以来,经学与文学之互动一直延续而未曾中断过,尽管时隐时显。庆历以前的经学,在总体上表现出谨守注疏之学的面貌,但也蕴含出很多新的质素,包括批驳注疏之学,疑经改经甚至补经,以议论的方式来解经,等等。这种既谨守旧学,又呈现新质的情况,也相应地影响着文学的演进,其总体面貌也是因循守旧多于创新变革。从表面上看,庆历以前的经学和文学,其关系并不是太大,或者说,经学并未对文学产生很大的影响,而君王好尚之影响、诗酒唱和之风习似乎更值得注意和强调。然而,源自经学的所谓"诗教"一如既往地发挥着作用,要求诗文本于教化、润饰鸿业的主张,也正是其发挥作用的必然反映;经学中的新变因素,使得人们开始致力于复兴儒学,也为即将到来的诗文革新作了铺垫。

庆历以后,随着儒学复兴运动的兴起,经学与文学之互动愈加密切。庆历、熙宁间的经学,讲求"明体达用"之学,盛行疑传惑经的思潮,并凸显通经致用的取向。这一时期的文学面貌,就散文而言,是古文兴起而大行其道;就诗歌来说,则是初具“宋诗”面目,所谓的“以文字为诗”、“以才学为诗”、“以议论为诗”等,已有了初步的体现。事实说明,经学新风影响到了文学的内容、风格和体式。以欧阳修为例,其经学成就主要表现在:一是疑传惑经以尊经崇道;二是弃章句重义理与推人情、重人事。而在文与道、平易畅达和怪僻生涩、“简而有法”与“穷而后工”三个方面,则彰显出欧阳修经学与文学的紧密关联。

熙宁以来,直至宋室南渡,经学与文学之互动达到高潮。这一时期的经学,除了在疑传惑经和经世致用方面更进一步外,在性命之辨方面也渐趋重视,且形成以王安石为代表的“荆公新学”,以苏洵、苏轼、苏辙为代表的“苏氏蜀学”,以及以程颢、程颐为代表的“二程洛学”等流派。由于各派的学术观念直接影响到文学观念,以及学者和文人兼于一身,经学与文学的互动更为鲜明。择要而言,王安石治经追求通经致用,讲明道德性命,具有杂糅百家、解字通经的特点,因而形成功利主义的文学观;所作诗文多与现实政治、美刺教化密切相关,其立意、语言,乃至简劲拗折的散文风格,从直截刻露到深婉不迫的诗歌风格,也都与王安石之经学颇有关联,而经义文的产生,更是王安石改革贡举,编纂并颁行《三经新义》作为取士标准之下的产物。至于文学对王安石经学的影响,主要在以精炼的文辞阐明义理,这有助于阐发王安石的经学见解,彰显义理化经学的主导地位。三苏在经学方面怀疑经传,义理解经,以权变解经,以人情解经;在文学方面则提出相应的主张:有为而作与自由抒写,并在创作实践中得到了贯彻。而三苏文辞雄放的特色,也能反过来彰显其经学义理精深、长于议论的风采。二程的经学,以明道穷理为旨趣,以《伊川易传》《程氏经说》与“四书”学为实绩,以以“理”解经和“六经注我”为特色。相应地,二程在文学思想方面表现出以道(理)衡文的特质,流露出重道轻文、明道弃文的倾向,在创作中往往即事言理,或情景理交融,从而呈现出理趣。从文学对经学的影响而言,由于二程轻视文学、不擅文学,其经学著述较为单薄,在一定程度上也限制了其学说的承传。

考察北宋经学与文学互动的历史脉搏,我们可以发现:一方面,经学发展是秉承中唐人开辟的路径,沿着推倒章句之学而树以义理之学的方向前进的,一直到熙宁八年颁行《三经新义》,最终实现以义理之学取代章句之学。这一过程大致经历了三个阶段:一是庆历以前的过渡期,继承中有新变;二是庆历以来至熙宁前的变革期,主要功绩是破“汉学”;三是熙宁以来直至北宋灭亡,是自立期,主要功绩是立“宋学”,出现了“荆公新学”、“苏氏蜀学”、“二程洛学”等鼎足而立的学派。另一方面,在经学演变的三个阶段中,文学也经历着相应的转变。庆历以前多为因袭模仿,如诗歌领域出现所谓的宋初“三体”,散文领域也延续着五代以来的骈俪文风。庆历以来出现新变,欧阳修等人倡导诗文革新,开始标举宋代文学的自我面目,突出表现在追求平易流畅的风格。熙宁以来,伴随着王安石、苏轼等人的崛起,诗文革新取得了繁盛的成果,宋型文学的面目得以彰显和巩固。在诗歌方面,确立了严羽所谓的"以文字为诗、以才学为诗、以议论为诗"的基本特征;在散文领域,平易流畅之格调在苏轼这里发挥到极致,同时又以苏轼的议论雄放、王安石的简劲拗折、二程的畅达明理,使之更趋丰富。通过上文的分析,我们不难感受到,经学的演进、文学的变迁存在着有机的联系,二者的互动构成了北宋经学史乃至文学史发展过程中的一道亮丽风景。

## 二、北宋经学与文学之制约因素

不可否认,北宋经学与文学之关联是颇为密切而复杂的,制约二者关联的因素也是多种多样的。我们认为,北宋的士人身份、科举制度、党派之争是其中比较重要的因素。

北宋士人,可以说是集官僚、学者、文人三位于一体的。这首先取决于北宋实行的文官制度。北宋统治者有鉴于晚唐五代的武力割据,采取重文抑武的政策,读书人纷纷通过科举的方式登上政治舞台。加之入宋以来统治者推重学术文化建设,书籍印刷业的发达,以及科举考试逐渐去诗赋而代之以策论,甚而以经义取士,这些使得北宋士人往往将官僚、学者、文人三种身份集于一身。这种士人身份,尤其是朝廷重臣、学术名家、文坛领袖集于一身者,必然会使得经学与文学的关系更加鲜明,甚至更加复杂。典型者如欧阳修、王安石、苏轼等,相比单一身份或二重身份的士人来说,其经学与文学的互动无疑要精彩得多。

北宋的科举制度,如前文所说,从性质而言,经历了两次重大变革,一是庆历新政期间,由重诗赋而重策论,二是熙宁变法期间由诗赋改经义。这些变革,不仅对文学产生了深远影响,如以议论为诗,又如贵为古文而诗赋渐稀,等等;更是加剧了经学与文学的关联,深化了经学对文学的影响,譬如文学作品中的引经据典、依经立意,乃至文字句式,都带有经学的烙印,而科举制下经义文,则更可看作是经学与文学的结合体。这些在王安石等人身上都有着充分的体现。

北宋的党派之争,主要围绕守旧与革新而展开,故有所谓"旧党"与"新党"之称,表现为政见之争或意气之争。而此政见之争,又以各自的学术为根基,反映的是学术之争。故不同的学术流派,就形成了不同的政治派别,有新学、蜀学、洛学等学派,也就有所谓的新党、蜀党、洛党等党派。而在党争中,被打压、禁习的某派学术,往往也包含文学,如元祐党案中所禁习的元祐之学,即包括二程洛学、三苏等人的诗文集、范祖禹《唐鉴》等史学类著作。这种情况,使得经学、文学与党争交织在一起,密不可分。不难发现,北宋庆历,尤其是熙宁间经学与文学互动的活跃,与党争的剧烈是相呼应的。

### 三、北宋经学与文学之认识评价

北宋的经学与文学,存在着有机联系,这是客观事实。就其积极意义而言,北宋经学密切了文学与现实的联系,深化了文学的思想内涵,影响了文学的语言体式和艺术风格,甚至可以说,宋型文学的独特面貌,如注重议论、追求平易等,都与经学有着内在的深层关联。与之同时,北宋文学的异彩纷呈,也有功于经学彰显义理、丰富品类,甚而推进其转型。当然,其消极之处也不可否认。如强化文学的功利性,轻视乃至否定文学,都意在抛弃或否认文学的独特价值,在一定程度上消解了文学的独立性,不利于文学的健康发展。又如经学领域的议论解经、以“理”解经,影响到文学领域讲求议论、凸显理趣。尽管唐诗贵在神韵,宋诗长于思理,不宜简单别以优劣,但整体而言,宋诗毕竟少了些情韵,缺了些诗味。

当然,我们在重视北宋经学与文学内在关联的同时,也需要对之加以实事求是的分析和把握,不宜简单化。一方面,北宋经学对文学的影响可谓深远,但文学也不是完全被动的。二者本属于不同的领域,所以尽管在北宋熙宁年间经学与文学的联结臻于高潮,在文学的内容、风格、体式等方面都可看出经学对文学的显豁影响,但在诗词方面表现出的对用字、事典、声韵、对偶等艺术技巧的追求,显然更多地与文学自身怡情悦性的功能属性相关,体现出了文学对经学一定程度上的背离,尽管人们还是能从儒家经典那里找到“夫子尤有所戏”的依据。此外,北宋经学与文学的互动并不是一个封闭的系统,会受到如科举、党争以及时局、心态等方面的诸多影响,这就使得二者的互动愈加纷繁复杂。我们不能将之抽绎出来,平面化地加以描述和剖析,而是应该尽可能地还原其原生态,揭示其立体面貌。另一方面,即便面对同样的经典,怀着同样的追求,但出于不同的态度和理念,也会对文学产生不同的影响。譬如,对于“六经”的不同态度,对于明“道”、体“道”的不同理念,就可能导致迥异的文学观念。我们注意到,关于“六经”的平易还是怪奇,这是学者们争论不休的问题,而对这一问题的不同看法,就会导致两种完全不同的文学观念,即欧阳修等人倡导的平易流畅和以石介为代表的险怪生涩。平易流畅之所以成为宋代文学的主导风格,固然与欧阳修、苏轼等人的诸多努力有关,与明道治世、穷理治心的经学观念也是分不开的。我们也注意到,同样追求明“道”、体“道”的士人,对文辞的价值却抱有截然不同的看法。石介等人把文辞看得很重,以为是载道之具,并强调模拟“六经”以作文;而同样有着强烈的明道观念,且以道统继承人自居的二程,则提出了所谓的“作文害道”的主张,贬低文辞的价值,甚至在一定程度上取消文辞的存在。这样两种差异迥然的看法,与他们对

"道"的体认与追求的不一致密切相关。相较而言,石介重视文辞的价值,主要在于他认为"道"不离人伦纲常,而拟"六经"作文则有助于扶持儒教;而二程则本着由内圣而外王的理念,过于强调加强个人心性修养以体"道",因而认为作文妨碍体道,溺于文辞反而害道。通过上述的讨论可见,这两种品格迥异的观念,又都在事实上对文学发展产生了深远影响。

# 附　录

## 以朱熹为例看南宋经学与文学之面貌

### 一

南宋以来,经学仍在论争中衍化。在荆公新学与二程洛学的争衡中,洛学一脉渐成主流。这种转变,基于南渡以来统治者如宋高宗将覆亡罪责归于新法新学,也得益于洛学之教育授受。如程门高足杨时,对南宋以来理学发展影响甚大,其学生罗从彦传李侗再传朱熹;张九成开启陆九渊心学;胡宏兄弟促成理学分支湖湘学派。当然还有私淑洛学的胡安国,与程门谢良佐、杨时等"义兼师友",著《春秋传》三十卷,发挥其"尊王攘夷"之义。尽管胡安国强调经世致用,即本传所谓"以圣人为标的,志于康济时艰",但他又反复强调"《春秋》深明其用,当自贵者始,故治国先正其心"(《春秋传·隐公元年》)、"圣门之学,则以致知为始,穷理为要。知至理得,不迷本心,如日方中,万象皆见,则不疑所行而内外合也。故自修身至于家、国、天下,无所处而不当矣。"(《宋元学案·武夷学案》)这其实预示着,自王安石以来经学执于经世与道德两端的天平,渐渐转向道德性命之侧。故而,纵览南宋以来的经学演进,由经学而趋于理学已日益明晰,渐成主流,至朱熹和会众家,集其大成,以《四书章句集注》取代《三经新义》而成为科举准绳,宣告了这一进程的完结。当然,与渊于洛学的朱熹理学、陆九渊心学对峙而行的,还有所谓浙东事功学派,包括以陈傅良、叶适为代表的永嘉学派、以陈亮、唐仲友为代表的永康学派、以吕祖谦为代表的金华学派。这些学派在南宋理宗朝前彼此争雄,直至朱熹理学定于一尊。就其经学思想而言,胡宏强调义理、推重四书,他说:"经所传者,义也"(《胡宏集·宋张栻胡子知言序》),"六经,指道之大路,而《语》《孟》,又指入六经之关要也";张栻主张体悟性情,兴发义理,他说:"使之诵《诗》、读《书》、讲《礼》、习《乐》,以涵咏其情性,而兴发于义理"(《南轩集》卷九《雷州学记》);吕祖谦主张以理解经、心经合一;陆九渊强调体悟自得,直指人心,提出"六经皆我注脚";叶适主张道德义理与治教人事相结合,提出:"仁人正谊不谋利,明道不计功,此语初看极好,细看全疏阔。古人以利与人而不自居其功,故道义光明。后世儒者行仲舒之论,既无功利,则道义者乃无用之虚语尔”(《习学记言》卷三十二);魏了翁主张本之古经,通训诂而求义理;等等。特别值得注意的是,朱熹不废训诂、直求本义、阐扬性理,通过遍注群经,尤其是《四书章句集注》,构建出精致严密的理学思想体系,在经学史、理学史上均有重要地位。

至于南宋经学于文学产生之影响,主要表现在文学观念、题材内容及艺术风格方面。随着经学由章句注疏转向于性理阐发,重道轻文的观念开始弥散。如朱熹指出:“道者,文之根本。文者,道之枝叶。惟其根本乎道,所以发之于文,皆道也。三代圣贤文章,皆从此心写出,文便是道。”(《朱子语类》卷一百三十九)魏了翁认为:“辞虽末技,然根于性,命于气,发于情,止于道,非无本者能之。”(《鹤山先生大全集·文集》卷五十五《杨少逸不欺集序》)即便是中兴四大诗人之一的杨万里,虽然“生平百无所好,而独好文词”,但仍不免认为“文,技也,至于道”(《李去非愚言序》)。

题材内容方面,除了受胡安国“尊王攘夷”之《春秋》学影响而涌现出一批倡言恢复、忧时爱国的作品外,更多的是谈性论理诗文的勃发,出现所谓的理学诗、理学词,以及在古文中也大谈性理之道。真德秀等理学家编选古文选本来推波助澜,他认为:“夫士之学,所以穷理而致用也,文虽学之一事,要亦不外乎此。故今所辑,以明义理、切世用为主,其体本乎古,其指近乎经者,然后取焉。”(《文章正宗纲目》)南宋后期金履祥则编有《濂洛风雅》,收录周敦颐、程颐以至王柏、王侃等四十八人的谈理之诗。试看朱熹的文学创作,其中不仅有引经据典、依经立义的奏疏、序记,也有体悟性理的诗歌,有的诗歌还能够融哲理于形象,呈现出浓厚的理趣,如《春日》《观书有感》等。

在文学的艺术风格方面,也可看到南宋经学演变烙上的印记。总体而言,南宋的文学创作呈现出平正清远之貌,这与经学研究中着重阐释性理,追求明道成圣的旨趣颇有关联。譬如,杨万里著有《诚斋易传》,在《诚斋易传原序》中指出:“易之为言变也,《易》者,圣人通变之书也。其穷理尽性,其正心修身,其齐家治国,其处显,其人素穷,其居常,其遭变,其参天地合鬼神,万事之变方来,而变通之道先立,变在彼,变在此。……然则学者将欲通变,于何求通?曰‘道’。于何求道?曰‘中’。于何求中?曰‘正’。于何求正?曰‘《易》’。于何求《易》?曰‘心’。”可见,杨万里之《易》学,以正心体道为本。由此,杨万里胸襟超然,且曾得到刘过称赏:“达人胸次元无翳,芥子须弥我独知。”(《龙洲集》卷八《投诚斋》其六)正是由于胸襟透脱,诗人才能够与外物浑融一体,造就“诚斋体”清新灵动的特质。如这首《腊梅》:“江梅珍重雪衣裳,薄相红梅学杏装。渠独小参黄面老,额间艳艳发金光。”(《诚斋集》卷十一)诗人真切的体物,用平淡的语言,通过对比衬托,传达出腊梅光艳照人的瞬间,读之意味清远。而理学家的诗文,如朱熹的诗歌,学者评为有清远之风,其散文则有平正畅达之貌,①此间亦有其经学之深层底蕴。

## 二

朱熹(1130—1200),字元晦,后改字仲晦,祖籍徽州婺源(今江西婺源)。朱熹撰著《四书章句集注》,完善了二程以来的理学体系的建构,乃宋代理学集大成者。然理学本出于经学,朱熹的经学造诣亦极为突出,堪称南宋一大家。朱熹在《周易》《尚书》《诗经》《仪礼》等方面均有重要的著述,现据朱彝尊《经义考》等考述如下:

关于《周易》,朱熹撰有《易传》十一卷(佚)、《周易本义》十二卷(有《四库全书》本)、《易学启蒙》三卷(有《性理大全》本,凡四卷)、《古易音训》二卷(佚)、《蓍卦考误》一卷(载《晦庵集》卷六十六)、《朱文公易说》二十三卷(有《通志堂经解》本)、《周易筮仪》一卷(有宋刻本,藏国家图书馆)、《周易五赞》一卷(有宋刻本,藏国家图书馆)、《损益象说》一卷(《经义考》注曰存。未见)、《元亨利贞说》一篇(载《晦庵集》卷六十七)、《易象说》一篇(载《晦庵集》卷六十七)、《易精变神说》一篇(载《晦庵集》卷六十七)、《易寂感说》一篇(载《晦庵集》卷六十七)、《太极说》一篇(载《晦庵集》卷六十七)、《记易误》一篇(载《晦庵集》卷七十)。

关于《尚书》,有《尚书古经》五卷(有孙葆田《山渊阁丛刊》本,凡一卷)、《书说》七卷(存一卷,载《晦庵集》卷六十五)、《书传问答》一卷(蔡抗辑,有宋淳祐十年吕遇龙上饶郡学刻本,附于《朱文公订正门人蔡九峰书集传》,藏国家图书馆)、《朱子说书纲领》一卷(董鼎辑,有《通志堂经解》本)、《记尚书三义》一篇(载《晦庵集》卷七十一)、《金縢说》一篇(载《晦庵集》卷六十五)、《舜典象刑说》一篇(载《晦庵集》卷六十七)。

关于《诗经》,有《诗集传》二十卷(有《四部丛刊三编》影印中华学艺社借照东京静嘉堂文库藏宋本)、《诗序辨说》一卷(有《津逮秘书》本)、《诗传纲领》一卷(有《古名儒毛诗解十六种》本)。

关于《周礼》,有《周礼三德说》一篇(载《晦庵集》卷六十七)、《周礼太祝九拜辨》一篇(载《晦庵集》卷六十八)。

关于《仪礼》,有《仪礼经传通解》三十七卷(有明正德十六年刘瑞曹山刻本,藏国家图书馆)、《仪礼释宫》一篇(载《晦庵集》卷六十八)、《记乡射疑误》一篇

① 详见莫砺锋《朱熹文学研究》,南京大学出版社2000年版。

(载《晦庵集》卷七十)、《记永嘉仪礼误字》一篇(载《晦庵集》卷七十)。

关于《礼记》,有《讲礼记序说》一篇(载《晦庵集》卷七十四)、《明堂图说》一卷(载《晦庵集》卷六十八)、《投壶说》一篇(载《朱子全书》卷三十七)、《井田类说》一篇(载《晦庵集》卷六十八)、《深衣制度》一卷(载《晦庵集》卷六十八)。

另外,还有《家礼》五卷附录一卷(有宋刻本,藏国家图书馆)。

关于《孝经》,有《孝经刊误》一卷(有《朱子遗书》本)。

关于《四书》,有《论孟精义》三十四卷《纲领》一卷(有《四库全书》本)、《四书语类》五十一卷(载《朱子语类》卷十四至六十四)、《四书章句集注》二十六卷(有民国十五年寿春孙氏小墨妙亭翻刻清内府覆刻宋淳祐本)、《四书或问》三十六卷(有明正德十二年闵开刻本,《四库全书》本作三十九卷)、《玉山讲义》一篇(载《晦庵集》卷七十四),以及《经筵讲义·大学》(载《晦庵集》卷十五)、《中庸辑略》二卷(有《四库全书》本)、《论语详说》(初名《训蒙口义》,佚)、《论语课会说》一篇(载《晦庵集》卷七十四)、《孟子问辨》十一卷(有《朱子全书》本)、《孟子要略》(曾国藩《曾文正公文集》载朱氏《孟子要略》五卷附录一卷)、《读余氏尊孟辨说》一卷(有《朱子全书》本)、《孟子纲领》一篇(载《晦庵集》卷七十四)。

此外,朱熹另有《书临漳所刊四经后》四篇(载《晦庵集》卷八十二),清人程川编有《朱子五经语类》八十卷(有《四库全书》本)。

通过以上对朱熹经学著述的载录,可知朱熹于经学亦堪名家。关于朱熹学术的研究,各种理学史著作多有论述,钱穆《朱子新学案》①论述尤详,蔡方鹿《朱熹经学与中国经学》②则后出转精。另一方面,朱熹的文学创作与批评也颇有成就,有《晦庵集》一百卷、《续集》十一卷、《别集》十卷,以及《诗集传》《楚辞集注》等,代表性的研究著作首推莫砺锋《朱熹文学研究》③。但是,将朱熹经学与文学联系起来加以考察的研究成果,尚不多见,仅有方笑一《论朱熹经学与文章之学的关系》④等数篇论文。兹在此基础上,就朱熹经学与文学关系之要者续作探讨。

(一)阐扬性理、发明圣道与文从道出、重道轻文

就学术史而言,朱熹主要继承二程学说,在理学建构方面集其大成。但朱熹的理学建构,仍以经学为根基。朱熹不仅通过对《周易》《尚书》《诗经》《仪礼》《孝经》等经典的注解来阐发,更通过《四书章句集注》来完善其理学体系。朱熹

---

① 钱穆:《朱子新学案》,台北:三民书局 1982 年版。

② 蔡方鹿:《朱熹经学与中国经学》,北京:人民出版社 2004 年版。

③ 莫砺锋:《朱熹文学研究》,南京:南京大学出版社 2000 年版。

④ 方笑一:《论朱熹经学与文章之学的关系》,《华东师范大学学报》2012 年第 2 期。

认为"四书"直接体现着圣人之道，而"五经"则多有隔阂。朱熹指出：

> 某常说，《诗》《书》是隔一重两重说，《易》《春秋》是隔三重四重说。《春秋》义例，《易》爻象，虽是圣人立下，今说者用之，各信己见，然于人伦大纲皆通，但未知曾得圣人当初意否。……今欲直得圣人本意不差，未须理会经，先须于《论语》《孟子》中专意看他，切不可忙。①

由此，朱熹强调"四书"更重于"五经"，他说："某平生也费了些精神理会《易》与《诗》，然得力则未若《语》《孟》之多也。《易》与《诗》中所得，似鸡肋也焉。"(《朱子语类》卷一百四)进而提出四书乃"五经之阶梯"(《朱子语类》卷一百五)，读书当先读"四书"，后读"五经"。他说："人自有合读底书，如《大学》《语》《孟》《中庸》等书，岂可不读。读此四书，便知人之所以不可不学底道理，与其为学之次序，然后更看《诗》《书》《礼》《乐》。某才见人说看《易》，便知他错了，未尝识那为学之序。"(《朱子语类》卷六十七)基于此，朱熹花费四十年之功研治"四书"，通过训解"四书"，建构起集理本气末、化育流行的天理论，天命无不善、气质有善恶的心性论，格物致知、涵养持敬的认识方法论为一体的理学体系。其核心即是天理论。朱熹以理或天理为最高哲学范畴，认为理或天理是宇宙的根本。他说"未有天地之先，毕竟也只是理。有此理，便有此天地。若无此理，便亦无天地。无人无物，都无该载了。有理便有气，流行发育万物。"(《朱子语类》卷一)在《四书章句集注》中，朱熹对此多有阐发。朱熹视《大学》之明明德、亲民、止于至善为三纲领，指出"明德者，人之所得乎天，而虚灵不昧，以具众理而应万事者也。……盖其必有以尽夫天理之极，而无一毫人欲之私"②。朱熹增补《大学》之《格物致知传》，意在强调由即物穷理而通达吾心之天理，其云："是以《大学》始教，必使学者即凡天下之物，莫不因其已知之理而益之，以求至乎其极。至于用力之久，而一旦豁然贯通焉，则众物之表里精粗无不到，而吾心之全体大用无不明矣。此谓物格，此谓知之至也。"(《大学章句》)《论语·公冶长》提到"夫子之性与天道"，朱熹解释说："性者，人所受之天理；天道者，天理自然之本体，其实一理也。"(《论语集注》卷三)《论语·阳货》载子曰："天何言哉？四时性焉，百物声焉，天何言哉？"朱熹解释说："四时行，百物生，莫非天理发见流行之实，不待言而可见。"(《论语集注》卷九)对于《孟子》"尽其心者，知其性也，知其性，则知天矣"，朱熹作了如下注解：

---

① 黎德靖编：《朱子语类》，北京：中华书局，1986年版，第2614页。下引《朱子语类》，皆出此本。

② 朱熹：《四书章句集注》，北京：中华书局1983年版，第3页。下引《四书章句集注》，皆出此本。

“心者,人之神明,所以具众理而应万事者也。性则心之所具之理,而天又理之所从以出者也。”(《孟子集注》卷十三)认为心具众理,性亦同于理。至于《中庸》,朱熹视其为孔门传授之心法,将之与《论语·尧曰》《古文尚书·大禹谟》结合起来,着力阐发道统自尧舜以来的“人心惟危,道心惟微,惟精惟一,允执厥中”十六字心诀,朱熹指出:“心者,人之知觉,主于身而应事物者也。指其生于形气之私者而言,则谓之人人心;指其发于义理之公者而言,则谓之道心。”①又云:“子思惧怕夫愈久而愈失起也,于是推本尧舜以来相传之意,质以平日所闻父师之言,更互演绎,作为此书,以诏后之学者……其曰‘天命率性’,则道心之谓也;其曰‘择善固执’,则精一之谓也;其曰‘君子时中’,则执中之谓也。世之相后,千有余年,而其言之不一,如合符节。”(《中庸章句序》)

基于其天理论,在“四书”之外,朱熹也强调对性理的阐发。如关于《周易》,朱熹指出:“太极只是天地万物之理”,“太极只是一个理字”(《朱子语类》卷一)。又云:“‘易有太极,是生两仪’者,一理之判,始生一奇一偶而为一画者二。”(《晦庵集》卷四十五《答虞士朋》)显然,朱熹将太极等同于理,太极生两仪即理派生阴阳。关于《尚书》,如前所说,朱熹阐发《古文尚书·大禹谟》之十六字心诀,即是讲求性理之突出表现。而且,对于如何读《尚书》,朱熹主张将史迹与性理相结合,去寻求圣人之心。他说:“世变难看。唐虞三代事,浩大阔远,何处测度?不若求圣人之心。如尧,则考其所以治民;舜,则考其所以事君。且如《汤誓》,汤曰:‘予畏上帝,不敢不正。’熟读岂不见汤之心?”(《朱子语类》卷七十八)关于《诗经》,朱熹把那些表现男女爱情的诗歌称作“淫诗”,这自然是作为理学家的朱熹主张存天理抑人欲而作出的贬称,譬如他在解《鄘风·蝃蝀》时说:“言此淫奔之人,但知思念男女之欲,是不能自守贞信之节,而不知天理之正也。”关于三礼,朱熹认为:“《礼记》要兼《仪礼》读,如冠礼、丧礼、乡饮酒礼之类,《仪礼》皆载其事,《礼记》只发明其理。读《礼记》而不读《仪礼》,许多理皆无安著处。”(《朱子语类》卷八十七)又云:“这个典礼,自是天理之当然,欠他一毫不得,添他一毫不得。惟是圣人之心与天合一,故行出这礼,无一不与天合。”(《朱子语类》卷八十四)关于《孝经》,朱熹也指出:“(天地之性人为贵,人之行莫大于孝)此两句固好。如下面说‘孝莫大于严父,严父莫大于配天’,则岂不害理。傥如此,则须是如武王、周公方能尽孝道,寻常人都无分尽孝道也,岂不启发人僭乱之心。”(《朱子语类》卷八十二)

---

① 朱杰人、严佐之、刘永翔编:《朱子全书·晦庵先生朱文公文集》,上海:上海古籍出版社;合肥:安徽教育出版社,2002 年版,第 3180 页。下引《晦庵集》,皆出此本。

综上所述可知,朱熹对性理的阐发遍及群经,尤以“四书”为主体,建构起比二程更为周密的天理论。正是基于这一理论,朱熹提出了文从道出的观点,以及流露出重道轻文的倾向。当然,在朱熹这里,道与理是两个非常接近的概念,或者可以认为道即是理。譬如,朱熹有云:“一阴一阳之谓道,太极也”(《朱子语类》卷七十四),而“太极只是一个理字”(《朱子语类》卷一)。这里的道、理、太极是等同的。关于文从道出,朱熹说:“这文皆是从道中流出,岂有文反能贯道之理?文是文,道是道,文只如吃饭时下饭耳。若以文贯道,却是把本为末,以末为本,可乎?”(《朱子语类》卷一百三十九)朱熹又说:“道者,文之根本。文者,道之枝叶。惟其根本乎道,所以发之于文,皆道也。三代圣贤文章,皆从此心写出,文便是道。”(《朱子语类》卷一百三十九)在此,朱熹以道为本,文为末,文须从道中流出。这与朱熹的天理论,以理或天理为宇宙的根本是一致的。文作为宇宙万物之一,自然也是理(道)的的产物。由此,朱熹视道文为一体,他说:“道外有物,固不足以为道。且文而无理,又安足以为文乎?盖道无适而不存者也,故即文以进道,则文与道两得,而一以贯之。否则亦将两失之矣。”(《晦庵集》卷三十《与汪尚书》)这与朱熹的“理一分殊”①,即一理摄万理,万理归于一理相通。所以,朱熹在诗文创作中,常以诗歌来体道,以文章来论道。但在另一方面,由于道本文末,所以,朱熹不免有轻视文学的倾向。他说:“平生最不喜作文章,不得已为人所托,乃为之。自有一等人乐于作诗,不知移以讲学,多少受益。”(《朱子语类》卷一百四)又说:“才要作文章,便是枝叶,害著学问,反两失也。”(《朱子语类》卷一百三十九)这与二程等理学家强调讲学明道,反对将精力浪费在作文上面一脉相承。正是这一态度,使得朱熹的诗文大多不加雕饰,呈现平易之貌。

(二)依傍经典、惟求本义与引经据典、依经立义

正如上文所说,朱熹的理学建构以“四书”、“五经”等经典训解为基础,即立足于经典,通过对经典的阐释发明圣人之道。所以,朱熹的经学具有依傍经典、唯求本义的特征。朱熹不满于汉儒烦琐的章句注疏之学,又有感于宋儒以己意说经穿凿附会的流弊,主张严分经传,回归经文,探其本义。他说:

《诗》《易》之类,则为先儒穿凿所坏,使人不见当来立言本意。此又是一种功夫,直是要人虚心平气本文之下,打叠交空荡荡地,不要留一字先儒旧说,莫问他是何人所说、所尊、所亲、所憎、所恶,一切莫问,而唯本文本意是求,则圣贤之指得矣。(《晦庵集》卷四十八《答吕子约》)

① 朱熹有云:“自其本而之末,则一理之实,而万物分之以为体,故万物各有一太极……如月在天,只一而已,及散在江湖,则随处可见,不可谓月已分也。”(《朱子语类》卷九十四)

朱熹将《大学》分为经一章传十章,意在凸显所谓三纲领八条目。将《周易》分为上下经和十翼的经传两个部分,意在展现易学由卜筮转向义理的进程,并冀以恢复《周易》卜筮之书的性质。对于《诗经》,朱熹提出《毛传》“不与经连”,主张“风、雅之正则为经,风、雅之变则为传”,这为废《序》言《诗》、以《诗》说《诗》奠定了基础。对于《礼》,主张《仪礼》为经,《礼记》为传。对于《孝经》,将前六章合为一章,作为经文,其后内容分作十四章,作为传文,疑是战国人据《左传》《诗经》等辑录而成。以上种种区分经传,其意皆在回归经文,求其本义。与之相应,朱熹确实在某些方面取得重要突破。譬如,在《诗经》学方面,朱熹指出诗人作诗之本旨在“感物道情,吟咏情性”,认为“《诗序》多是后人妄意推想诗人之美刺,非古人之所作也”,“《诗序》亦有未尽,如‘发乎情,止乎礼义’,又只是说正诗,变风何尝止乎礼义”,“只是‘思无邪’一句好,不是一部《诗》皆‘思无邪’”(《朱子语类》卷八十)。关于《周易》,朱熹认为“《易经》本为卜筮而作,皆因吉凶以示意训戒”(《晦庵集》卷八十二《书临漳所刊四经后·易》),故而批评程颐《易传》“只是于本义不相合。《易》本是卜筮之书,卦辞爻辞无所不包,看人如何用。程先生只说得一理。”(《朱子语类》卷六十七)

由于在经学研究中,朱熹注重依傍经典,回归本经,寻求本义,故而在文学创作中,朱熹多有引据经典,依经立义的表现。譬如,朱熹写有多篇奏疏,议论时政,发表见解,往往征引经典,来依经立义,证成己说。如《壬午应诏封事》,朱熹在文中引用《尚书·召诰》中召公对周成王所言“王乃初服,呜呼,若生子,罔不在厥初生,自贻哲命”及《孟子·公孙丑上》“虽有智慧,不如乘势”之语,劝谕刚刚即位的孝宗:“方今天命之眷顾方新,人心之蕲向方切,此亦陛下端本正始、自贻哲命之时,因时顺理、乘势有为之会也。”再如《己酉拟上封事》,朱熹援据上引《尚书·召诰》及《商书·伊训》中伊尹告太甲之语“今王嗣厥德,罔不在初”、《商书·咸有一德》“今嗣王新服厥命,惟新厥德”,借用古人对新君的期望来劝导新即位的光宗自新图强。在《壬午应诏封事》《戊申封事》《癸未垂拱奏札》《延和奏札》等奏议中,朱熹更是一再征引、阐发《古文尚书·大禹谟》中舜对禹所说的“人心惟危,道心惟微,惟精惟一,允执厥中”十六字心诀,来劝戒帝王格物致知、正心诚意,信守“帝王之学”的正道。此外,朱熹在一些序跋、题记文章中,也涉及到对经典的引用、经义的申发。古人的命名、字号,往往出自经典,自不免有序记文字加以解说,如北宋苏辙即有《仲兄字文甫说》,援引《周易》“涣”卦释义而解说“文甫”之字。朱熹写作的《魏甥恪字序》《存斋记》《克斋记》《复斋记》等,亦与之相类,均援引经典来阐发。如《复斋记》,为友人黄仲本斋名而作,开篇即引《周易》之“复”卦释义:“昔者圣人作《易》,以拟阴阳之变,于阳之消于上而息于下也,为卦曰复。复,反也,言阳之既往而来反也。”继而由天地阴阳谈到人之本心，指出“圣人于复之卦，所以赞其可见天地之心，而又以为德之本者，其不以此欤”，从而凸显了斋名“复”之含蕴。此外，在文集序跋，尤其是经解序跋中，朱熹对经典的援引、发挥也时常可见。譬如，在《中庸章句序》《大学章句序》中，作者不仅梳理了学术传承的谱系，更是充分掘发了经典的价值，于朱熹理学思想体系的建构意义尤大。

另一方面，朱熹还写有大量诗歌，《晦庵集》卷一至卷十皆为诗赋，达一千一百四十八首。应该指出，朱熹重视诗歌抒情言志的功能。他说：“诗之作，本非有不善也。而善人之所以深怨而痛绝之者，惧其流而生患耳。初岂有咎于诗哉！……诗本言志，则宜宣畅湮郁，优柔平中，而其流乃几至于丧志。”（《晦庵集》卷七十七《南岳游山后记》）他又说：

诗者，志之所之，在心为志，发言为诗。然则诗岂复有工拙哉！亦视其志之所向者高下如何耳。是以古之君子德足以求，其志必出于高明纯一之地，其于诗固不学而能之。（《晦庵集》卷三十九《答杨宋卿》）

起首一句，即出自《诗大序》中。显然，朱熹对《诗大序》之“诗言志”说是信从的。当然，这里的“志”包含情感、志向等内容。基于这一理念，朱熹诗歌中有对现实生活的关切，譬如《次子有闻捷韵四首》，表达对战事取胜的喜悦；《杉木长涧》（其一）表现对百姓苦难的悲悯；《观书有感二首》表现对人生哲理的思索；《邵武道中》《赋水仙花》等摹写孤寂情怀或自然风物。当然，正如上文所说，朱熹以为诗人作《诗》之本旨在“感物道情，吟咏情性”，故而在朱熹的诗歌创作中，对情感的抒写和表现更为突出和集中。某种程度上，这可以看作依经立义在朱熹诗歌创作方面的体现。

（三）不废训诂、熟读涵咏与情理丰沛、平实畅达

朱熹无论是直求本义，还是阐发性理，都基于其不废训诂、熟读涵咏之法。朱熹对待《诗经》的态度即为明证，他说：

于是乎章句以纲之，训诂以纪之，讽咏以昌之，涵濡以体之。察之情性隐微之间，审之言行枢机之始，则修身及家，平均天下之道，其亦不待他求而得之此矣。①

尽管宋儒反对汉唐以来的章句注疏之学，主张舍传求经，自出己意，但实际上对之前的注疏之学还是兼容并包的。朱熹也不例外，他说：“字画音韵，是经中浅事，故先儒得其大者，多不留意。然不知此等处不理会，却枉费了无限辞说牵补，

① 朱熹：《诗集传》，上海：上海古籍出版社 1998 年版，第 1 页。

而卒不得其本义，亦甚害事也。非但《易》学，凡经之说，无不如此”（《晦庵集》卷五十《答杨元范》）；“字求其训，句索其旨，未得乎前，则不敢求其后；未通乎此，则不敢志乎彼。如是循序而渐进焉，则意定理明而无疏易凌躐之患矣”（《晦庵集》卷七十四《读书之要》），均认为文辞训诂是理解经文本义的基础。朱熹又说：“以此方知汉儒可谓善说经者，不过只说训诂，使人以此训诂玩索经文，训诂、经文不相离异，只做一道看了，直是意味深长也。”（《晦庵集》卷三十一《答张敬夫人（十八）》）故而朱熹提出“经之有解，所以通经。经既通，自无事于解，借经以通乎理耳。理得，则无俟乎经”（《朱子语类》卷十一）。易言之，朱熹将训诂视为解经之阶梯，解经又指向明理。这与朱熹训解群经，并由五经转而四书之经学实践相一致。

另一方面，朱熹强调玩索经文，熟读涵咏。他说：

学者观书，先须读得正文，记得注解，成诵精熟。注中训释文意、事物、名义，发明经指，相穿纽处，一一认得，如自己做出来的一般，方能玩味反复，向上有透处。若不如此，只是虚设议论，如举业一般，非为己之学。（《朱子语类》卷十一）

朱熹又说：

大抵观书先需熟读，使其言如出于吾之口；继以精思，使其意皆若出于吾之心。然后可以有尔。（《晦庵集》卷七十四《读书之要》）

大凡读书，多在讽诵中见义理，况《诗》又全在讽诵之功。（《朱子语类》卷一百四）

《诗》，如今恁地注解了，自是分晓，易理会。但须是沉潜讽诵，玩味义理，咀嚼滋味，方有所益。（《朱子语类》卷八十）

这些资料表明，朱熹极其强调经典的熟读精思，涵咏玩味，这是朱熹提出的读书之法，更是朱熹经学研究的一大特色。而恰恰是这一点，对朱熹的文学创作之风貌产生了一定的影响。

熟读精思，带来的是思致的丰满；涵咏玩味，带来的是情意的浓郁。故而，在朱熹的诗歌中，可以看到集情味与理趣于一炉。我们看他的诗作，无论是感怀现实还是吟咏风物，都写得情意饱满，有一定的感染力。譬如这首《夜坐有感》：

秋堂天气清，坐久寒露滴。幽怀不自怜，兹心竟谁识？
读书久已懒，理郡更无术。独有忧世心，寒灯共萧瑟。

秋景萧瑟，青灯独坐，治世无术，忧世有心，以悲凉之景映凄清之情，不免令人叹息。朱熹更有不少理趣盎然之作，如《春日》：

胜日寻芳泗水滨，无边光景一时新。
等闲识得东风面，万紫千红总是春。

通篇写景，而理蕴其中。尤其是作者寓哲理于形象之中，就更加耐人回味。春在万紫千红处，意谓理无处不在；万紫千红有形色之别，却都体现着春，意谓万物虽然千差万别，却由一理统摄；到处寻春，却处处是春，意谓苦思冥想却豁然开朗，左右逢源。真可谓意蕴丰富，启人遐思。

熟读精思、涵咏玩味的重点在把握经文、吃透本义、体悟性理。朱熹在质疑《古文尚书》之伪时，即主要从文字角度考虑，他说：

汉儒以伏生之《书》为今文，而谓安国之《书》为古文。以今考之，则今文多艰涩，而古文反平易。或者以为今文自伏生女子口授晁错时失之，则先秦古书所引之文皆已如此。或者以为记录之实语难工，而润色之雅词易好，则暗诵者不应偏得所难，而考文者反得其所易。是皆有不可知者。（《晦庵集》卷八十二《书临漳所刊四经后·书》）

正是在反复吟咏体悟的基础上，朱熹认识到圣人之书皆平实易懂。他说："《论》《孟》文词，平易而切于日用，读之疑少而益多。"（《晦庵集》卷四十三《答赵佐卿》）又指出：

今人作文，皆不足为文。大抵专务节字，更易新好生面辞语。至说理处，又不肯分晓。观前辈欧、苏诸公作文，何尝如此？圣人之言坦易明白，因言以明道，正欲使天下后世由此求之。使圣人之言要教人难晓，圣人之经定不作矣。（《朱子语类》卷一百三十九）

基于此，朱熹强调作文要平实，有条理，甚至主张宁拙毋巧。他说："作文字须是靠实，说得有条理乃好。不可架空细巧。大率要七分实，只二三分文。如欧公文字好者，只是靠实而有条理。"又说："国初文章，皆严重老成。……至欧公文字，好底便十分好，然犹有甚拙底，未散得他和气。至东坡文字便已驰骋，忒巧了。及宣政间，则穷极华丽，都散了和气。所以圣人取'先进于礼乐'，意思自是如此。"（《朱子语类》卷一百三十九）我们翻看朱熹的文章，无论是奏疏信札还是序跋题记，大多文字平正、条理清晰、行文畅达。譬如《百丈山记》，当是朱熹山水游记的代表之作。全篇依次写了石磴、小涧、山门、石台、西阁、瀑布等胜景，文字平实，意脉流畅。试看第一段：

登百丈山三里许，右俯绝壑，左控垂崖。叠石为磴十余级，乃得度。山之胜，盖自此始也。（《晦翁集》卷七十八）

此处开门见山，直入主题。行文简洁精炼，可谓惜墨如金。作者将登山前期的过程一笔带过，以“山之胜，盖自此始也”统领下面两段详细摹写小涧等胜景的文字，并以“然山之可观者，至是则亦穷矣”来收束，条理可谓井然。而中间两段对胜景的描摹，读来有辞气纵横之感，略如李涂《文章精义》所言“晦庵先生诸文字，如长江大河，滔滔汩汩”。

综上所述，朱熹经学无论是阐发性理、直求本义之内涵还是不废训诂、熟读涵咏之方法，均对其文学创作的理念和实践产生了重要影响。朱熹文从道出、重道轻文的观念，引经据典、依经立义的内容，情理丰沛、平实畅达的风貌，其背后都有着深层的经学底蕴。

# 参考文献


1.《十三经注疏》(标点本),《十三经注疏》整理委员会整理、李学勤主编,北京大学出版社 1999 年版。

2.《周易口义》,[宋]胡瑗撰,《四库全书》本。

3.《伊川易传》,[宋]程颐撰,《四库全书》本。

4.《东坡易传》,[宋]苏轼撰,《四库全书》本。

5.《周易会通》,[元]董真卿撰,《四库全书》本。

6.《东坡书传》,[宋]苏轼撰,《四库全书》本。

7.《诗本义》,[宋]欧阳修撰,《四库全书》本。

8.《诗义钩沉》,[宋]王安石撰,邱汉生辑校,中华书局 1982 年版。

9.《毛诗集解》,[宋]李樗、黄櫄撰,《四库全书》本。

10.《周官新义》,[宋]王安石撰,《四库全书》本。

11.《春秋集传纂例》,[唐]陆淳撰,《四库全书》本。

12.《春秋尊王发微》,[宋]孙复撰,《四库全书》本。

13.《论语笔解》,[唐]韩愈、李翱撰,《四库全书》本。

14.《论语注疏》,[魏]何晏集解,[唐]陆德明音义,[宋]邢昺疏,《四库全书》本。

15.《孟子音义》,[宋]孙奭撰,《四库全书》本。

16.《七经小传》,[宋]刘敞撰,《四库全书》本。

17.《程氏经说》,[宋]程颐撰,《四库全书》本。

18.《史记》,[西汉]司马迁撰,中华书局 1959 年版。

19.《汉书》,[东汉]班固撰,中华书局 1962 年版。

20.《旧唐书》,[后晋]刘煦等撰,中华书局 1975 年版。

21.《新唐书》,[宋]欧阳修、宋祁撰,中华书局 1975 年版。

22.《宋史》,[元]脱脱等撰,中华书局 1977 年版。

23.《宋史全文》,[元]佚名撰,《四库全书》本。

24.《续资治通鉴长编》,[宋]李焘撰,中华书局 1979 年起陆续出版。

25.《资治通鉴后编》,[清]徐乾学撰,《四库全书》本。

26.《宋史纪事本末》,[明]陈邦瞻撰,中华书局1977年版。

27.《贞观政要》,[唐]吴兢撰,《四库全书》本。

28.《宋朝事实》,[宋]李攸撰,《四库全书》本。

29.《宋名臣奏议》,[宋]赵汝愚编,《四库全书》本。

30.《宋元学案》,[清]黄宗羲原著,全祖望补修,陈金生、梁运华点校,中华书局1986年版。

31.《通典》,[唐]杜佑撰,王文锦等点校,中华书局1988年版。

32.《唐会要》,[宋]王溥撰,中华书局1955年版。

33.《历代制度详说》,[宋]吕祖谦撰,《四库全书》本。

34.《文献通考》,[宋]马端临撰,上海师范大学古籍研究所、华东师范大学古籍研究所点校,中华书局2011年版。

35.《崇文总目》,[宋]王尧臣等编次,[清]钱东垣等辑释,《丛书集成初编》本。

36.《遂初堂书目》,[宋]尤袤撰,《四库全书》本。

37.《郡斋读书志校证》,[宋]晁公武撰,孙猛校证,上海古籍出版社1990年版。

38.《直斋书录解题》,[宋]陈振孙撰,徐小蛮、顾美华点校,上海古籍出版社1987年版。

39.《汉艺文志考证》,[宋]王应麟撰,《四库全书》本。

40.《文献通考·经籍考》,[宋]马端临撰,华东师范大学出版社1985年版。

41.《经义考》,[清]朱彝尊撰,中华书局1998年版。

42.《四库全书总目》,[清]永瑢等撰,中华书局1965年版。

43.《史通通释》,[唐]刘知几撰,[清]浦起龙释,上海古籍出版社1978年版。

44.《宋大事记讲义》,[宋]吕中撰,《四库全书》本。

45.《庄子集解》,[清]王先谦撰,上海书店出版社1986年影印世界书局《诸子集成》本。

46.《荀子集解》,[清]王先谦撰,上海书店出版社1986年影印世界书局《诸子集成》本。

47.《颜氏家训》,[北齐]颜之推撰,上海书店出版社1986年影印世界书局《诸子集成》本。

48.《封氏闻见记校注》,[唐]封演撰,赵贞信校注,中华书局1958年版。

49.《资暇集》,[唐]李匡乂撰,中华书局1985年版。

50.《唐国史补》,[唐]李肇撰,上海古籍出版社1979年1月新1版。

51.《唐摭言》,[五代]王定保撰,中华书局1959年版。

52.《唐语林校证》,[宋]王谠撰,周勋初校证,中华书局1987年版。

53.《太平广记》,[宋]李昉等编,中华书局1981年版。

54.《湘山野录》,[宋]文莹撰,中华书局1984年版。

55.《公是弟子记》,[宋]刘敞撰,《四库全书》本。

56.《涑水纪闻》,[宋]司马光撰,上海书店1990年版。

57.《青箱杂记》,[宋]吴处厚撰,《四库全书》本。

58.《渑水燕谈录》,[宋]王辟之撰,上海书店1990年版。

59.《梦溪笔谈》,[宋]沈括撰,张富祥译注,中华书局2009年版。

60.《麈史》,[宋]王得臣撰,《丛书集成初编》本。

61.《东坡志林》,[宋]苏轼撰,《四库全书》本。

62.《龙川略志·别志》,[宋]苏辙撰,俞宗宪点校,中华书局1982年版。

63.《后山谈丛》,[宋]陈师道撰,李伟国校点,上海古籍出版社1989年版。

64.《邵氏闻见录》,[宋]邵伯温撰,李剑雄、刘德权点校,中华书局1983年版。

65.《冷斋夜话》,[宋]惠洪撰,陈新点校,中华书局1988年版。

66.《岩下放言》,[宋]叶梦得撰,《四库全书》本。

67.《邵氏闻见后录》,[宋]邵博撰,刘德权、李剑雄点校,中华书局1983年版。

68.《宋朝事实类苑》,[宋]江少虞撰,上海古籍出版社1980年版。

69.《曲洧旧闻》,[宋]朱弁撰,《四库全书》本。

70.《扪虱新话》,[宋]陈善撰,《丛书集成初编》本。

71.《猗觉寮杂记》,[宋]朱翌撰,《丛书集成初编》本。

72.《能改斋漫录》,[宋]吴曾撰,上海古籍出版社1960年版。

73.《容斋随笔》,[宋]洪迈撰,上海古籍出版社1978年版。

74.《梁溪漫志》,[宋]费衮撰,金圆校点,上海古籍出版社1985年版。

75.《黄氏日抄》,[宋]黄震撰,《四库全书》本。

76.《朱子语类》,[宋]黎靖德编,王星贤点校,中华书局1986年版。

77.《困学纪闻》,[宋]王应麟撰,[清]翁元圻等注,栾保群、田松青、吕宗力校点,上海古籍出版社2008年版。

78.《玉海》,[宋]王应麟撰,《四库全书》本。

79.《说郛》,[明]陶宗仪编,中国书店1986年版。

80.《震泽长语》,[明]王鏊撰,《丛书集成初编》本。

81.《订讹杂录》,[清]胡鸣玉撰,《四库全书》本。

82.《楚辞章句》,[东汉]王逸撰,《四部丛刊》本。

83.《陆贽集》,[唐]陆贽撰,王素点校,中华书局2006年版。

84.《张司业集》,[唐]张籍撰,《四库全书》本。

85.《原本韩集考异》,[宋]朱熹撰,《四库全书》本。

86.《韩愈全集校注》,屈守元、常思春主编,四川大学出版社1996年版。

87.《韩愈全集》,[唐]韩愈撰,钱仲联、马茂元校点,上海古籍出版社1997年版。

88.《吕衡州集》,[唐]吕温撰,《四库全书》本。

89.《白居易集笺校》,[唐]白居易撰,金开诚笺校,上海古籍出版社1988年版。

90.《刘禹锡集》,[唐]刘禹锡撰,《刘禹锡集》整理组点校,中华书局1990年版。

91.《柳河东集注》,[宋]童宗说注释,张敦颐音辨,潘纬音义,《四库全书》本。

92.《柳宗元全集》,[唐]柳宗元撰,曹明纲标点,上海古籍出版社1997年版。

93.《李文公集》,[唐]李翱撰,《四库全书》本。

94.《元稹集》,[唐]元稹撰,冀勤点校,中华书局 1982 年版。
95.《徐骑省集》,[宋]徐铉撰,商务印书馆 1937 年版。
96.《咸平集》,[宋]田锡撰,《四部丛刊》本。
97.《河东先生集》,[宋]柳开撰,《四部丛刊》本。
98.《小畜集》,[宋]王禹偁撰,《四部丛刊》本。
99.《武夷新集》,[宋]杨亿撰,《四库全书》本。
100.《范仲淹全集》,[宋]范仲淹撰,李勇先、王蓉贵校点,四川大学出版社 2002 年版。
101.《孙明复小集》,[宋]孙复撰,《四库全书》本。
102.《梅尧臣集编年校注》,[宋]梅尧臣撰,朱东润编年校注,上海古籍出版社 2006 年版。
103.《徂徕集》,[宋]石介撰,《四库全书》本。
104.《镡津集》,[宋]契嵩撰,《四库全书》本。
105.《欧阳修全集》,[宋]欧阳修撰,中国书店 1986 年版。
106.《苏舜钦集编年校注》,[宋]苏舜钦撰,傅平骧、胡问陶校注,巴蜀书社 1991 年版。
107.《李觏集》,[宋]李觏撰,王国轩校点,中华书局 1981 年版。
108.《周敦颐集》,[宋]周敦颐撰,陈克明点校,中华书局 2009 年版。
109.《古灵集》,[宋]陈襄撰,《四库全书》本。
110.《传家集》,[宋]司马光撰,《四库全书》本。
111.《张载集》,[宋]张载撰,章锡琛点校,中华书局 1978 年版。
112.《苏魏公文集》,[宋]苏颂撰,王同策等点校,中华书局 1988 年版。
113.《临川先生文集》,[宋]王安石撰,中华书局 1959 年版。
114.《彭城集》,[宋]刘攽撰,《丛书集成初编》本。
115.《二程集》,[宋]程颢、程颐撰,王孝鱼点校,中华书局 1981 年版。
116.《苏轼全集》,[宋]苏轼撰,傅成、穆俦标点,上海古籍出版社 2000 年版。
117.《栾城集》,[宋]苏辙撰,曾枣庄、马德富校点,上海古籍出版社 1987 年版。
118.《李清照集校注》,[宋]李清照撰,王仲闻校注,人民文学出版社 1997 年版。
119.《拙斋文集》,[宋]林之奇撰,《四库全书》本。
120.《九华集》,[宋]员兴宗撰,《四库全书》本。
121.《文忠集》,[宋]周必大撰,《四部丛刊》本。
122.《攻媿集》,[宋]楼钥撰,《四库全书》本。
123.《陈亮集》,[宋]陈亮撰,中华书局 1974 年版。
124.《水心集》,[宋]叶适撰,《四部丛刊》本。
125.《四六标准》,[宋]李刘撰,[明]孙云翼笺释,《四库全书》本。
126.《鲁斋集》,[宋]王柏撰,《四库全书》本。
127.《桐江续集》,[元]方回撰,《四库全书》本。
128.《文苑英华》,[宋]李昉等编,中华书局 1966 年版。
129.《唐文粹》,[宋]姚铉编,《四部丛刊》本。

130.《西昆酬唱集注》,[宋]杨亿编,王仲荦注,中华书局 1980 年版。
131.《宋文鉴》,[宋]吕祖谦编,齐治平点校,中华书局 1992 年版。
132.《古赋辩体》,[元]祝尧编,《四库全书》本。
133.《宋诗抄》,[清]吴之振编,中华书局 1986 年版。
134.《唐宋八大家文抄》,[清]张伯行编选,肖瑞峰校点,浙江古籍出版社 1994 年版。
135.《唐宋文举要》,高步瀛编选,上海古籍出版社 1980 年版。
136.《全宋诗》,北京大学古文献研究所编,北京大学出版社 1991 年起陆续出版。
137.《文心雕龙义证》,[梁]刘勰撰,詹瑛义证,上海古籍出版社 1989 年版。
138.《六一诗话》,[宋]欧阳修撰,郑文校点,人民文学出版社 1962 年版。
139.《临汉隐居诗话》,[宋]魏泰撰,《历代诗话》本,中华书局 1981 年版。
140.《韵语阳秋》,[宋]葛立方,《历代诗话》本,中华书局 1981 年版。
141.《砻溪诗话》,[宋]黄彻撰,《历代诗话续编》本,中华书局 2006 年版。
142.《唐诗纪事》,[宋]计有功撰,中华书局上海编辑所编辑,中华书局 1965 年版。
143.《苕溪渔隐丛话》,[宋]胡仔撰,廖德明校点,人民文学出版社 1962 年版。
144.《余师录》,[宋]王正德撰,《丛书集成初编》本。
145.《后村诗话》,[宋]刘克庄撰,王秀梅点校,中华书局 1983 年版。
146.《草堂诗话》,[宋]蔡梦弼撰,《历代诗话续编》本,中华书局 2006 年版。
147.《文章精义》,[宋]李涂撰,人民文学出版社 1960 年版。
148.《竹庄诗话》,[宋]何汶撰,常振国、绛云点校,中华书局 1984 年版。
149.《诗林广记》,[宋]蔡正孙编,中华书局 1982 年版。
150.《唐音癸签》,[明]胡震亨撰,上海古籍出版社 1981 年版。
151.《文体明辨序说》,[明]徐师曾撰,罗根泽校点,人民文学出版社 1962 年版。
152.《历代诗话》,[清]吴景旭撰,《四库全书》本。
153.《原诗》,[清]叶燮撰,霍松林校注,人民文学出版社 1979 年版。
154.《隋唐五代史》,吕思勉著,上海古籍出版社 1984 年 1 月新 1 版。
155.《隋唐五代史》,王仲荦著,上海人民出版社 1988 年版。
156.《隋唐史》,岑仲勉著,河北教育出版社 2000 年版。
157.《唐代政治史述论稿》,陈寅恪著,上海古籍出版社 1997 年版。
158.《隋唐制度渊源略论稿》(外二种),陈寅恪著,河北教育出版社 2002 年版。
159.《宋史》,陈振著,上海人民出版社 2003 年版。
160.《经学通论》,[清]皮锡瑞撰,中华书局 1954 年版。
161.《经学历史》,[清]皮锡瑞撰,周予同注释,中华书局 1959 年版。
162.《经与经学》,蒋伯潜、蒋祖怡著,上海书店出版社 1997 年版。
163.《周予同经学史论著选集》(增订版),朱维铮编,上海人民出版社 1996 年版。
164.《中国经学史》,马宗霍著,上海书店 1984 年版。
165.《中国经学史》,吴雁南,秦学颀,李禹阶著,福建人民出版社 2001 年版。

166.《魏晋南北朝隋唐经学史》,章权才著,广东人民出版社1996年版。
167.《宋初经学发展述论》,冯晓庭著,台北万卷楼图书有限公司2001年版。
168.《宋代经学之研究》,汪惠敏著,台北:师大书苑有限公司1989年版。
169.《宋代疑经研究》,杨新勋著,中华书局2007年版。
170.《宋明经学史》,章权才著,广东人民出版社1999年版。
171.《中国经学思想史》(第三卷),姜广辉主编,中国社会科学出版社2010年版。
172.《内圣外王的贯通——北宋易学的现代阐释》,余敦康著,学林出版社1997年版
173.《程颐〈易〉学思想研究》,姜海军著,北京师范大学2010年版。
174.《尚书学史》,刘起釪著,中华书局1989年版。
175.《宋代诗经学研究》,谭德兴著,贵州人民出版社2005年版。
176.《春秋左传学史稿》,沈玉成,刘宁著,江苏古籍出版社1992年版。
177.《经学研究论著目录》(1912—1987),林庆彰主编,台北汉学研究中心1989版。
178.《经学研究论著目录》(1912—1987),林庆彰主编,台北汉学研究中心1995版。
179.《经学研究论著目录》(1988—1992),林庆彰主编,台北汉学研究中心2002年版。
180.《理学范畴系统》,蒙培元著,人民出版社1989年版。
181.《思想的转型——理学发生过程研究》,徐洪兴著,上海人民出版社1996年版。
182.《宋明理学研究》,张立文著,人民出版社2002年版。
183.《中国儒学史》(隋唐卷),许凌云著,广东教育出版社1998年版。
184.《唐代后期儒学》,张跃著,上海人民出版社1994年版。
185.《北宋中期儒学复兴运动》,刘复生著,台北文津出版社1991年版。
186.《中国文化史》,柳诒徵著,东方出版中心1988年版。
187.《中国思想通史》(第四卷),侯外庐主编,人民出版社1960年版。
188.《中国古代思想史论》,李泽厚著,天津社会科学院出版社2003年版。
189.《斯文:唐宋思想的转型》,[美]包弼德著,刘宁译,江苏人民出版社2001年版。
190.《中国学术思想史论丛》,钱穆著,台北联经出版事业公司1998年版。
191.《中国学术史》(宋元卷),朱汉民等著,江西教育出版社2001年版。
192.《宋学的发展和演变》,漆侠著,河北人民出版社2002年版。
193.《欧阳修学术研究》,顾永新著,人民文学出版社2003年版。
194.《王安石学术思想研究》,李祥俊著,北京师范大学出版社2000年版。
195.《荆公新学研究》,刘成国著,上海古籍出版社2006年版。
196.《金陵王学研究》,杨天保著,上海人民出版社2008年版。
197.《北宋新学与理学》,萧永明著,陕西人民出版社2001年版。
198.《宋代蜀学研究》,胡昭曦,刘复生,粟品孝著,巴蜀书社1997年版。
199.《中国文学史》,游国恩,王起,萧涤非,季镇淮,费振刚主编,人民文学出版社1963年版。
200.《两宋文学史》,程千帆,吴新雷著,上海古籍出版社1991年版。
201.《宋代文学史》,孙望,常国武主编,人民文学出版社1996年版。

202.《20 世纪中国文学研究·宋代文学研究》,张毅主编,北京出版社 2001 年版。
203.《王通论》,尹协理,魏明著,中国社会科学出版社 1984 年版。
204.《韩愈柳宗元文学评价》,黄云眉著,山东人民出版社 1957 年版。
205.《韩愈年谱及诗文系年》,陈克明著,巴蜀书社 1999 年版。
206.《韩学研究》,张清华著,江苏教育出版社 1998 年版。
207.《韩愈评传》,卞孝萱,张清华,阎琦著,南京大学出版社 1998 年版。
208.《唐代古文运动通论》,孙昌武著,百花文艺出版社 1984 年版。
209.《唐代科举与文学》,傅璇琮著,陕西人民出版社 2003 年 5 月第 2 版。
210.《隋唐五代文学思想史》,罗宗强著,中华书局 1999 年版。
211.《王禹偁事迹著作编年》,徐规著,商务印书馆 2003 年版。
212.《欧阳修散文研究》,黄一权著,华东师范大学出版社 2003 年版。
213.《北宋诗文革新研究》,程杰著,内蒙古教育出版社 2000 年版。
214.《北宋新旧党争与文学》,萧庆伟著,人民文学出版社 2001 年版。
215.《北宋文人与党争》,沈松勤著,人民出版社 1998 年版。
216.《宋诗选注》,钱钟书选注,人民文学出版社 1989 年 9 月第 2 版。
217.《宋诗史》,许总著,重庆出版社 1992 年版。
218.《宋代文学通论》,王水照主编,河南大学出版社 1997 年版。
219.《宋代文史考论》,诸葛忆兵著,中华书局 2002 年版。
220.《周易与中国文学》,陈良运著,百花洲文艺出版社 1999 年版。
221.《两汉经学与中国文学》,刘松来著,百花洲文艺出版社 2001 年版。
222.《宋学与宋代文学观念》,李春青著,北京师范大学出版社 2001 年版。
223.《清代学术思想的变迁与文学》,马积高著,湖南人民出版社 2002 年 6 月第 2 版。
224.《清代朴学与中国文学》,陈居渊著,百花洲文艺出版社 2000 年版。
225.《宋明理学与文学》,马积高著,湖南师范大学出版社 1989 年版。
226.《宋明理学与中国文学》,许总著,百花洲文艺出版社 1999 年版。
227.《理学文化与文学思潮》,韩经太著,中华书局 1997 年版。
228.《理学文艺史纲》,许总主编,江苏教育出版社 2001 年版。
229.《宋明理学与戏曲》,季国平著,中国戏剧出版社 2003 年版。
230.《唐代文学的文化精神》,邓小军著,台北文津出版社 1993 年版。
231.《唐学与唐诗——中晚唐诗风的一种文化考察》,查屏球著,商务印书馆 2000 年版。
232.《北宋新学与文学——以王安石为中心》,方笑一著,上海古籍出版社 2008 年版。
233.《苏轼的哲学观与文艺观》,冷成金著,学苑出版社 2003 年版。
234.《宋代洛学与文学研究》,陈忻著,中国社会科学出版社 2009 年版。
235.《金明馆丛稿初编》,陈寅恪著,上海古籍出版社 1980 年版。
236.《金明馆丛稿二编》,陈寅恪著,上海古籍出版社 1980 年版。

# 后　记

本书是在我博士学位论文的基础上修订而成的。

1996年,经过高考的洗礼,我离开江南小镇,来到扬州师院求学。2000年,本科毕业后,我顺利考取本校的研究生,跟随汪俊师攻读硕士学位,研究方向是唐宋文学。两年后,经考核、推荐,成为本校首批硕博连读生,转而跟随田汉云师攻读博士学位,研究方向是古代学术与文学。选择"北宋经学与文学"作为学位论文课题,既立足于本人的学术积累,又切合了导师的研究专长,更有意在古代文学研究方面做些拓展和深化。今将拙文修订出版,算是为这段宝贵的求学时光留下一份纪念,也为鞭策自己不懈努力,为中华文化的传承与发展略尽绵薄之力。

拙文的顺利完成和出版,凝聚着诸多师友的心血。首先要感谢导师田汉云先生。在课程学习方面,田师精心安排,在学院设置的《文献学》《文学文献解释学》等课程之余,另聘请祁龙威先生讲授《考证学》,陈文和先生讲授《目录学》,田师则承担《中国经学史》《中国儒学与文学》等课程,这成为拙文得以完成的有力保障。在论文写作中,从字句的推敲到篇章的安排,从材料的辨析到观点的提炼,田师都给予悉心的指导和帮助。在毕业工作之后,田师还时时过问拙文修订出版事宜,又于百忙之中慨然赐序。所有这些,都令我感念不已。

感谢导师汪俊先生。汪师引领我走进学术之门,并时常关心、教导,今又赐序勖勉,亦令我感怀之至。

北京国家图书馆、上海图书馆、天津图书馆、南京大学图书馆、四川大学图书馆、扬州大学图书馆、文史研究室等单位在查阅、复印资料方面提供了极大便利;《文学遗产》《求索》《社会科学家》等学术刊物及时刊载了有关研究成果;湖南大学肖永明先生、山东大学边家珍先生等慷慨赠予有关研究论著,在此一并致谢。

拙文完成后,卞孝萱、王小盾、周建忠、胡阿祥、顾农、董国炎、姚文放、黄强、钱宗武、许建中、王永平诸位先生或通讯评议,或莅临指导,在热情鼓励、充分肯定的同时提出了中肯的修改意见,谨致谢忱。

本书得以如期出版，要感谢辽宁省教育厅人文社会科学研究的立项资助及大连市人民政府与辽宁师范大学的出版资助，也要感谢辽宁师范大学出版社的大力支持，责任编辑张来胜先生的辛勤劳动，以及辽宁师范大学文学院王卫平先生、于永顺先生等的关心帮助。

最后，要特别感谢我的父母和爱人李成荣，感谢他们一直以来的理解与支持。

高明峰

2012 年春于大连

# 再版后记

2012 年，这本博士学位论文在大连市政府与辽宁师范大学学术专著出版基金的资助下顺利出版。一晃，已经过去六年了。

本书出版后，曾得到学界的好评，有关刊物专门发表了书评，学界前辈王兆鹏先生在通信中也多有肯定。先后荣获辽宁哲学社会科学成果奖三等奖、大连市优秀著作奖二等奖。惜当时印量有限，流传不广，许多师友未能及时看到拙著，深以为憾。适逢中联华文图书有限公司欲资助部分著作修订重版，遂参与其事，了此心愿，并致谢忱！

此次修订，本欲对北宋后期经学与文学的互动作细致深入的考察，并对南宋经学与文学的互动作出些许说明，但由于时间和篇幅的原因，最终未能实现，只是附录了一篇题为《以朱熹为例看南宋经学与文学的面貌》的文章，或许可以管中窥豹，对宋室南渡以来经学与文学的关联有所体察；其他地方则一仍其旧，仅对个别字句作了修正。

限于学力，书中肯定存在不足之处，祈请学界同好批评指正。也借此机会，向一直以来关心、提携本人学术进步的田汉云、汪俊、顾农、傅刚、张庆利等师长表示诚挚的谢意！向支持学术事业的张金良先生致以崇高的敬意！

高明峰

2018 年夏，记于大连小筑楼